REPENSANDO A ESCOLA

Título original: *Rethinking School: How to Take Charge of Your Child's Education*

Editor | Edson Manoel de Oliveira Filho

Produção editorial e projeto gráfico | É Realizações Editora

Preparação de texto | Marta Almeida de Sá

Capa | Daniel Justi

Diagramação | Mauricio Nisi | Nine Design

Revisão | Luciane H. Gomide

CIP-BRASIL. CATALOGAÇÃO NA PUBLICAÇÃO
SINDICATO NACIONAL DOS EDITORES DE LIVROS, RJ

B34r
Bauer, Susan Wise, 1968-
Repensando a escola : como gerenciar a educação dos seus filhos / Susan Wise Bauer ; tradução Rodrigo Maltez Novaes. - 1. ed. - São Paulo : É Realizações, 2022.
304 p. ; 25 cm. (Educação clássica)

Tradução de: Rethinking school : how to take charge of your child's education
Inclui índice
ISBN 978-65-86217-47-6

1. Educação - Participação dos pais. 2. Pais e professores. 3. Lar e escola. I. Novaes, Rodrigo Maltez. II. Título. III. Série.

22-75668 CDD: 371.192
CDU: 37:316.812.32(81)

Camila Donis Hartmann - Bibliotecária - CRB-7/6472
21/01/2022 24/01/2022

É Realizações Editora, Livraria e Distribuidora Eireli
Rua França Pinto, 498 · São Paulo SP · 04016-002
Telefone: (5511) 5572 5363
atendimento@erealizacoes.com.br · www.erealizacoes.com.br

Este livro foi impresso pela Gráfica Assahi em fevereiro de 2022. Os tipos são da família Weiss BT e Credit Valley. O papel do miolo é Pólen Soft 80 g., e o da capa, cartão Supremo AA 250 g.

SUSAN WISE BAUER

REPENSANDO A ESCOLA

TRADUÇÃO
RODRIGO MALTEZ NOVAES

COMO GERENCIAR A EDUCAÇÃO DOS SEUS FILHOS

É Realizações
Editora

Aos meus colegas e amigos da Well-Trained Mind: Kim, Jackie, Mel, Justin, Kevin, Pattie, John, Elizabeth, Julia e Steve. É uma alegria conversar sobre educação com vocês.

Sumário

PARTE 3 – ASSUMINDO O CONTROLE

PARTE 4 – REPENSANDO O SISTEMA

Sobre este livro

A escola americana K-12 (ensino primário e secundário) é um produto moderno das forças do mercado.

Suas séries e matérias são amplamente arbitrárias. Não é uma boa opção para todos os alunos (ou mesmo para a maioria deles). Prioriza uma maneira única de compreensão acima de todas as outras e elimina outras coisas importantes que as crianças com menos de 18 anos devem fazer (sonhar acordado, se exercitar, desenhar, trabalhar e dormir).

De todo modo, você precisa inserir seus filhos no sistema.

Mesmo que opte por ser um educador domiciliar, você está dentro do sistema de ensino K-12. Deve conduzir seu filho por doze séries e uma variedade artificial de matérias, além de fornecer a prova de que o fez.

No entanto, todos os pais podem aprender a flexibilizar o sistema de ensino K-12 para que ele se adapte aos seus filhos – em vez de forçar os filhos a se adaptar à escola.

Este livro é um guia sobre um aspecto da educação saudável e humanizada: como manejar nosso ciclo escolar de 12 anos de uma maneira que nutra e proteja a mente, as emoções e o espírito de seu filho.

A Parte 1 – O sistema – apresenta o estado atual da educação americana.

A Parte 2 – Incompatibilidades – identifica possíveis desalinhamentos entre as crianças e o sistema que tenta educá-las.

A Parte 3 – Assumindo o controle – fornece estratégias específicas para lidar com essas incompatibilidades, ao mesmo tempo que permanece dentro da estrutura K-12 tradicional.

Às vezes, nosso sistema de ensino K-12 não é apenas um par de sapatos que aperta e precisa ser lasseado; ele é tão apertado que tirar completamente os sapatos (e fugir descalço) é a única coisa que manterá você e seu filho sãos.

Portanto, a Parte 4 – Repensando o sistema – oferece uma série de experimentos mentais; maneiras de reimaginar *como* a educação poderia ser.

A Parte 5 – Como sair do sistema – segue orientações sobre como começar a colocar essa educação em prática.

Não existe uma estratégia que funcione para todas as famílias. Seu(sua) filho(a) pode estar acima ou abaixo do nível da série, talvez esteja passando por uma dificuldade diagnosticável, ou talvez esteja preso(a) em uma sala de aula ruim ou simplesmente sendo ensinado de uma maneira que não se encaixa na forma como ele(ela) pensa – e a resposta pode ser qualquer uma (ou mais de uma) das estratégias oferecidas aqui.

Mesmo que você não esteja pronto para abandonar o sistema como você o conhece, tente os experimentos mentais da Parte 4. Talvez acabe vendo a escola com novos olhos.

Nota da autora: as partes em itálico são todas de pais reais de alunos do ensino K-12. Ocasionalmente, mudei detalhes de identificação não essenciais.

PARTE 1

O sistema

Capítulo 1

A maneira como escolarizamos

As crianças são infinitamente variadas: compostas de uma miríade de aptidões, modos de entendimento, talentos físicos, intelectuais e emocionais; amadurecem em um enorme espectro de prontidão, desde as que nasceram almas velhas até o jovem adulto imprudentemente desatento; algumas encontram um caminho brilhante muito cedo, outras ainda lutam para encontrar um propósito aos 20 anos de idade.

A escola varia pouco – e menos, à medida que cada série se eleva.

*

As crianças mudam constantemente. Entre as idades de 5 e 18 anos, suas mentes desenvolvem intermináveis conexões – principais avenidas, fascinantes ruas laterais, desvios, viadutos, pequenas ruelas de paralelepípedos intrigantes, bloqueios de estradas e contornos: nas palavras de Edith Wharton, *lançando incontáveis tentáculos de sentimento e percepção*, mudando mês a mês (às vezes, semana a semana) para algo novo.

A partir da primeira série, a escola quase não muda – exceto para se tornar mais restritiva e ainda mais focada em habilidades importantes selecionadas de modo arbitrário.

*

As crianças são (como C. S. Lewis poderia dizer) anfíbias: meio animal, meio espírito. Seus corpos amadurecem com uma rapidez que elas não conseguem controlar. Elas não sabem por que (e, às vezes, nem sabem *quando*) estão com fome, inquietas, ansiosas ou cansadas. Essas mudanças físicas se misturam e perturbam suas emoções, a imaginação e o intelecto. Seus olhos, os ouvidos, o cérebro ou as mãos nem sempre funcionam com a esmerada eficiência de uma máquina de fábrica. Bloqueios e problemas atrapalham.

A escola não tem corpo. A escola é programada para atender uma criança platônica, que não se desmancha de repente ou se sente sobrecarregada por uma onda de hormônios, ou que inesperadamente precisa de catorze horas de sono.

*

Por "escola" não me refiro simplesmente aos edifícios aonde as crianças vão para sentar-se em uma sala de aula física e estudar.

Me refiro a todo o nosso sistema de ensino K-12 e além, o qual tendemos a considerar normal: classifique-se pelo mês e ano em que nasceu; agrupe-se com os nascidos nos doze meses depois de você; estude sete ou oito matérias não relacionadas em blocos, quatro ou cinco vezes por semana; faça isso por doze anos ou mais, mas, em geral, não durante o verão; pelo menos uma vez por ano (ou com muito mais frequência), preencha muitas páginas de perguntas multiescolhas com um lápis número 2; depois de doze anos fazendo isso, vá embora e viva em uma república estudantil com outras pessoas nascidas por volta de quatro anos da data do seu aniversário, enquanto assiste a palestras e escolhe um curso que não está necessariamente alinhado a nenhum padrão de vida adulto específico.

As instituições físicas das escolas locais de ensino primário, fundamental e médio acrescentam uma camada de artificialidade: saia de casa e viaje para um local onde você se senta em uma sala com esse grupo de pessoas que nasceram nos doze meses depois de você; faça isso de setembro a junho, a menos que neve; estude suas matérias em blocos de cinquenta minutos, quatro ou cinco vezes por semana; ouça alguém que está na frente da sala e depois vá para casa e complete uma série de lições de casa aleatórias.

Ah, sim: preencha várias páginas de perguntas multiescolhas com um lápis número 2.

Isso não tem nada a ver com a maneira como os seres humanos reais adquirem conhecimento.

Neste livro, vou oferecer a você uma série de estratégias para ajudar seu filho a não apenas sobreviver, mas *prosperar* nos anos K-12. Mas nenhuma funcionará a menos que você possa primeiro executar uma cambalhota mental e mudar seu ponto de vista.

Perceba que a maneira como estudamos é *inteiramente antinatural*.

E, quando seu filho tiver dificuldades, pense em uma forma de flexibilizar o sistema antes de começar a tentar adaptar a criança.

*

Tenho três filhos e uma filha, e um dos meus filhos é excepcional.

No âmbito físico, ele sempre foi diferente: tem uma forte semelhança nos traços com os outros, mas é muito mais alto e magro, está sempre em movimento, foi uma criança que dormia muito menos e fazia muito mais do que seus irmãos. Ele começou a falar e andar cedo; tem uma boa coordenação motora; é claramente inteligente.

No entanto, quando ele tinha 3 anos, ainda não reconhecia as cores. "Que cor é esta?", eu perguntava, segurando um bloco azul, e ele gritava aleatoriamente "Amarelo! Verde! Amarelo!".

"Acho que ele é daltônico", eu disse a meu pai, que é pediatra.

"Não, não é", meu pai falou. "Ele simplesmente não se importa. Está dizendo a primeira coisa que vem à mente apenas para que você cale a boca."

Sim, era isso mesmo, exatamente o que ele estava fazendo. Tinha as próprias prioridades, e me dizer a cor do bloco aleatório com o qual eu acenava em sua direção estava num nível muito baixo em sua lista de prioridades.

Na verdade, era raro ele fazer *alguma coisa* que não lhe interessasse. Meus outros filhos terminavam as redações, preenchiam os exercícios e faziam lições de matemática – às vezes, acompanhados de reclamações fortes, mas eles *faziam* o trabalho e se lembravam depois do que aprenderam. Essa criança parecia incapaz de reter qualquer coisa aprendida isoladamente. Se eu conseguisse convencê-lo a terminar um exercício em uma matéria, ele geralmente não se lembrava de *nada* sobre a tarefa depois de passar para a próxima.

Saltamos à frente (após muitos anos arrancando os cabelos), até os 14 anos. Como sou escritora, a gramática é particularmente importante para mim. Treinei meus filhos em gramática desde a primeira série. Fizemos jogos e exercícios de gramática. Memorizamos as regras gramaticais. Formamos frases. *Nunca* deixamos de estudar gramática.

Então, no primeiro dia de sua sétima série, peguei o livro de gramática do ano anterior para uma revisão rápida.

Meu filho olhou para mim como um bezerro recém-nascido contemplando um caçador de arco e flecha. Ele não se lembrava *de nada*.

"Como você pode não saber o que é um *substantivo*?", perguntei.

"Bem", ele disse, "talvez seja porque nunca realmente estudamos gramática antes".

Olhando para trás, percebo que eu estava sempre tentando forçar esse garoto a se encaixar no sistema, e não o contrário. Eu estava usando um programa de gramática com o qual tive grande sucesso, mas deveria ter guardado e elaborado outro plano. Ele precisava aprender princípios de linguagem em outro contexto, um que fizesse sentido para ele. Não se lembrava do que era um substantivo porque a definição estava flutuando em sua mente, desconectada de qualquer coisa com a qual se importasse.

Apesar dos meus anos trabalhando em educação, não foi o que fiz. Continuei insistindo com o livro de gramática. E eu *já* estava escolarizando-o em casa. Eu já estava fora das fronteiras do que a maioria das pessoas enxerga como escola.

Contudo, ainda estava tendo problemas para enxergar além de "matérias" e "séries".

Isso acontece porque os sistemas artificiais, como nosso sistema educacional de ensino K-12, são *poderosos*. Evoluem tão inexoravelmente quanto os sistemas naturais. Adquirem vida própria e se tornam a estrutura que organiza a nossa existência.

Em outras palavras, a maneira como escolarizamos atualmente se tornou um paradigma (como os acadêmicos o chamariam), ou uma *matrix* (assim como no filme): um par de óculos invisível através do qual enxergamos tudo.

Nosso sistema educacional afirma que meu filho precisava ser capaz de concluir seus exercícios de gramática para ser educado. Afirma que todos os alunos devem ler os mesmos textos na terceira série, escrever redações de cinco parágrafos até a quinta série e estudar pré-álgebra *o mais tardar* na sexta série.

Isso é uma ilusão.

Mesmo assim, sistemas artificiais não são necessariamente *intrinsecamente* ruins. A varíola foi erradicada por um sistema artificial. Redes de telefonia celular são sistemas artificiais. Os sistemas de coleta e tratamento de esgoto são definitivamente sistemas artificiais. Tudo isso é bom.

Mas eis por que é absolutamente essencial pelo menos *começar* a imaginar uma vida fora desse paradigma, dessa matriz, dessa estrutura: quando um sistema artificial classifica e segrega *pessoas* (em vez de telefones celulares, digamos, ou esgoto), alguns indivíduos inevitavelmente se encaixam no sistema melhor do que outros.

"Apenas algumas crianças na escola", escreveu John Holt, no ano anterior ao meu nascimento, "se tornam boas em aprender da maneira que tentamos fazê-las aprender. A maioria delas é humilhada, assustada e desencorajada."[1] E nisso reside o problema desse sistema artificial em particular: quando as crianças lutam contra ele, a "escola" nos força, com uma força avassaladora, a consertá-las – descobrir o que há de errado com aquela pequena psique que as faz sentir humilhação, medo, desânimo, tédio, desinteresse – em vez de questionar o sistema.[2]

Algumas crianças reagem à nossa matriz educacional afirmando *este é o meu lar natural*. Mas há toda uma gama de incompatibilidades entre essa matriz e o resto dos seres humanos reais que são canalizados através dela. Passando por *sou*

[1] John Holt, *How Children Learn*. New York, Pitman, 1967, p. viii.

[2] Como minha experiência deve mostrar, se você já educa em casa, ainda não está livre. A maioria dos educadores domésticos com quem entrei em contato ainda está longe de questionar o sistema. Continue lendo.

bom na escola, descobrimos *consigo fazer isso, mas é chato*; progredimos para *consigo fazer algo aqui, mas outras partes são um completo mistério para mim*; continuamos com *se aguentar firme, provavelmente consigo passar de raspão*; e terminamos com *sou burro; não consigo fazer isso; é uma tortura interminável da qual não posso escapar até me formar.*

Caso seu filho se encaixe em algum ponto desse espectro de incompatibilidade, há uma probabilidade muito alta de que o problema seja a escola, não o seu filho.

E essa definitivamente não é a mensagem que a maioria dos alunos com dificuldades recebe.

Nosso sistema escolar atual – como Sir Ken Robinson explica em sua famosa palestra da série de conferências "As escolas matam a criatividade?"[3] – foi projetado para produzir bons trabalhadores para uma sociedade capitalista. Embutida inextricavelmente nesse modelo está a suposição de que "a inteligência real consiste [em] uma capacidade para determinado tipo de raciocínio dedutivo [...] o que passamos a considerar como capacidade acadêmica". Bem lá dentro, no "conjunto genético da educação pública", conclui Sir Ken, está a premissa inquestionável de que

> "existem apenas dois tipos de pessoas – acadêmicas e não acadêmicas; pessoas inteligentes e pessoas não inteligentes. E a consequência disso é que muitas pessoas brilhantes pensam que não são inteligentes porque foram julgadas com essa visão particular da mente [...] [Seu] modelo causou caos na vida de muitas pessoas. Tem sido ótimo para alguns; houve pessoas que se beneficiaram maravilhosamente disso. Mas a maioria delas não. Em vez disso, elas sofrem".

*

[3] Até o momento em que este livro foi escrito, a palestra de Sir Ken, apresentada em 2006, acumulou 41 milhões de visualizações, e é a palestra TED mais vista de todos os tempos. Se você não viu, pode acessá-la no *site* dele: sirkenrobinson.com. Enquanto estiver navegando por lá, considere estes três fatores: (1) a resposta dele é um "sim" extremamente convincente; (2) 41 milhões de visualizações sugerem que o tópico atingiu um ponto nevrálgico internacional; (3) a maioria desses 41 milhões de telespectadores ainda convive exatamente com o mesmo sistema escolar que Sir Ken condena.

No início de 2016, Jeremy Ford aplicou uma combinação de habilidades culinárias de alto nível e uma cabeça fria para ganhar a 12ª temporada do programa *Top Chef*. Ele entrou no *reality show* como *chef* executivo do Matador Room, em Miami, uma posição que requer imensa administração e capacidade organizacional, sem mencionar a habilidade para multitarefa avançada; desde então, ele assumiu a responsabilidade de administrar um segundo restaurante de Miami, o Market, no hotel Edition. Em uma profissão ridiculamente competitiva, Ford está subindo muito rápido em direção ao topo.

Isso é brilhante.

No entanto, Ford aprendeu na escola que era estúpido. Após doze episódios da temporada do *Top Chef*, tendo se destacado nos desafios que mandaram outros *chefs* excepcionais para casa, Ford descobriu que sua filha entrou no *hall* de honra na escola primária. *Ela teve de ler 125 livros*, ele explicou em frente à câmera no *Top Chef*. *Aos 8 anos, sabe, isso é realmente difícil de fazer. Mas ela conseguiu.*

Ford parece admirado com o fato de ela ter lido esses 125 livros: *Papai nunca entrou no* hall *de honra*, diz ele à filha. *Você é mais esperta que o papai*. *Você tem certeza?*, ela responde (o que apenas demonstra que ela ainda está no ensino fundamental; em cerca de 10 anos, ele se arrependerá seriamente de ter dito isso).

No topo de sua área, bem-sucedido e realizado, Jeremy Ford ainda questiona sua inteligência, a ponto de ceder seu lugar a uma criança de 8 anos de idade. Seus anos na escola o doutrinaram com uma mensagem condenadora: *existe apenas um tipo de inteligência, e você não a tem*. E essa mensagem ainda ecoa em sua cabeça.

Portanto, diz Sir Ken, *eles sofrem*.

*

Na década de 1960, como aluno da segunda série do ensino fundamental, meu marido foi diagnosticado com epilepsia *petit mal*; ele foi medicado e colocado em uma sala de aula de educação especial com alunos que tinham deficiências profundas.

No entanto, Pete não é epilético. Nenhuma anormalidade em suas ondas cerebrais foi encontrada. Mas ele passou boa parte da primeira série olhando pela janela (provavelmente, com a boca aberta, se eu estiver correta ao acreditar que meus filhos seguem o pai), com a mente tão ocupada com sonhos, planos e desejos, que seu professor não conseguia despertar sua atenção. A incompatibilidade entre sua inteligência e o sistema K-12 era tão vasta, que a escola não conseguiu encontrar uma maneira de ensiná-lo, exceto dopando-o.

E sabe qual é a mensagem condenatória que ele carrega há décadas? *Existe apenas um tipo de inteligência, e seu cérebro é muito defeituoso para alcançá-la.*

"Estamos educando nossos filhos por meio de anestesia", diz Sir Ken em sua palestra no TED. Ele se referia ao Adderall, mas me parecia que estava lendo o relatório do ensino fundamental de Pete. "E acho que deveríamos fazer exatamente o oposto. Não deveríamos deixá-los adormecidos; deveríamos acordá-los para o que eles têm dentro de si."

Aos 55 anos, meu marido é um profissional talentoso, bem-sucedido na área que escolheu para atuar. Mas ele demorou quarenta anos para se recuperar de sua educação K-12; quarenta anos até se atrever a se candidatar a um programa de doutorado para concluir sua educação profissional; quarenta anos ouvindo a mensagem interna do fracasso; quarenta anos para acordar.

Esse modelo causou caos na vida de muitas pessoas.

*

Algumas crianças sofrem, de fato, de disfunções cerebrais que podem ser amenizadas com medicamentos; não estou questionando essa hipótese. Mas há *muitas* condições cerebrais que não são deficientes. Essas crianças simplesmente não se encaixam bem na forma como as salas de aula funcionam.

Esses cérebros não precisam ser tratados como deficientes. Esses cérebros não precisam ser dopados para se adaptar. As salas de aula devem ser modificadas, e não as crianças.

Essa conclusão é tão básica que os reformadores vêm apontando isso há décadas. Em 1964, John Holt apresentou uma pesquisa que analisou cinco escolas de grande sucesso. Duas qualidades se destacaram nessas cinco escolas. Primeiro, "se os alunos não aprenderam, as escolas não os culparam, nem suas famílias, suas comunidades, seus bairros, suas atitudes, seus sistemas nervosos ou o que quer que seja [...] Eles assumiram total responsabilidade pelos resultados ou não resultados de seu trabalho". Segundo, se algo na sala de aula não funcionou, "eles pararam de fazer uma coisa e tentaram fazer outra. Eles reprovaram métodos malsucedidos, não as crianças".[4]

Mais de cinquenta anos depois, a vasta maioria das salas de aula, mesmo as bem-intencionadas, ainda resiste à mudança; mesmo quando os pais as procuram com diagnósticos reais de deficiências de aprendizagem.

> *Até a sétima série, nenhuma das escolas em que meu filho estudou havia aceitado seus problemas diagnosticados de visão e função motora. Eles nos disseram que, como ele estava "passando de ano", não havia problema. Não, ele não poderia ter resumos das aulas porque isso seria injusto com outros alunos. Não, eles não podiam aceitar sua comprovada disgrafia. Não, ele não poderia entregar trabalhos digitados, pois isso seria injusto com os alunos que não podiam ter um computador em casa.*
>
> – ROSIE

> *Minha filha se sentiu sobrecarregada com todas as distrações e transições rápidas na sala de aula. Sentei-me com ela na aula de matemática e fiquei impressionada. A turma tem 27 crianças, paredes cheias de estímulos e palavras por toda a sala – até o teto, na verdade. Minha filha estava lá atrás, ao lado de uma criança que a interrompia constantemente. Muitas crianças não prestavam atenção na aula. A professora simplesmente não conseguia conciliar sua necessidade de silêncio e concentração.*
>
> – KATE

O sistema resiste à adaptação, mesmo quando excelentes professores trabalham dentro dele.

Certamente, milhares de educadores, formuladores de opiniões políticas e pensadores trabalham em prol da reforma do sistema escolar. Dezenas de vozes estão exigindo mudanças, desde ajustes relativamente pequenos (Lei Nenhuma Criança Deixada Para Trás) a novas metas curriculares importantes

[4] John Holt, *How Children Fail*. New York, Pitman, 1964, p. 4.

(currículo-base) e reformas estruturais maciças (Seth Godin, Ken Robinson e muitos outros).

Mas nosso sistema escolar é tão vasto que os movimentos de reforma são também imensos, dispersos e sem foco. (Você sabia que existe uma iniciativa nacional patrocinada pela Escola de Pós-Graduação em Educação de Harvard dedicada a estudar "o futuro da reforma escolar"? Não avaliam a reforma real propriamente dita ou as escolas nas quais a reforma precisa acontecer, mas, sim, o *movimento* de reforma e o lugar para onde *ele* está indo. Estão a pelo menos dois graus de distância de alterar qualquer coisa na sala de aula de *seu* filho.)

Debates sobre a reforma do sistema escolar precisam continuar acontecendo. Mas, a partir de agora, apenas algumas escolas inovadoras parecem capazes de avançar. Se o seu filho de 12 anos, 9 ou mesmo 5 anos estiver, neste momento, chorando de frustração por causa da lição de casa, ou olhando fixamente para o espaço, desligado, posso garantir que a reforma da escola não acontecerá rápido o suficiente para fazer diferença em sua vida e na vida dele.

Em vez disso, você terá de assumir o controle dos anos de educação K-12 e usar sua engenhosidade para forçar o sistema a se adequar ao seu filho.

Muitas das ideias apresentadas neste livro foram extraídas da minha experiência com o ensino em casa. Nos Estados Unidos, trinta anos de educação domiciliar legalizada disponibilizaram dezenas de ferramentas úteis para pais e alunos – ferramentas que provavelmente não eram acessíveis quando você estava no ensino fundamental. E muitos pais com filhos que são mal adaptados à sala de aula, ou cujas únicas opções de escola são precárias ou tóxicas, acabam educando os filhos em casa; algumas vezes, por um curto período de tempo; outras vezes, por mais tempo; e muitas vezes, com grandes surpresas.

> *Enviei minha filha ao jardim de infância. Era um dia acadêmico completo, com muitas tarefas em sala de aula, e ela frequentemente perdia os escassos quinze minutos de intervalo que as crianças tinham pelo fato de "conversar demais".*
>
> *Enviei-a para a primeira série porque é isso que as pessoas fazem. Era mais do mesmo – só que essa professora também lhe deu um "demérito" por falar demais. (Um dia, ela chegou em casa soluçando e disse: "Recebi um demérito, mamãe. E não sei o que é isso, mas é RUIM!".)*

Enviei-a para a segunda série porque é isso que as pessoas fazem. Sua professora nesse ano era muito gentil, e, aos 7 anos, ela conseguia ficar mais calma e quieta do que aos 5 anos. Mas eram dias ridiculamente longos. Ela chegava em casa com PELO MENOS uma hora de lição de casa e não tinha tempo para ser apenas uma criança.

Enviei-a para a terceira série porque é isso que as pessoas fazem. Nesse tempo, chegava a época de provas padronizadas, e TODA a escola estava focada nisso. Minha filha tinha dores no estômago de tanto nervosismo quase todos os dias porque achava que iria "ser reprovada".

Minha paciência finalmente se esgotou. Li tudo o que pude sobre educação domiciliar, depois conversei com as mães que conhecia que ensinavam em casa... então, no final da terceira série, em março daquele ano, tirei-a da escola pública e não olhei para trás.

– NANCY

Mas o ensino em casa não é a única maneira de resistir à rigidez da sala de aula.

Você também pode optar por não participar do plano "especial" trabalhando com os professores do seu filho, sugerindo planos alternativos, assumindo uma ou mais disciplinas por conta própria – ou adotando uma das muitas outras estratégias deste livro.

Capítulo 2

Os três maiores mitos sobre a escola

Todo mundo vai para a escola. (Há pelo menos vinte livros infantis que dizem isso: Daniel Tiger vai para a escola. Spot vai para a escola. Dora vai para a escola. Até Elmo vai para a escola.)

A primeira série começa aos 6 anos.

Meu filho precisa de um diploma do ensino médio.

Uma boa escola é credenciada.

Aquele C- em inglês no sétimo ano importa.

São mitos.

Os sistemas monolíticos precisam de mitos: coisas que são aceitas como profundamente verdadeiras e, portanto, permanecem sem ser analisadas. Mas um exame mais minucioso mostra que a educação K-12 é tudo menos monolítica. É mais como uma torre Jenga:[1] você pode retirar e descartar várias peças sem que nada de especial aconteça em toda a estrutura.

Ao longo deste livro, vamos descartar alguns mitos. (Idade e série realmente não têm nada a ver uma com a outra. A prova não deveria ser obrigatória. Você pode se recusar a fazer a lição de casa. Ninguém precisa realmente ir para Stanford.)

A fim de que você possa se preparar para toda essa reformulação em sua forma de pensar, dedicaremos um tempo para afastar três das maiores premissas que os pais têm.

---

[1] Jenga é um jogo de habilidade física criado por Leslie Scott, onde os participantes se revezam para remover blocos de uma torre, equilibrando-os em cima, criando uma estrutura instável à medida que o jogo progride. Perde o jogador que deixá-la cair. (N.E.)

MEUS FILHOS DEVEM FREQUENTAR UMA ESCOLA CREDENCIADA

"Credenciamento" significa simplesmente que uma agência externa certificou que a escola atende a determinados padrões. Isso pode variar de uma porcentagem definida de professores que concluíram o mestrado a um número mínimo de livros na biblioteca da escola.

Mas o Departamento de Educação dos Estados Unidos da América não reconhece, em âmbito nacional, *nenhum* credenciamento K-12. O credenciamento de escolas primárias e secundárias é uma questão puramente estatal.

Os distritos de escolas públicas são credenciados quando seu respectivo Estado reconhece que atenderam aos padrões mínimos.

Às vezes, isso é feito por meio da chamada Associação Regional de Credenciamento. Essas associações (por exemplo, a *Middle States Association* e a *Southern Association*) existem há muito tempo e credenciam universidades e escolas secundárias.

No entanto, nem todos os estados usam as associações. Alguns deles simplesmente definem os próprios padrões (padrões estaduais de aprendizagem) ou usam padrões do currículo-base e, em seguida, exigem que as escolas públicas se reportem diretamente ao Departamento de Educação do Estado.

Uma escola pública que perde o credenciamento (como aconteceu com a nossa escola pública local há alguns anos, graças às baixas notas nas provas) pode enfrentar consequências do Estado, como supervisão mais rigorosa e menos controle local. Mas, embora não seja credenciada, ela continua fornecendo diplomas e funcionando *exatamente da mesma maneira que antes*. Verifique o *site* do Departamento de Educação do seu Estado e descobrirá que, na maioria dos casos, estudantes de distritos não credenciados podem se transferir para outros distritos, receber diplomas e se qualificar para bolsas de estudos, como se estivessem em um distrito credenciado.

Além disso, nenhum Estado *exige* que escolas particulares (ou educadores domiciliares) sejam credenciadas, o que significa que as escolas particulares e domiciliares não precisam atender aos padrões estaduais ou do currículo comum de aprendizado. (Veja o Apêndice B para uma explicação mais detalhada.)

De fato, como ser credenciado por uma dessas associações custa dezenas de milhares de dólares mais taxas anuais contínuas (isso inclui pagar representantes de associações até 2 mil dólares por dia por visitas ao local), muitas escolas particulares simplesmente não se incomodam com isso.

Ou se inscrevem em uma das dezenas de agências privadas de credenciamento, como a Associação Nacional de Escolas Privadas Católicas e Independentes (Norma Um: "A escola segue os princípios da fé católica em reconhecimento e obediência ao papa e ao magistério" – definitivamente, a *Middle States*[2] não aplica esse padrão em particular). Se você é dono de uma escola, pode optar por agências privadas, escolhendo a que melhor lhe convier.

Ou, como alternativa, as escolas com ideias semelhantes podem se reunir, criar as próprias associações privadas de credenciamento, estabelecer os próprios padrões e conceder credenciamento pelo que já estão fazendo.

O resultado: ser credenciado não significa muito.

MEU FILHO TEM QUE ESTUDAR INGLÊS, MATEMÁTICA, CIÊNCIAS E ESTUDOS SOCIAIS TODOS OS ANOS

Na verdade, não importa quais matérias específicas seu filho estuda antes do ensino médio. (E também há bastante flexibilidade no ensino médio; consulte o Apêndice A para obter mais informações.)

Também não importa quais são as notas finais.

Ou mesmo se *há* notas.

Os históricos escolares e os certificados das séries do ensino fundamental são úteis apenas para alunos e professores do sistema secundário, como forma de avaliar se os alunos estão prontos para passar para o próximo nível. Uma

[2] A Middle States Commission on Higher Education é uma organização de associação voluntária e sem fins lucrativos que avalia seus pares e credencia universidades e faculdades públicas e privadas nos Estados Unidos, bem como instituições estrangeiras de ensino superior. (N.E.)

escola particular que admite alunos por inscrição também pode usar essas notas, mas a maioria depende de resultados de provas padronizadas (uma vez que uma nota 10 de um sistema escolar pode representar um nível de aprendizado totalmente diferente do que uma nota 10 de outro).

E nenhuma faculdade ou empregador *jamais* pedirá notas do ensino fundamental ou se importará se a preparação do seu filho foi um pouco do lado não tradicional.

Em termos pragmáticos – e de histórico escolar –, o objetivo dos últimos três anos do ensino fundamental é simplesmente preparar os alunos para o trabalho mais puxado do ensino médio. Estados, distritos ou escolas particulares podem listar um curso como *obrigatório* para os alunos do ensino fundamental público. (O estado do Texas exige um curso de saúde de um semestre; a Flórida exige uma aula de civismo de um semestre; na Escola Secundária Bath-Haverling, em Nova York, os alunos da sexta série *precisam* aprender a tocar um instrumento ou cantar num coro.) Mas cursos obrigatórios são poucos e dispersos, e se aplicam apenas a alunos de escolas públicas. Nem mesmo os padrões de aprendizado estaduais e do currículo-base exigem aulas específicas – definem apenas *habilidades* que os alunos devem dominar, não *cursos* que precisam ser realizados. (Consulte o Apêndice B – Habilidades *versus* Conteúdo.)

Os primeiros anos do ensino fundamental são ainda mais simples.

Os alunos do ensino fundamental precisam saber ler, escrever, fazer as quatro operações de matemática e desenvolver habilidades básicas de pensamento crítico (conhecer a diferença entre ficção e não ficção, por exemplo, ou entender que os países no mundo estão distantes no espaço real).

Não há aulas específicas que os alunos do ensino fundamental tenham de frequentar.

É apenas isso.

MEU FILHO PRECISA TER UM DIPLOMA DO ENSINO MÉDIO

Um diploma deve certificar que você cumpriu os padrões estabelecidos para a graduação – mas os Estados Unidos não possuem padrões nacionais de graduação no ensino médio. Os requisitos de graduação não apenas variam de estado para estado[3] como também mudam ano a ano em qualquer estado.

As faculdades analisam os históricos escolares e as pontuações das provas. Não dão a mínima se um diploma foi emitido. (E também não se preocupam em saber se a escola que emitiu esse histórico escolar é ou já foi credenciada.)

O diploma é apenas uma abreviação de "o aluno concluiu os cursos obrigatórios". Dado que não há acordo sobre o que "obrigatório" significa, a faculdade deseja ver os cursos, não a abreviação.

O que *realmente* importa, no final do ensino médio, é ter um histórico escolar claro, com uma variedade adequada de cursos. Qualquer escola particular não credenciada pode fazer isso. Qualquer pai ou mãe pode fazer isso (Eu escrevi históricos escolares para todos os meus filhos, e foi assim que eles entraram na faculdade. Veja o Apêndice A – Ensino médio e o histórico escolar — para obter todos os detalhes técnicos.)

Então, quando é necessário ter um diploma?

Quase nunca. Eu tenho um diploma de bacharel, dois mestrados e um doutorado, mas na verdade não tenho um diploma do ensino médio. Como fui escolarizada em casa, usei o histórico escolar gerado pela minha mãe para entrar na faculdade. Ninguém jamais pediu meu diploma.

---

[3] Apenas alguns exemplos aleatórios: a partir de 2016, o estado da Virgínia passou a exigir três anos de ciência em laboratório, mas o estado de Washington exige dois anos de ciência, dos quais apenas um precisa ser em laboratório. Wisconsin requer apenas dois anos de matemática (e não especifica o conteúdo, basta haver alguma instrução em álgebra e geometria). O estado da Carolina do Sul exige quatro anos completos. Oklahoma não tem requisitos na área de saúde; a Louisiana não exige o ensino de artes; Delaware concede crédito do ensino médio a trabalho voluntário na comunidade; o estado do Mississippi categoriza a tecnologia da computação sob as artes (?), e, até o momento, nenhum estado exige um idioma estrangeiro para a graduação – o que é ridículo.

Meu irmão mais velho teve de apresentar um diploma em algum momento; foi para algum tipo de instituição (não me lembro qual agora) em que ele ingressou após o ensino médio, mas antes de se formar. Eles insistiram em ver um pedaço de papel que parecia um diploma. Minha mãe foi a uma papelaria, comprou um formulário de diploma, preencheu e assinou.

Ele conseguiu ingressar na instituição.

PARTE 2

Incompatibilidades

Capítulo 3

Não há como fazer a Terra girar mais rápido ao redor do Sol

Sua primeira tarefa para adequar a escola ao seu filho, e não o contrário, é: identifique possíveis incompatibilidades.

Começaremos com uma relativamente simples.

Se o seu filho estiver com problemas, pode haver simplesmente uma incompatibilidade entre o nível de maturidade dele e a série/ano da escola em que está.

Mesmo as observações mais rudimentares do mundo natural revelam que os organismos biológicos amadurecem a taxas muito variadas. Na minha fazenda, na Virgínia, eu crio animais; cordeiros e cabritos nascidos na mesma data raramente chegam ao mesmo tamanho, desmamam ou comem a mesma quantidade de feno e grãos no mesmo momento. Os narcisos florescem, os passarinhos voam e os filhotes param de mastigar os pés das cadeiras quando estão prontos – e não quando o calendário exige.

Mas geralmente não estendemos essa mesma consideração aos nossos filhos.

Fomos tão condicionados a aceitar o padrão de *infância, criança, pré-escola, ensino fundamental, ensino médio, faculdade*, que é quase impossível mudar de ideia e pensar: *O que me faz achar que esse pequeno ser humano deve amadurecer exatamente ao mesmo tempo que os outros pequenos seres humanos nascidos na mesma época?*

Por que crianças de 4 e 5 anos vão ao jardim de infância?

Por que todas as crianças de 7 anos de idade devem desenvolver a capacidade de fazer tarefas da segunda série?

Por que todas as crianças de 14 ou 15 anos devem fazer tarefas do ensino médio?

Como educadora domiciliar, nunca prestei muita atenção no nível de série dos meus filhos antes de eles atingirem a idade de cursar o ensino médio – mas aprendi desde cedo que eu tinha de dizer a eles em que série estavam, apenas para não parecermos idiotas no consultório do pediatra ou no supermercado. (*Em que série você está?*, eu perguntava, antes de vermos a pediatra. *Hummm...*, o garoto respondia incerto. *Terceira série! Você está na terceira série! Diga: terceira série!*)

O sistema de classificação por idade que coloca crianças de 6 anos na primeira série, crianças de 7 anos na segunda série, e assim por diante, é tão "normal" para a maioria das pessoas, que "Quantos anos você tem?" e "Em que série você está?" parecem ser a mesma pergunta.

Mas esse sistema não é nem de longe natural. Não é nem baseado em bons princípios educacionais.

POR QUE IDADE = SÉRIE (É CULPA DA PRÚSSIA)

Antes de 1850, os professores das escolas americanas ensinavam grupos de idade mista numa mesma sala; não havia um currículo-padrão. Os alunos simplesmente progrediam para uma matéria mais difícil quando estavam prontos, em momentos variados. (O antecessor medieval da escola americana de um cômodo, a escola europeia da catedral, poderia ter alunos de 8 a 21 ou 22 anos, todos recitando as mesmas lições até serem decoradas.)

Mas, na Prússia, um novo sistema havia sido instituído no início do século XIX: salas de aula menores, onde os alunos eram agrupados por idade e liderados por um único professor.

Essa estratégia não foi orientada por uma pesquisa pedagógica; foi uma tentativa de restaurar o poder militar prussiano após uma derrota humilhante para Napoleão.[1] Lutando pela reconstrução, os estadistas prussianos decidiram organizar escolas como unidades militares a fim de instituir a vontade de lutar e gerar orgulho na cultura nacional historicamente belicosa da Prússia. Os alunos foram organizados em pelotões por idade e designados

[1] Nas batalhas de Jena e Auerstadt, em 1806, a França destruiu o exército prussiano e conquistou metade do território da Prússia.

a um único "líder de esquadrão", um sistema que tornou a transição para o serviço militar quase direta.[2]

Em 1843, Horace Mann, secretário de Educação do estado de Massachusetts, visitou a Prússia para conhecer suas escolas.

Na época, nenhum estado americano tinha algo como um sistema educacional unificado, mas todos os estados estavam lidando com um grande aumento na imigração e a necessidade de assimilar de alguma forma esses milhares de recém-chegados. Fazia muito tempo que Mann pretendia introduzir uma "escola comum" na América, uma escola que todos os alunos, nascidos na América e imigrantes, frequentassem juntos. Essa escola, acessível a todos, poderia oferecer aos americanos uma linguagem e um objetivo comuns. "Educação", ele escreveu em um de seus relatórios anuais, "é, acima de todos os outros dispositivos de origem humana, um grande equalizador das condições das pessoas."

Contudo, atrair as massas estrangeiras e nativas sem instrução, de idades variadas, para as novas salas de aula dos Estados Unidos era uma tarefa assustadora. As salas de aula com alunos de idades variadas exigiam enormes recursos e dezenas de professores talentosos, enérgicos e flexíveis.

O sistema prussiano (com presença obrigatória, uma prática americana incomum naquela época) parecia a Mann a resposta perfeita: a melhor maneira de canalizar um grande número de alunos diferentes em uma única instituição com máxima eficiência. Com treinamento mínimo e um currículo definido, um professor poderia encurralar e doutrinar dezenas de estudantes de cada vez, desde que eles tivessem aproximadamente a mesma idade e a mesma capacidade.[3]

Com o apoio de Mann, o sistema prussiano foi introduzido em Massachusetts em 1847, quando a Quincy Grammar School foi construída com doze salas de aula separadas, cada sala para uma única turma classificada por idade, liderada por um único professor.

[2] Randall Collins, "Comparative and Historical Patterns of Education". In: *Handbook of the Sociology of Education*, org. Maureen T. Hallinan. New York, Springer, 2006, p. 213; Hunt, Thomas C. *Encyclopedia of Educational Reform and Dissent*, Vol. 1. Thousand Oaks, CA, SAGE, 2010, p. 33-34.

[3] Sonia Nieto, *Language, Culture, and Teaching: Critical Perspectives*. New York, Routledge, 2009, p. 89.

De fato, o novo plano foi altamente eficiente (em geral, as fábricas são eficientes), e as escolas com classificação etária logo se espalharam para o resto dos centros urbanos da Nova Inglaterra; para outras cidades do Oeste e depois para as áreas rurais. Na virada do século, a classificação etária era a norma em quase todas as "escolas comuns" do país. (Leis obrigatórias de comparecimento, também modeladas de acordo com o sistema prussiano, surgiram pouco depois; Massachusetts liderou novamente, aprovando os primeiros regulamentos em 1852.)[4]

Portanto, nossa forte identificação de idade com série é o resultado de (nas palavras de Rick Hess) "nossa devoção peculiar a um modelo que os líderes prussianos derrotados desenvolveram para salvar os últimos vestígios de seu abalado orgulho nacional".

No entanto, esse modelo continua a governar nossos conceitos sobre quando as crianças aprendem: as crianças de 6 anos devem ser capazes de fazer tarefas da primeira série, as de 15, tarefas do ensino médio, independentemente da maturidade de cada um.[5]

Aqui está sua primeira tarefa: tente deixar de lado suas suposições prussianizadas sobre séries e pergunte: "Meu filho pertence a outra série?".

TRÊS PERGUNTAS PARA AVALIAR MATURIDADE

QUANDO CONFRONTADO COM AS TAREFAS ESCOLARES, SEU FILHO FICA DESLIGADO, DEMONSTRA RAIVA OU CHORA?

O principal sintoma da imaturidade – estudar em um nível de ensino alto demais em relação à maturidade física – é a frustração não verbal. As crianças

[4] Calvin Ellis Stowe, *The Prussian System of Public Instruction: And Its Applicability to the United States*. Cincinnati, Truman and Smith, 1836, p. 22, 71; Frederick Dean McClusky, "Introduction of Grading into the Public Schools of New England". em *The Elementary School Journal*, v. 21, Chicago, University of Chicago Press, set. 1920 - jun. 1921, p. 144-45.

[5] Frederick M. Hess, *The Same Thing Over and Over: How School Reformers Get Stuck in Yesterday's Ideas*. Boston, Harvard University Press, 2010, p. 83.

confrontadas com um estudo muito avançado para elas geralmente não conseguem dizer: *Sinto muito, mas essa matéria é muito avançada para o meu estágio de desenvolvimento e minha mente ainda não é capaz de entender.*

De fato, a criança que diz "Isso é muito difícil!" provavelmente está adequada ao nível da série, porque ela é capaz de entender o grau de dificuldade da tarefa para saber que é difícil. A criança que acaba chorando não está pronta para realizar a tarefa. Ela ainda não consegue entender como fazê-la, ou mesmo encontrar uma maneira de fazê-la.

Portanto, considere que uma criança que chora ou resiste, mas não diz o porquê, ou se agacha e se recusa a fazer contato visual, ou demonstra raiva (amassando o papel e o atirando longe, quebrando pontas de lápis), está sinalizando que algo está errado, mas é imatura demais para articular o problema.

Uma criança que está estudando no nível mais alto de sua maturidade também pode ser prejudicada por fatores físicos – alergias ou um caso grave de gripe ou, às vezes, gastando muita energia física em um novo esporte. (Ou a puberdade.) O que antes era difícil pode se tornar impossível. Se, em determinado momento, uma criança começar a demonstrar frustração com a tarefa que anteriormente era factível, considere que ela pode estar esbarrando no teto da maturidade.

Se a aprendizagem emperrar, principalmente se for generalizada, considere a avaliação por um especialista em aprendizagem (consulte o próximo capítulo). Mas, em muitos casos, uma criança que está com dificuldades simplesmente precisa que a Terra gire ao redor do Sol mais uma vez.

SEU FILHO TEM DIFICULDADE EM ALGUMAS ÁREAS E FACILIDADE EM OUTRAS?

Você ainda pode estar lidando com uma incompatibilidade de maturidade. As habilidades não se desenvolvem de um modo uniforme nas crianças, assim como seus corpos não crescem a uma taxa uniforme. Em nosso sistema escolar altamente estruturado, espera-se que os alunos estejam no mesmo nível da série em matemática, ciências, leitura e escrita. Mas essas disciplinas exigem habilidades de pensamento muito diferentes, e é muito mais comum que os alunos tenham facilidade em dois ou mais níveis de ensino em todo o currículo.

Isso é chamado de desenvolvimento assíncrono, e é a norma, não a exceção. É *normal* que um aluno da quinta série escreva no nível de um aluno da terceira série, leia no nível da quinta série mesmo e faça as atividades de matemática no nível da sétima série. Uma criança que estuda duas matérias e chora durante a terceira ainda pode estar demonstrando imaturidade, e a solução para isso pode ser repetir uma série mais baixa apenas na terceira matéria.

No nível mais básico, a maioria dos alunos considera a aprendizagem baseada na linguagem (matérias baseadas em ler e escrever) ou simbólica (matemática e matérias relacionadas) mais natural e progride com maior rapidez em sua disciplina preferida. Portanto, não use a matéria "mais difícil" ou "mais fácil" como forma de enquadrar a criança em uma série como um todo.

Costumo conversar com pais frustrados (por exemplo) porque o filho na quarta série está lendo em nível avançado, mas tem dificuldades com as habilidades matemáticas da segunda ou da terceira série. A tendência é concentrar-se nas áreas mais *lentas* da criança, gastar mais tempo nelas para elevá-la a um nível mais avançado. Mas o resultado pode ser que a criança acabe se autoavaliando por suas *fraquezas*, não por seus pontos fortes. E isso pode obscurecer seus dons naturais, exigindo que ela passe mais tempo focada em matérias de que não gosta, em detrimento da aprendizagem das matérias em que se destaca.

Há um século, a educadora Dorothy Canfield Fisher, adepta do método Montessori, escreveu um romance infantil popular chamado *Understood Betsy*, no qual a personagem Elizabeth Ann, de 9 anos, deixa a cidade grande e sua escola urbana, onde a classificação etária havia sido introduzida com sucesso. "Na grande escola feita de tijolos", ela escreve, "ninguém jamais passou para outra série, exceto no início de um novo ano, depois de passar em muitos exames. Ela não sabia que era possível fazer de outra maneira."

Então, ela vai morar com primos no campo e frequenta a pequena escola rural, ainda com apenas uma sala e com alunos de diversas idades, liderada por uma professora que elogia suas habilidades de leitura, mas percebe que ela precisa melhorar em matemática.

Após a aula, a professora disse, sorrindo:

– Bem, Betsy, você acertou em aritmética. Acho melhor você recitar com Eliza por um tempo. Ela está fazendo tarefas da segunda série. Não ficaria surpresa se, depois de uma boa revisão com ela, você conseguisse continuar com a tarefa da terceira série.

Elizabeth Ann caiu sentada no banco, boquiaberta. Ela ficou realmente tonta. Que coisas loucas a professora disse! Ela sentiu como se estivesse sendo sacudida.

– Qual é o problema? – perguntou a professora, vendo sua expressão confusa.

– É que... é que... – disse Elizabeth Ann – não sei o que sou. Se sou da segunda série em aritmética, da sétima em leitura e da terceira em ortografia, de que série SOU EU?

A professora riu do modo que ela falou.

– VOCÊ não é de nenhuma série, não importa em que ponto esteja na escola. Você é apenas você, não é? Que diferença faz em que série você está? E para que serve a leitura de coisas para bebês, muito fáceis para você, só porque você não sabe a tabuada de multiplicação?

– Ah, pelo amor de Deus! – expressou Elizabeth Ann, sentindo-se como se alguém a tivesse repentinamente virado de cabeça para baixo.

– Mas qual é o problema? – perguntou a professora novamente.

Dessa vez, Elizabeth Ann não respondeu, porque ela mesma não sabia qual era o problema. Mas eu sei, e eu vou lhe dizer. O problema é que ela nunca soube o que estava fazendo na escola. Ela sempre achou que estava ali para passar de uma série para outra, e ficou tão assustada ao ter um vislumbre do fato de que estava ali para aprender a ler, escrever, contar e usar a cabeça [...]. [Isso] a fez se sentir como quando a gente está aprendendo a andar de *skate* e alguém afasta a cadeira em que estava apoiada, dizendo: *Agora, vá sozinha!*[6]

[6] Dorothy Canfield. Fisher, *Understood Betsy*. New York, The Century Co., 1916, p. 104-06.

Entender isso completamente e adaptar essa realidade à criança – dando a ela uma sensação de normalidade sobre a variedade de práticas – pode começar a diminuir sua frustração.

SEU FILHO É PEQUENO OU GRANDE PARA A IDADE DELE?

A classificação por idade é baseada em uma média, e, se você não é bom em matemática, *média* é simplesmente uma maneira de expressar o *valor mediano*. Em matemática, você encontra a média adicionando uma lista de números e dividindo-os pela quantidade de números. Eis o que é importante: muitas vezes, a média é um número que nem aparece na lista original.

> 13, 17, 28, 52, 71
> Adicionados = 181
> Dividido por 5 = 36,2 (a média)

Um aluno da quarta série tem, *em média*, 1,23 metro de altura e pesa 32 quilos. Em determinada sala de aula da quarta série pode *não* haver alunos com essa altura e esse peso, e pode ter crianças de 10 anos que pesem entre 18 e 40 quilos e tenham, em média, entre 1,20 metro e 1,52 metro de altura.

O *desenvolvimento físico afeta a aprendizagem*. Em geral, as crianças que estão em ambos os extremos dessa faixa completamente normal têm dificuldades com as *tarefas da série* em que estão. Crianças muito pequenas precisam de tempo para alcançar as outras; as crianças maiores precisam da mesma quantidade de tempo para descobrir como gerenciar seus corpos; elas podem ser como filhotes grandes e descoordenados, crescendo em direção a uma presença imponente, mas sem nenhuma ideia de como administrar seus membros. Se você está tentando não tropeçar, lutando para manter as calças levantadas e fechadas, e tendo dificuldade em se ajustar à sua mesa, sua atenção não está na tarefa de redação.

Se o seu filho estiver no lado baixo ou alto da média para a sua faixa etária, considere que você pode estar lidando com uma forte incompatibilidade de maturidade.

PLANO DE AÇÃO

DEIXE DE LADO O CÁLCULO *FAIXA ETÁRIA/SÉRIE* E RESERVE UM TEMPO PARA PENSAR CUIDADOSAMENTE SOBRE OS NÍVEIS DE MATURIDADE DE SEU FILHO.

Para as atividades e categorias apresentadas no quadro a seguir, marque *imaturo*, *maturidade média* ou *extraordinariamente maduro*. Não pare para analisar demais ou justificar; apenas siga seus instintos. Também vale a pena consultar parentes adultos da família (avós, tias e tios) e outros (cuidadores regulares, tutores, professores), tendo em mente que cada adulto na vida da criança vê um aspecto diferente.

Você vê algum padrão?

Superdotação e *deficiências de aprendizagem* (que discutiremos nos próximos dois capítulos), em geral, resumem-se a questões de maturidade e imaturidade; portanto, considere esse plano de ação superficialmente; talvez você o repense ao continuar lendo. O objetivo, aqui, é apenas fazer com que você não considere seu filho um aluno da série X.

	imaturo	maturidade média	extraordinariamente maduro
Limpeza/higiene pessoal			
Manter as coisas e o quarto arrumados			
Habilidade para esportes em equipe			
Coordenação motora em jogos e esportes individuais			
Capacidade de interpretar sinais sociais dos adultos			
Habilidades de socialização com outros			
Capacidade de leitura			
Capacidade de escrita			
Capacidade aritmética/matemática			

	imaturo	maturidade média	extraordinariamente maduro
Capacidade de usar a tecnologia			
Coordenação motora manual-visual e fina (usar tesouras, fazer colares de contas, etc.)			
Capacidade de lidar com decepções			
Reação a situações estressantes			
Lidar com a mudança			
Independência			
Relacionamentos entre irmãos			
Hábitos alimentares (vontade de experimentar novos alimentos, comer legumes)			

CONSIDERE SUAS OPÇÕES PARA ACELERAÇÃO OU DESACELERAÇÃO DE ALGUMA MATÉRIA.

Discuto essa opção, em detalhes, no Capítulo 10, mas aqui está o princípio básico para você ter em mente: quando estiver lidando com um aluno mais jovem, *tenha muito cuidado com a aceleração em geral*.

É muito tentador passar uma criança entediada à frente em um ou dois níveis como uma solução rápida, mas considere o seguinte: os maiores saltos de maturidade tendem a acontecer entre 6 e 10 anos de idade, e novamente entre 13 e 16. Se você passar um aluno da segunda para a terceira série porque ele é mais maduro do que os outros, há uma possibilidade muito real de, aos 13 anos, ele acabar tendo dificuldades dentro de um grupo de estudantes mais maduros.

Cometi um grande erro ao iniciar minha filha cedo na escola. Ela faz aniversário em outubro, depois da data de corte, então, entrou no jardim de infância aos 4, e não aos 5 anos. Ela começou a falar muito cedo e era muito tagarela. E era grande para a idade dela. Nós a colocamos no maternal em período integral na mesma escola particular e ninguém viu sinais de problemas na época, por isso a colocamos no jardim de infância. Mas, quando a transferimos para a escola pública, a cultura de provas a assustou. Ela não era madura o suficiente no aspecto emocional para lidar com a pressão, e eu não fazia ideia do impacto que esse tipo de sistema estava causando nela; quando percebi, era tarde demais.

– MOLLY

Isso é da natureza do nosso sistema escolar, que torna muito mais fácil (e menos estressante para o aluno no âmbito emocional) avançar em vez de repetir. Repetir é traumático, mesmo quando necessário. Portanto, pense muito sobre a decisão de iniciar um filho cedo ou acelerá-lo antes de ele atingir a puberdade, levando em conta que isso pode forçá-lo a repetir de série mais tarde; é uma ação que muitas vezes projeta uma imagem de fracasso.

Considere também os resultados não acadêmicos da aceleração: um aluno que chegar cedo ao ensino médio não terá idade suficiente para dirigir (quando todos os seus amigos terão) ou participar de outras atividades classificadas por idade.

O aniversário do meu filho mais velho está tão próximo do limite que lhe permitiu ingressar na escola um pouco mais cedo. Embora isso não seja um problema no âmbito acadêmico, acabou gerando um problema com limites de idade para cursos. Ele queria se inscrever em um curso de idioma estrangeiro, mas os participantes devem ter 15 anos até 1º de junho, e ele não terá 15 anos nessa data. Ele queria ir para um acampamento de antropologia das séries 9 a 12 – foi o mesmo problema, não pôde ir porque não completaria 15 anos no prazo. Ainda não pode tirar uma carteira de motorista; então, não pode fazer a autoescola com seus amigos neste verão.

– STEPHEN

Você também pode acabar tendo um filho que seja um calouro de 16 ou 17 anos de idade. Alguns alunos são maduros o suficiente para se beneficiar da faculdade nessa faixa etária, mas quinze anos no ensino universitário me convenceram de que a maioria não é. Você precisa ser não apenas intelectual, mas também emocionalmente maduro para se beneficiar da faculdade, e a maturidade emocional não pode ser apressada; acontece quando a Terra gira em torno do Sol o número apropriado de vezes.

Fui uma caloura de faculdade de 16 anos. Eu era perfeitamente capaz de fazer o trabalho acadêmico, mas não sabia o suficiente para relaxar, desacelerar, explorar. Cursei as aulas, obtendo entre 20 e 22 créditos a cada semestre, e me formei aos 19 anos. Quando fiz meu primeiro mestrado, eu era tão jovem que não podia participar de encontros sociais onde havia álcool. Ainda não tinha maturidade para me beneficiar dos enigmas intelectuais que se impunham e tinham de ser enfrentados. O grau mais valioso que concluí foi o meu segundo mestrado, que fiz aos 24 anos, a idade apropriada para fazer uma pós-graduação. E não fiz meu doutorado até os meus 30 anos.

Toda aquela pressa não adiantou muito. Isso não me colocou "à frente". Se eu pudesse fazer tudo de novo, viajaria, trabalharia, leria e descobriria como ser adulta, em vez de pular de cabeça nos estudos acadêmicos tão cedo.

CONSIDERE AS OPÇÕES DE "UM ANO SABÁTICO" PARA SEU FILHO.

Um ano sabático é uma opção amplamente aceita no pós-ensino médio, mais comum na Europa do que na América do Norte, mas também tem ganhado força por aqui: os estudantes tiram um ano para trabalhar, viajar, explorar interesses e, em geral, ter uma melhor noção de quem são antes de começar a faculdade.

Como instrutora universitária, descobri que os calouros que tiraram anos sabáticos estavam anos à frente dos colegas de classe em sua capacidade de aproveitamento das aulas. Dos meus três filhos que entraram na faculdade, um deles tirou um ano sabático e foi trabalhar durante seis meses, e depois viajou para prestar serviços voluntários na África (no resgate de primatas) e na Índia (em um campo de refugiados no deserto de Narmada). Essa experiência mudou sua vida.

Um dos meus filhos resistiu a essa ideia de tal maneira que me fez desistir também, indo contra meus instintos. Depois de um ano como um calouro desastroso, ele largou tudo e recomeçou no ano seguinte, e acabou exatamente onde estaria se tivesse tirado o ano sabático – exceto pelo fato de termos pagado um ano inteiro da faculdade.

Outro dos meus filhos não tirou um ano sabático porque ele já era quase um ano mais velho que seus colegas de classe. Ele fazia aniversário no fim de outubro, então, eu o iniciei na primeira série no ano em que completou 7 anos, e não 6 – o que apenas prova que o princípio do "ano sabático" pode ser aplicado bem antes da terceira série do ensino médio.

A opção mais simples de "ano sabático" é feita no início da carreira acadêmica da criança: se a criança do jardim de infância ou o aluno da primeira série do ensino fundamental está prestes a ter idade suficiente para sua série (eu classificaria isso como aniversário logo antes do início do ano letivo), basta esperar para começar. Existem muitas maneiras de desafiar uma criança no aspecto intelectual sem a matricular formalmente em uma escola (use alguns dos métodos e das ideias da Parte 5). Lembre-se: é sempre mais fácil avançar do que repetir, e, se mais tarde acontecer de o aluno ter colegas mais velhos, você pode simplesmente passá-lo para uma série à frente.

O educador e empresário Kenneth Danford sugeriu que uma "Oitava Série Sabática!" seria um ano ainda mais útil: "Enquanto alguns adolescentes prosperam no ensino médio", escreveu Danford, "em geral, esperamos que esses anos sejam o nadir do aprendizado produtivo na escola". Danford propõe que, durante a oitava série, os alunos se registrem em ensino domiciliar e passem o ano investigando os próprios interesses e novos campos de estudo e experiência que ainda não levaram em consideração:

> O programa de um ano pode começar com alguns dos cursos acadêmicos e projetos locais já estruturados para adolescentes em educação domiciliar, incluindo eventos como grupos de literatura, projetos de teatro e educação ao ar livre. A rotina de um ano inteiro pode incluir um idioma intensivo, ingresso voluntário em uma organização sem fins lucrativos ou um museu local e outros tipos de trabalho empresarial ou envolvimento familiar.[7]

Danford ressalta que, como isso – ou qualquer esforço de educação domiciliar – exige um ajuste total da agenda de todos, não é uma opção para qualquer um. (Embora possa ser mais simples do que você pensa; consulte a Parte 4.)

---

[7] Kenneth Danford, "Eighth Grade Out!". *Huffington Post*. Disponível em: http://www.huffingtonpost.com/kenneth-danford/eighth-grade-out_b_1501461.html. Acesso em: 15 nov. 2016.

Mas vale a pena considerar o princípio: é muito melhor, tanto para a autoestima da criança *quanto para* seu desenvolvimento geral, se você permitir que ela saia completamente do sistema por um ano e faça outra coisa, e depois a guie de volta para o sistema com um ano adicional de maturidade.

Um ano sabático não é o mesmo que "repetir"; é um passo à frente positivo.

Capítulo 4

Diferenças, deficiências e distúrbios

Embora não seja fácil sair do nosso sistema prussianizado de classificação etária, uma incompatibilidade de maturidade é um problema relativamente simples: uma criança que está fora de sintonia com sua série crescerá de todo modo.

Uma incompatibilidade sistemática entre seu filho e a situação de aprendizado em que está é muito mais complicada.

A maioria das salas de aula do sistema de ensino K-12 atende a um tipo de aluno (linear, um processador natural de símbolos), prioriza um tipo de conhecimento (proposicional – consulte o Capítulo 14 para obter uma explicação mais detalhada) e favorece um tipo de personalidade (obediente, organizada, no controle de seus impulsos físicos, isto é, capaz de sentar-se quieta).

Isso pode gerar danos para a criança que não se encaixa no paradigma.

> No início dos anos 1970, estimou-se que 3% a 10% da população escolar apresentava deficiências de aprendizagem; e agora porta-vozes responsáveis estão dizendo que até 40% de nossos jovens têm deficiências. (1975)[1]
>
> Um dos pais, discutindo as dificuldades da filha em aprender a ler, mencionou a outro pai da escola que o filho era suspeito de ter deficiências de aprendizagem. *O professor do meu filho acha que ele também tem dificuldades de aprendizado*, confidenciou o segundo pai. *Meus dois filhos já foram diagnosticados como incapazes de aprender*, interveio um terceiro pai, que estava por perto [...]. [C]rianças com deficiências de aprendizagem [agora] formam a maior categoria de estudantes que recebem serviços de educação especial. (1998)[2]

---

[1] Diane Divoky, "Learning-Disability 'Epidemic'". *The New York Times*, 15 jan. 1975, p. 61.

[2] Louise Spear-Swerling e Robert J. Sternberg, "Curing Our 'Epidemic' of Learning Disabilities". *The Phi Delta Kappan*, vol. 79, n. 5, jan. 1998, p. 397.

> Havia 783 mil crianças identificadas com deficiência de aprendizagem (DA) em 1976, mas, em 1992-1993, a população com DA totalizou aproximadamente 2,3 milhões. [...] Além disso, aproximadamente outros 120 mil estudantes a cada ano são identificados com DA, um número igual ao de todos os americanos que contraíram aids, hepatite e tuberculose em 1995. (2000)[3]
>
> O transtorno de déficit de atenção aumenta à medida que você vai mais para o leste em todo o país. As pessoas começam a perder o interesse em Oklahoma, e mal conseguem pensar direito no Arkansas. E, quando chegam a Washington, já o perderam completamente. (2008)[4]

Mais crianças do que nunca estão sendo diagnosticadas com deficiências que afetam a aprendizagem. Não quero parecer uma negacionista de deficiências; problemas de processamento existem e afetam a capacidade de aprender.

Mas também acho que essas incompatibilidades sempre existiram e que, no passado, seres humanos cujos cérebros funcionavam de maneiras diferentes eram muito mais propensos a simplesmente encontrar outra maneira de trabalhar, aprender e ser.

O que mudou foi o nosso sistema K-12. No último século, as escolas foram divididas por série-idade e, portanto, ofereceram faixas mais estreitas para os alunos se encaixarem; logo depois, a escolaridade tornou-se obrigatória, levando, assim, um enorme número de novos alunos àquelas faixas rígidas. E, apenas três décadas mais tarde, todo o sistema explodiu; os *baby boomers* começaram a entrar no jardim de infância por volta de 1952, aumentando as fileiras de crianças em idade escolar em uma maré crescente que durou pelo menos vinte anos.

E, ao mesmo tempo, as escolas perderam financiamento e ficaram com dificuldades para educar cada vez mais crianças com cada vez menos recursos.

Não é de admirar que todo um novo empreendimento tenha surgido paralelo ao nosso sistema K-12: um sistema para classificar e lidar com o crescente número de jovens que não têm bom desempenho na sala de aula.

---

[3] H. Lee Swanson, "Issues Facing the Field of Learning Disabilities". *Learning Disability Quarterly*, vol. 23, n. 1, inverno 2000, p. 37.

[4] Sir Ken Robinson, "Do Schools Kill Creativity?". TED, 2008.

Em 1963, o psicólogo e literato Samuel Kirk usou o termo "deficiência de aprendizagem" para descrever os alunos que *não* podiam ser diagnosticados clinicamente com uma disfunção ou lesão orgânica, mas que, no entanto, simplesmente não tinham um bom desempenho no nível acadêmico esperado. Ao cunhar esse termo, ele nos apresentou uma maneira de classificar as diferenças de aprendizagem que nos permitiram *parar* de pensar em como o sistema poderia ser melhorado – e nos incentivou a focar no aluno, não na *escola*, como o problema.

O desenvolvimento histórico da "deficiência de aprendizagem" como categoria (abrangendo uma enorme variedade de incompatibilidades entre criança e escola) é um tópico vasto, muito além do meu escopo aqui; no Apêndice C, sugeri alguns títulos para quem quiser ler sobre isso. Mas aqui está o fato mais importante a ser lembrado: durante o último meio século, a definição de Samuel Kirk foi modificada, mas não substancialmente alterada.

De acordo com a definição fornecida pelo Departamento de Programas Especiais de Educação dos Estados Unidos da América, uma "deficiência específica de aprendizagem" é um distúrbio

> de aprendizagem e cognição intrínseco ao indivíduo. As Deficiências Específicas de Aprendizagem (DEA) são específicas no sentido de que esses distúrbios afetam significativamente uma faixa relativamente estreita de resultados acadêmicos e de desempenho. A DEA pode ocorrer em combinação com outras condições incapacitantes, mas não se deve principalmente a outras condições, como retardo mental, distúrbio comportamental, falta de oportunidades de aprendizagem ou déficits sensoriais primários.[5]

Eis a tradução simples desse pronunciamento:

> As crianças têm deficiências de aprendizagem quando não conseguem apresentar um bom desempenho na escola, e sua falha no desempenho não pode ser atribuída a um problema físico identificável e diagnosticável, a uma condição emocional ou à desvantagem social.

[5] Tonette S. Rocco, *Challenging Ableism, Understanding Disability*. San Francisco, Jossey-Bass, 2012, p. 75.

Reitero, não estou negando que as deficiências de aprendizagem sejam fenômenos reais. Mas tenho quase certeza de que a maioria dos pais não percebe que "deficiência de aprendizagem" é um rótulo que conclui essencialmente que *não podemos encontrar outra razão para essa criança ter baixo desempenho.*

Em grande parte graças a Samuel Kirk, nossa resposta a um aluno com desempenho insuficiente ou reprovado não é questionar ou retrabalhar o sistema, é colocar um rótulo na criança.

OS TRÊS RÓTULOS

Consideremos três rótulos diferentes que podem ser aplicados a uma criança que não tem um bom desempenho em sua atual situação acadêmica: *distúrbio, deficiência, diferença.*

Estão listados não em ordem de gravidade (um distúrbio leve pode ser muito menos perturbador do que uma grande diferença), mas do mais concreto ao mais difícil de definir. Uma convulsão registrada em uma eletroencefalografia ou causada por uma lesão cerebral visível em uma ressonância magnética é um *distúrbio* que exige tratamento médico convencional. Uma forte preferência pela informação auditiva em vez da informação escrita é uma *diferença*. Essa diferença é real. Isso complica o aprendizado, pois, na maioria das salas de aula, 80% do aprendizado é baseado em conteúdo escrito. Também é algo impossível de se verificar em um exame cerebral, é difícil quantificar claramente, e resiste a soluções simples.

Neste capítulo, vou usar *distúrbio* para descrever as relações mente-corpo permanentemente danificadas que afligem as pessoas em todas as esferas de sua existência; *deficiência* para as relações mente-corpo que afetam *principalmente* a aprendizagem acadêmica, embora também possam afetar as relações sociais e a empregabilidade; e *diferença* para se referir a estilos de processamento que não importariam nem um pouco se a criança não estivesse presa ao nosso atual sistema K-12.

As fronteiras entre os três são vagas e inconsistentes porque as pessoas são organismos, não equações matemáticas; nossas fraquezas sempre envolvem tanto a mente quanto o corpo, e os rótulos que atribuímos misturam-se imperceptivelmente um com os outros. Como resultado, a vasta literatura sobre problemas de aprendizagem é um enorme emaranhado de definições e classificações sobrepostas, algumas das quais foram cunhadas, usadas, descartadas e ressuscitadas. Para tornar as coisas ainda mais confusas, os profissionais médicos e educacionais raramente usam as palavras "distúrbio" e "deficiência" de maneira consistente.

Portanto, considere o que vem a seguir como um ponto de partida: uma maneira de começar a pensar nos problemas que seu filho pode estar enfrentando na escola.

DISTÚRBIOS

Um *distúrbio* (definição: doença, disfunção) pode ser diagnosticado clinicamente. Problemas de visão, distúrbios convulsivos, paralisia cerebral (que pode ser leve o suficiente para escapar do diagnóstico em um bebê, mas causa dificuldades à medida que a criança cresce) e perda auditiva são distúrbios. Os distúrbios podem ser medidos em uma escala que não tem nada a ver com a experiência acadêmica, mas também afetam o aprendizado – em grande parte, de modo grave.

Embora eu obviamente não possa fornecer uma lista completa de possíveis distúrbios, apresentarei cinco das categorias gerais mais comuns que muitas vezes são ignoradas ou confundidas com deficiências de aprendizagem.

Alergias são provavelmente os distúrbios mais comuns (em geral, não diagnosticados) dos quais as crianças sofrem. Uma alergia é uma reação do sistema imunológico a algo que na verdade não é um germe: algo aspirado, ingerido ou tocado pela pele. Muitas alergias podem ser diagnosticadas por meio de picadas na pele ou testes intradérmicos, mas as alergias alimentares geralmente são mais bem diagnosticadas por meio de uma dieta de eliminação.

As alergias não diagnosticadas podem disfarçar as deficiências de aprendizagem (particularmente o TDAH – transtorno de déficit de atenção com hiperatividade). Uma alergia pode causar dores de cabeça, fadiga e inércia, dores de estômago, alterações de humor, dificuldade de ouvir (ouvidos entupidos) e muito mais. As crianças com alergias muitas vezes não sabem que a forma como estão se sentindo *não é* normal, mas, quando são solicitadas a se concentrar, simplesmente não conseguem – elas estão ocupadas em se concentrar em seus corpos.

Os **problemas de visão** são potencialmente um enorme bloqueio no aprendizado. A maioria das crianças passa por exames de visão padronizados com um pediatra, mas problemas mais sutis costumam ser esquecidos. Hipermetropia, distúrbios de visão binocular (ambos os olhos não conseguem manter o foco no mesmo ponto) e rastreamento óptico ruim (incapacidade de manter os olhos focados em uma única linha de texto) geralmente são ignorados nos testes de visão padrão porque a maioria das crianças consegue focar adequadamente por alguns instantes; quando seus olhos se cansam, no entanto, a acuidade visual diminui.

Uma criança com um problema de visão pode passar no exame oftalmológico tradicional com facilidade e, mesmo assim, ter problemas para enxergar o texto corretamente. A dificuldade pode se manifestar como falta de atenção, devaneios ou ausência de interesse – e muitas vezes é diagnosticada como uma deficiência de aprendizagem. Uma triagem feita por um especialista em oftalmologia deve sempre ocorrer antes que uma criança seja rotulada como disléxica ou disgráfica, ou classificada com TDAH.

> *Foi a avó que insistiu em afirmar que nossa filha tinha hipermetropia (assim como ela), apesar de ela ter passado nos exames de visão na escola. Quando questionamos, nosso pediatra recomendou um oftalmologista infantil para que tivéssemos uma opinião mais precisa da acuidade visual de nossa filha, e o especialista não apenas confirmou a hipermetropia como também identificou indicadores de distúrbios de visão. Antes de me informarem sobre isso e solicitarem que fizéssemos mais exames, eu nunca tinha ouvido falar desses distúrbios de visão.*
>
> *Pessoas com hipermetropia, incluindo crianças, conseguem forçar seus olhos a focar em objetos próximos por um breve instante (tempo suficiente para passar por uma triagem visual*

típica). Porém, elas não conseguem sustentar esse foco, e o teste de hipermetropia testa o foco sustentado sobre objetos próximos, a fim de realmente descartar esse problema de acuidade. As triagens de visão típicas no consultório de um optometrista não incluem isso, nem as triagens feitas com crianças nas escolas.

O verdadeiro avanço se deu quando a hipermetropia de nossa filha começou a desaparecer à medida que a terapia visual progredia. Ela passou a ter uma visão quase nítida depois das primeiras semanas de terapia visual (isso faz oito anos). A terapia de visão levou 32 semanas, menos de um ano escolar, e corrigiu permanentemente esses problemas. Isso mudou a vida dela tanto na escola quanto em casa. Minha filha, que se considerava burra, descoordenada e odiava a escola, começou a acreditar que era inteligente, capaz, e passou a adorar a escola simplesmente porque sua visão estava, enfim, funcionando corretamente.

– M. J.

A **perda auditiva** pode ser igualmente sutil – e devastadora. Embora os hospitais testem regularmente a audição de recém-nascidos, a perda auditiva leve ou a perda auditiva em apenas um ouvido é facilmente ignorada. E, mesmo que um recém-nascido ouça perfeitamente, a perda auditiva pode se desenvolver tardiamente na infância.

Uma criança com perda auditiva pode demorar a falar. Mas ela também pode se comportar perfeitamente bem em casa e só ter dificuldade para ouvir quando está cercada pela conversa em segundo plano de uma sala de aula. Como não consegue ouvir bem a voz do professor em meio a outros sons, ela pode parecer desatenta ou bagunceira. Assim como Judith E. C. Licu, pediatra especialista em ouvido, nariz e garganta, disse ao *The New York Times*: "A perda auditiva costuma ser vista como uma deficiência silenciosa. Pode parecer que [as crianças] não estão prestando atenção; [elas] conversam enquanto o professor está falando".[6]

Exames feitos por um audiologista (que também podem envolver uma ressonância magnética) são capazes de detectar esse distúrbio físico que geralmente é ignorado em exames-padrão.

[6] Perri Klass (M.D.), "What to Do When a Newborn Can't Hear". *The New York Times*, 10 mai. 2010, p. D6. Disponível em: http://www.nytimes.com/2010/05/11/health/11klass.html. Acesso em: 22 nov. 2016.

Transtornos leves de paralisia cerebral e convulsões podem se manifestar isoladamente ou em conjunto. Pequenas convulsões podem simplesmente parecer falta de atenção. Paralisia cerebral leve pode ser confundida com atraso geral no desenvolvimento (andar lento, fala lenta), disgrafia (dificuldade severa com a escrita), disfasia (dificuldade em falar e entender a língua falada) e uma série de outras deficiências de aprendizagem. Mas os exames de imagem cerebral (tomografia computadorizada, ressonância magnética, eletroencefalografia, ecografia craniana) podem revelar danos ou anormalidades no cérebro.

Durante anos nos falaram sobre o nosso menino: não se preocupem. Ele aprenderá quando for preciso. Vai amadurecer no tempo certo. Vai entrar em ação quando estiver pronto.

Ouvimos isso de nossos pediatras.

Ouvimos isso de amigos, da comunidade e da família.

Quando nosso filho tinha 10 anos, eu finalmente disse ao pediatra que bastava, e exigi que ele nos encaminhasse para avaliações. Acabamos recebendo um diagnóstico tardio de paralisia cerebral leve.

Muitos dos problemas médicos relacionados haviam sido diagnosticados e tratados ao longo dos anos, com médicos ignorando o óbvio. Meu filho era esperto o suficiente para impedir que os médicos se preocupassem com seus retardos, suas "tremidas" e sua incapacidade de segurar um lápis e escrever. Perdemos anos preciosos de tratamento e terapia por causa da atitude "esperem, ele vai superar isso".

— GREG

Se você suspeita de que seu filho tem uma deficiência de aprendizagem (ou se foi informado de que seu filho tem uma deficiência), recomendo que descarte a possibilidade desses distúrbios antes de aceitar o rótulo – mesmo que demore muito tempo e você tenha de insistir com os médicos para que façam um encaminhamento aos especialistas adequados. Lembre-se: deficiência de aprendizagem é um código para "algo não está funcionando corretamente, mas não conseguimos encontrar uma causa física". Faça o possível para ter certeza de que não há uma causa física, porque, se houver, tratá-la poderá transformar profundamente o aprendizado do aluno.

DEFICIÊNCIAS E DIFERENÇAS

E se não houver, aparentemente, nenhum distúrbio físico?

Nesse caso, um aluno com dificuldades pode realmente ter uma *deficiência de aprendizagem*.

Ou o aluno pode ter uma diferença de aprendizagem: uma maneira preferida de coletar e processar informações que não está alinhada com o ambiente de aprendizado dele.

O limite entre as duas características é frustrantemente ilusório. Até mesmo os especialistas em deficiências de aprendizagem reconhecem que a ausência de uma causa física torna o diagnóstico muito inexato. Três especialistas afirmaram (itálico nosso):

> Uma [...] crença popular referente a crianças que acham difícil aprender a ler é que essas crianças sofrem de uma deficiência. Geralmente, essa deficiência é caracterizada em termos de dano ou uma diferença neurológica que torna a aprendizagem perceptiva ou verbal extremamente difícil, se não impossível. *Mas é difícil encontrar evidências de uma base neurológica para dificuldades de leitura.* Se as crianças com essas condições existem, elas correspondem a números incrivelmente pequenos – são pouquíssimas para explicar a gama de dificuldades então observadas.[7]
>
> Há um consenso entre pesquisadores e profissionais de que as deficiências de aprendizagem estão no cérebro e são hereditárias. No entanto, *avaliar a disfunção cerebral e a hereditariedade se mostrou algo ilusório.*[8]
>
> Assim como todos nós, crianças com deficiências de aprendizagem são influenciadas por sua biologia. A questão é que, na maioria dos casos de deficiências de aprendizagem identificadas pela escola, há pouca evidência de que essas influências biológicas constituam anormalidades ou defeitos reais; ao contrário, provavelmente *caem em um contínuo com as influências biológicas vivenciadas por nós.*[9]

---

[7] Bob Sornson (org.), *Preventing Early Learning Failure*. Association for Supervision and Curriculum Development, 2001, p. 7

[8] Bernice Wong e Deborah L. Butler, *Learning About Learning Disabilities*. San Diego, Academic Press, 2012, p. 2

[9] Spear-Swerling e Sternberg, "Curing Our 'Epidemic' of Learning Disabilities," p. 339.

Em crianças que não foram diagnosticadas com um distúrbio, como paralisia cerebral, por exemplo, uma *deficiência de aprendizagem* raramente está relacionada a uma clara anormalidade física. O que não significa que as deficiências de aprendizagem sejam imaginárias. Depressão, Alzheimer precoce e autismo grave também não podem ser visualizados em uma ressonância magnética ou diagnosticados por meio de um exame de sangue. No entanto, são claramente doenças que alteram vidas e requerem intervenção profissional.

Mas é aqui que chegamos à questão do *continuum*.

É um truísmo que muitas pessoas de sucesso foram diagnosticadas (ou parecem ter sofrido) com deficiências de aprendizagem. Thomas Edison não começou a falar antes dos 4 anos de idade e foi expulso da sala de aula aos 7 anos por interromper persistentemente seu professor com perguntas não relacionadas (o professor, em um bilhete aos pais, sugeriu que a incapacidade de Edison de prestar atenção, assim como sua testa de formato estranho, significava que seu cérebro estava "confuso"). Albert Einstein parece estar no espectro autista, embora também tenha sofrido uma perda auditiva precoce que se tornou mais severa com a idade, aumentando seus problemas de comunicação. Steven Spielberg é disléxico, Daniel Radcliffe tem dislexia e dispraxia (dificuldade na coordenação motora). Michael Phelps foi diagnosticado com TDAH na quinta série.

Mas a fala lenta de Edison e sua aparente distração eram sinais não apenas de problemas auditivos como também de um pensador genial: tão consumido com os próprios processos de pensamento interno (que acabaram por levá-lo a registrar inacreditáveis 2.332 patentes de invenções) que não tinha paciência para as demandas externas de sua atenção.

O isolamento social e a "perseverança" de Einstein (um foco obsessivo em uma única coisa ou ideia, geralmente considerado um sintoma de doença psiquiátrica) foram fundamentais para seu processo criativo. (Mais tarde, ele também alegou que sua perda auditiva era uma vantagem, destacando que ela o isolava de conversas sociais ociosas e do barulho geral da civilização.)

A dificuldade de Spielberg com a linguagem escrita é o outro lado de um estilo de pensamento altamente visual e rico em imagens.

Radcliffe fez o teste para seu primeiro trabalho como ator aos 9 anos porque sua mãe achou que ele precisava de um impulso na autoconfiança, pois sua escrita era horrível, ele não conseguia amarrar os sapatos e seu desempenho na sala de aula estava muito abaixo do normal; nenhuma dessas coisas importava no teatro.

Michael Phelps foi medicado com Ritalina porque não conseguia ficar parado. Claro que não conseguia. Ele foi projetado naturalmente para se mover constantemente e com velocidade.

Fui educada em casa desde a primeira série, mas, se estivesse numa sala de aula, provavelmente teria sido diagnosticada com alguma deficiência. Eu era fisicamente desajeitada (ainda esbarro em móveis), tinha uma tolerância à dor muito baixa, não suportava usar cinto nem roupas apertadas. Minhas roupas sempre me arranhavam e eu tinha de cortar as etiquetas (ainda faço isso). Não conseguia usar meias porque a costura do dedo do pé me deixava louca. Não conseguia trabalhar se houvesse muito ruído de fundo e odiava estar no meio de uma multidão. Focava em uma atividade ou um assunto de modo obsessivo e resistia a passar para uma próxima atividade. Todos esses sintomas definem o Transtorno do Processamento Sensorial, ou TPS. (Um estudo de 2009 no *Journal of Abnormal Child Psychology* sugeriu que até 16,5% das crianças do ensino fundamental poderiam ser diagnosticadas como portadoras de TPS, o que pode "impedir [...] habilidades acadêmicas" em um ambiente escolar, especialmente quando "as demandas de aprendizagem aumentam".)[10]

No entanto, fui acadêmica a vida toda. Minha mãe me deixava estudar de moletom e pijama e montou um anexo em nossa fazenda como um espaço de estudo para que eu pudesse estudar completamente sozinha. Ela me permitia passar o tempo que quisesse com uma matéria antes de passar para a próxima. (Às vezes, eram semanas.) Minha hipersensibilidade aos estímulos físicos é o outro lado de uma velocidade de processamento extraordinariamente rápida;

---

[10] A. Ben-Sasson, A. S. Carterr e M. J. Briggs-Gowan, "Sensory Over-Responsivity in Elementary School: Prevalence and Social-Emotional Correlates." *Journal of Abnormal Child Psychology*, vol. 7, 2009, p. 705, 713.

a solidão é essencial para um escritor (passamos muito tempo com nossos *notebooks*); minha concentração obsessiva tornou possível produzir livros que exigem anos de pesquisa e síntese em larga escala.

As diferenças podem ser vantagens, dado o contexto correto.

Claramente, uma diferença que causa conflito e angústia por toda a vida de uma criança (um estilo de processamento sensorial que torna sair de casa um desafio, por exemplo; um distúrbio da fala que afeta a comunicação com amigos e irmãos; problemas para ler qualquer coisa, incluindo sinais e rótulos) tornou-se uma verdadeira deficiência que requer intervenção cuidadosa e provavelmente agressiva.

Mas, se uma "deficiência" realmente se tornar um problema em apenas um ambiente – nosso sistema industrial K-12 –, eu desafiaria esse rótulo.

No entanto, aceitar o rótulo *deficiência de aprendizagem* pode ser a melhor estratégia, pois permitirá que seu filho tenha acesso a especialistas e terapias específicas. Em muitos casos, isso simplesmente permitirá que seu filho estude fora de compasso com os métodos tradicionais da sala de aula.

Antes de explorarmos mais essa distinção, fiz uma lista não abrangente de algumas das deficiências de aprendizagem mais comumente diagnosticadas, além de algumas das terapias mais comuns.

(Nota: as definições na tabela a seguir refletem *apenas* como esses termos são usados no sistema K-12 para descrever as deficiências de aprendizagem. Alguns desses termos também são usados na medicina em um sentido mais técnico. Por exemplo, especialistas em aprendizagem frequentemente usam o diagnóstico de disfasia para fala prejudicada na infância que não esteja relacionada a uma lesão cerebral; em um adulto que sofreu um acidente vascular cerebral, "disfasia" é a fala prejudicada causada por danos físicos no hemisfério dominante do cérebro.)

(Nota adicional: há mais ou menos uma década, a frase "duplamente excepcional" se tornou mais comum como uma descrição de crianças que são intelectualmente talentosas, mas também foram diagnosticadas com uma deficiência de aprendizagem. Abordarei isso mais adiante, no próximo capítulo.)

Com exceção do autismo severo (mais sobre isso em breve), todas essas deficiências têm três coisas em comum.

Primeiro, os rótulos nos fazem pressupor – sem prova ou discussão – que existe uma maneira perfeitamente normal, embora biologicamente incomensurável, de todo cérebro processar a leitura, a escrita, a audição, a fala e até a organização.

Mantendo esse padrão-ouro, as salas de aula classificam em alguma subseção de "deficiência de aprendizagem" as crianças que não o atingem em todas as áreas. E o fato de os meninos serem diagnosticados com quase todas as deficiências de aprendizagem em uma taxa muito maior do que as meninas sugere que "normal", por qualquer motivo, está alinhado com o modo como as meninas, e não os meninos, amadurecem. (De acordo com os Centros de Controle e Prevenção de Doenças, os meninos são diagnosticados com TDAH três vezes mais do que as meninas. Como mãe de três meninos e uma menina, acho que muitos especialistas em deficiências de aprendizagem não percebem o quanto meninos pré-adolescentes precisam se movimentar.)[11]

Deficiência específica de aprendizagem (DEA)	Descrição/Definição	Terapias comuns
Deficiências "acadêmicas" (leitura, escrita e aritmética)		
Dislexia	"Caracterizada por dificuldades com o reconhecimento preciso e/ou fluente das palavras e por más habilidades de ortografia e decodificação. Essas dificuldades geralmente resultam de um déficit no componente fonológico da linguagem que geralmente é inesperado em relação a outras habilidades cognitivas e ao fornecimento de instruções eficazes em sala de aula." (*Jornal de Neurologia Infantil*, 2003)	Ensino multissensorial das práticas de leitura (os programas de Orton-Gillingham são os mais comuns), "leitura oral guiada" (o aluno lê em voz alta com constante *feedback* do instrutor).

[11] National Center for Learning Disabilities, *The State of Learning Disabilities*, 3. ed., 2014, p. 5.

Deficiência específica de aprendizagem (DEA)	Descrição/Definição	Terapias comuns
Disgrafia	"Disgrafia [...] faz com que a escrita de uma pessoa fique distorcida ou incorreta. Nas crianças, o distúrbio geralmente surge quando são introduzidas pela primeira vez à escrita. Elas escrevem letras de tamanho e espaçamento inapropriados, ou escrevem palavras erradas ou com erros de ortografia, apesar de instruções detalhadas [...]. Além da caligrafia inadequada, a disgrafia é caracterizada por ortografia incorreta ou estranha." (Instituto Nacional de Distúrbios Neurológicos e Derrame)	Terapia ocupacional para fortalecer os músculos das mãos, motricidade fina, postura corporal e posição do braço; programas especializados de caligrafia (como *Handwriting Without Tears*); mudar para programas digitais de processamento de texto em vez de trabalho manuscrito.
Discalculia	"A discalculia é uma condição que afeta a capacidade de adquirir habilidades aritméticas. Os alunos discalcúlicos podem ter dificuldade para entender conceitos simples de números, não têm uma compreensão intuitiva dos números e apresentam problemas com assimilação de fatos e procedimentos numéricos. Mesmo que eles produzam uma resposta correta ou usem um método correto, podem fazê-lo mecanicamente e sem confiança." (Departamento de Educação, Reino Unido)	Uso do currículo de matemática projetado especificamente para ensinar com clareza os conceitos mais básicos de matemática; ênfase na prática adicional e na repetição de habilidades; ensinar para pequenos grupos; ensinar conceitos de matemática individualmente.
Deficiências de fala e audição (também conhecidas como fonológicas, de articulação e transtornos do processamento auditivo [TPA])		
Disfasia	"A disfasia é um distúrbio de linguagem que se caracteriza pelo comprometimento da fala, da escrita e da compreensão da linguagem falada ou escrita. O distúrbio pode ser leve ou grave. Os sintomas incluem dificuldade de falar, escrever, ouvir e compreender." (Gabinete para Americanos com Deficiência)	Fonoaudiologia individual e em grupo. A terapia da fala pode envolver muitos exercícios diferentes, incluindo o emparelhamento de palavras faladas com versões escritas e ilustradas de cada palavra; prática de entoação e canto de palavras; programação motora (ensinar os alunos a criar palavras a partir de sons e sílabas); instrução intensiva direta em princípios fonológicos.

Deficiência específica de aprendizagem (DEA)	Descrição/Definição	Terapias comuns
Transtorno de articulação	"Um distúrbio da articulação envolve dificuldades para produzir sons. Os sons podem ser substituídos, deixados de fora, adicionados ou alterados. Esses erros podem dificultar o entendimento das pessoas. As crianças pequenas costumam cometer erros de fala. Por exemplo, algumas crianças pequenas parecem estar produzindo um som 'R' como 'L' (como 'blava' e não 'brava') ou podem omitir sons de palavras, como 'nana' e não 'banana'. A criança pode ter um Transtorno de Articulação se esses erros persistirem além da idade esperada." (Associação Americana de Fala e Linguagem Auditiva)	Fonoaudiologia individual e em grupo. A terapia da fala pode envolver muitos exercícios diferentes, incluindo terapia de contraste (praticar com pares de palavras e sons contrastantes), abordagem do vocabulário principal (detalhar a pronúncia de conjuntos selecionados de palavras, como se fossem listas de ortografia), treinamento de percepção do som da fala (ensinar as crianças a distinguir sons ouvidos).
Transtorno do processamento auditivo (TPA)	"[A] capacidade reduzida ou prejudicada de discriminar, reconhecer ou compreender sons complexos, como aqueles usados em palavras, mesmo que a audição da pessoa seja normal. [...] Os sintomas do TPA incluem, mas não se limitam a: dificuldade de compreensão em ambientes ruidosos; dificuldade de seguir instruções com várias tarefas; dificuldade de distinguir sons semelhantes [...] muitas vezes, exigindo repetição ou esclarecimento [...] facilmente distraído ou muito incomodado por ruídos altos ou repentinos [...] ter dificuldades para entender piadas, enigmas ou expressões idiomáticas; demonstra dificuldade na linguagem expressiva [...]." (Fundação do Transtorno do Processamento Auditivo)	Prática de discriminação sonora; instrução direta em princípios fonológicos; desenvolvimento de práticas de escuta ativa; prática de conversação; terapia de treinamento auditivo (atualmente considerada uma estratégia experimental não comprovada).
Distúrbios sociais/do desenvolvimento		
TDAH/TDA	"Uma criança com distúrbio de atenção ou hiperatividade [TDA ou TDAH] tem pouca capacidade de se concentrar e é muito distraída [...]. Os sintomas de desatenção, conforme listados no DSM-IV, são:	Terapia comportamental (substituir ações problemáticas por novas ações; praticar uma forma de expressar sentimentos; treinar práticas

Deficiência específica de aprendizagem (DEA)	Descrição/Definição	Terapias comuns
continuação	frequentemente falha ao tentar prestar atenção nos detalhes ou comete erros descuidados nos trabalhos escolares, no trabalho ou em outras atividades; muitas vezes, tem dificuldade para manter a atenção em tarefas ou atividades lúdicas; frequentemente parece não escutar durante uma conversa particular; não consegue seguir instruções e falha ao concluir os trabalhos escolares, as tarefas ou os deveres no local de trabalho; [...] muitas vezes, tem dificuldade para organizar tarefas e atividades; frequentemente evita, detesta ou reluta em se envolver em tarefas que exijam esforço mental contínuo (como tarefas escolares ou lições de casa); geralmente, perde as coisas necessárias para tarefas ou atividades (por exemplo, brinquedos, atividades escolares, lápis, livros ou ferramentas); é facilmente distraída por estímulos estranhos; é constantemente distraída nas atividades diárias. Atividade excessiva é o sinal mais visível de TA/TH: geralmente mexe com as mãos ou com os pés ou se contorce no assento; frequentemente deixa o assento na sala de aula ou em outras situações nas quais se espera permanecer sentada; frequentemente corre ou se excita excessivamente em situações em que esse comportamento é inadequado; pode ter dificuldade para brincar ou se envolver em atividades de lazer silenciosamente [...] muitas vezes, fala excessivamente." (Associação Americana de Psiquiatria, 1994)	organizacionais); ensinar pais e professores a lidar com interrupções e comportamentos perturbadores; medicação (estimulantes e não estimulantes).
Transtornos do espectro do autismo (TEA)	"O transtorno do espectro do autismo afeta a maneira como uma criança percebe e socializa com outras pessoas, causando problemas em áreas cruciais do desenvolvimento – interação social, comunicação e comportamento [...]. É provável que cada criança com TEA tenha um padrão único	Como o transtorno do espectro do autismo varia entre deficiências incapacitantes que alteram a vida até casos muito mais leves de constrangimento social e dificuldade para interpretar as reações dos outros,

Deficiência específica de aprendizagem (DEA)	Descrição/Definição	Terapias comuns
continuação	de comportamento e nível de gravidade – de baixa função à alta função. A severidade é baseada em prejuízos na comunicação social e na natureza restritiva e repetitiva dos comportamentos, e também na forma como eles afetam a capacidade de funcionar [...]. À medida que amadurecem, algumas crianças com TEA ficam mais envolvidas com outras e apresentam menos distúrbios no comportamento. Algumas, geralmente aquelas com problemas menos graves, podem levar uma vida normal ou quase normal. Outras, no entanto, continuam tendo dificuldades com a linguagem ou as habilidades sociais." (Clínica Mayo)	as terapias são extremamente complexas (e múltiplas). Envolvem: terapia comportamental, terapia de comunicação, instrução individual direcionada em área acadêmica específica, terapia familiar e medicamentos para lidar com sintomas específicos.
Transtorno da função executiva	"Uma ineficiência nos sistemas de gerenciamento cognitivo do cérebro que afeta uma variedade de processos neuropsicológicos, como planejamento, organização, elaboração de estratégias, atenção e lembrança de detalhes e gerenciamento de tempo e espaço." (Associação de Deficiências de Aprendizagem da América)	Instruções explícitas sobre o uso de agendas, organizadores, listas, calendários e listas de tarefas; estabelecimento de rotinas.
Deficiência de aprendizagem não verbal	"Caracterizada por uma discrepância significativa entre habilidades verbais avançadas e habilidades motoras, visuais-espaciais e sociais simples. Sinais e sintomas: dificuldade em reconhecer sinais não verbais, como expressão facial ou linguagem corporal; modo desajeitado; parece estar constantemente 'atrapalhando', esbarrando em pessoas e objetos; motricidade fina é um desafio: precisa rotular verbalmente tudo o que acontece para compreender circunstâncias, orientação espacial, conceitos direcionais e coordenação; frequentemente perdido ou atrasado; tem dificuldade para seguir instruções em várias etapas; faz muitas perguntas." (Associação de Deficiências de Aprendizagem da América)	Fornecer a criança formatos simplificados de planilha; terapia ocupacional para melhorar as habilidades motoras; eliminação de tarefas cronometradas; instruções diretas e explícitas para cada tarefa; estabelecimento de rotinas; fornecer explicações verbais para todos os materiais visuais de ensino; ensinar habilidades sociais de forma direta.

Segundo, todos os "sintomas" listados são perfeitamente normais para crianças pequenas. Eles só se tornam "deficiências" quando os comportamentos e as experiências persistem após o período de tempo designado pelos pediatras como "normal no desenvolvimento".

Portanto, a "deficiência" se traduz imperceptivelmente em diferenças de maturidade (consulte o Capítulo 3), e alguns alunos com dificuldades provavelmente estão apenas recebendo tarefas para as quais ainda não estão prontos.

Terceiro, observe que, em quase todos os casos, a terapia recomendada é essencialmente: ensinar de uma maneira diferente, ensinar práticas de forma clara, focar na área em que o aluno precisa de mais esforço e apoio.

Tecnicamente, isso não é terapia. É apenas ensino sensato.

Um bom ensino é responsivo ao aluno, flexível, sempre experimental, equipado com uma caixa de ferramentas completa de estratégias que fazem sentido para diferentes tipos de cérebros, e criativo o suficiente para encontrar diversas maneiras de apresentar informações e treinar habilidades.

No entanto, não importa quão talentoso seja o professor, é praticamente impossível oferecer esse tipo de ensino a uma sala de aula grande e com poucos assistentes, com alunos muito diferentes, principalmente em uma escola onde o currículo é inflexível, centrado na prova e/ou vinculado a critérios estritamente definidos em níveis específicos.

Louise Spear-Swerling (ph.D. em psicologia cognitiva por Yale) e Robert Sternberg (atualmente, professor de desenvolvimento humano em Cornell) apontam eloquentemente:

> Gostaríamos de ver especialistas em deficiências de aprendizagem se tornarem simplesmente especialistas em aprendizagem. Os especialistas em aprendizagem poderiam se especializar no conhecimento sobre os processos cognitivos envolvidos na aquisição típica de práticas acadêmicas, no conhecimento sobre as maneiras pelas quais as crianças podem ter dificuldades na aquisição de habilidades cognitivas e acadêmicas importantes, e na adaptação de instruções para crianças com uma variedade de dificuldades nas habilidades cognitivas e acadêmicas. Sem algumas mudanças verdadeiramente amplas, todo o campo das deficiências de aprendizagem continuará a se sustentar em uma base conceitual em ruínas. Por

> outro lado, com os tipos certos de mudanças, aqueles no campo das deficiências de aprendizagem têm a capacidade de fazer uma diferença real na vida de pessoas com baixo desempenho.
>
> O fato de muitas crianças vivenciarem o fracasso escolar não pode ser contestado. No entanto, as soluções para qualquer problema podem ser válidas, ou não, dependendo da forma como enquadramos o problema. O conceito de deficiência de aprendizagem não forneceu nem fornecerá uma solução para o problema do fracasso escolar. Para curar nossa "epidemia" de deficiências de aprendizagem, precisamos começar dispensando o próprio conceito de deficiências de aprendizagem.[12]

Embora eu considere essa proposta uma maneira de reformar todo o sistema, cada família precisa adotar uma abordagem diferente.

Sugiro que, se o seu filho estiver com problemas, você busque vigorosamente um diagnóstico de deficiência de aprendizagem.

Por quê? Porque os alunos diagnosticados como deficientes em aprendizagem podem potencialmente receber atenção adicional, ensino direcionado, instruções explícitas de especialistas – em outras palavras, um bom ensino fora dos limites estabelecidos para a sala de aula (ou o currículo), que está falhando para esses alunos.

A Associação Internacional para Supervisão e Desenvolvimento Curricular já apontou isso (itálico nosso):

> Estudos apoiados pelos Institutos Nacionais de Saúde Infantil e Desenvolvimento Humano mostram que pelo menos 20% a 30% dos estudantes americanos não sabem ler o suficiente para concluir com êxito as tarefas escolares. Infelizmente, existem poucos serviços corretivos de leitura e escrita em programas de educação regular, especialmente nos níveis fundamental e médio. *Os únicos serviços de alfabetização corretiva disponíveis estão, em geral, em programas de educação especial, e os alunos são frequentemente diagnosticados como deficientes em aprendizagem, para que possam ter acesso a esses recursos. Muitos desses estudantes não são DA*, no entanto; alguns são [...] "baixas curriculares" que nunca receberam instruções adequadas desde o início.[13]

---

[12] Spear-Swerling e Sternberg, "Curing Our 'Epidemic' of Learning Disabilities," p. 401.

[13] Sornson, *Preventing Early Learning Failure*, p. 21.

Caso tenha dúvida, instrução corretiva de leitura geralmente significa "uma mudança na instrução": ensinar de uma maneira diferente para que o aluno possa de fato entender.

É assim que se deve tratar uma diferença de aprendizagem.

Em muitos casos, ter uma deficiência de aprendizagem significa que não se chega a uma compreensão intuitiva do que os outros podem entender mais facilmente. É necessário dar instruções diferentes, mais claras. Considere as seguintes terapias, da Universidade de Michigan, para pacientes com transtorno da função executiva:

> Os alunos precisam aprender como organizar e usar as agendas. Esses sistemas externos incluem calendários, listas de tarefas, registros diários e listas de checagem. Podem ser em papel ou no telefone celular, no iPad ou em outros dispositivos de tecnologia.
>
> Durma o suficiente à noite. Dormir durante um período adequado permite que o aluno fique totalmente atento e tenha energia mental para aprender e obter um bom desempenho na escola [...]. Ir para a cama no mesmo horário todas as noites e estabelecer uma rotina de dormir, começando no jantar ou logo após o jantar, ajudará a manter níveis adequados de atenção ao longo do dia.
>
> O uso de marcadores e/ou gráficos pode ajudar a chamar a atenção para informações importantes.
>
> Faça pausas frequentes durante o dia e varie a duração dos períodos de trabalho. Use alongamentos e caminhadas como formas de revitalizar o corpo, fazendo com que o sangue flua mais uniformemente por todo o organismo. Reserve um período de relaxamento para revitalizar a energia mental.
>
> Procure identificar seus períodos de energia baixa; mantenha um diário ou um registro dos horários durante o dia em que isso ocorrer. Desenvolva o hábito de fazer um lanche energético saudável à tarde.
>
> Aprenda a usar livros didáticos com eficiência, como, por exemplo, fazer buscas pelo sumário e pelo índice.[14]

[14] "Executive Function Problems", Dyslexia Help, University of Michigan. Disponível em: http://dyslexiahelp.umich.edu/professionals/dyslexia-school/executive-function-disorders. Acesso em: 25 nov. 2016.

Na verdade, essas são práticas básicas para *qualquer* aluno, e não terapias.

No entanto, alguns alunos podem não ter a tendência natural de adotar essas estratégias. Ou talvez nunca tenham estado em uma sala de aula, ou numa família, onde essas práticas foram demonstradas ou ensinadas.

Se o rótulo "transtorno da função executiva" permitir que eles sejam instruídos especificamente sobre práticas básicas, é um sinal de que agora eles têm acesso às informações de que precisam.

*

Uma palavra para aqueles que já estão educando os filhos em casa: tudo isso também vale para você.

Quando você está educando seu filho em casa, está na mesma posição que um professor em uma sala de aula. Talvez você não tenha todas as ferramentas de ensino necessárias para adaptar sua instrução ao modo particular de aprendizagem de seu filho, especialmente se a criança tiver um cérebro muito diferente do seu.

Já vi muitos pais que educam em casa insistirem obstinadamente com currículos e métodos de ensino que não produzem bons resultados, e muitos não fazem uma reavaliação. Nos meus anos de educação domiciliar, eu mesma fiz isso muitas vezes. Esta é a voz da experiência: se a aprendizagem atrasar por mais de seis meses, não é má ideia procurar uma avaliação profissional. Especialistas em deficiência de aprendizagem são especializados em aprendizagem; eles podem oferecer a você todo um conjunto de estratégias e técnicas para tirar você e seu filho de um bloqueio de aprendizagem.

Mude a maneira de pensar: considere o rótulo *deficiência de aprendizagem* como se significasse que *esta criança precisa de uma abordagem diferente*, em vez de *há algo errado com meu filho*. Siga o plano de ação no final deste capítulo como uma maneira de orientar o aluno que tem dificuldades (e a si mesmo) para um caminho melhor.

*

Dado que o autismo pode ser uma condição devastadora que altera toda a vida da criança e da família, você pode se perguntar: por que está na lista de deficiências?

O rótulo "autismo" tem se disseminado nos últimos anos para abranger uma série de comportamentos que antes eram classificados de maneira diferente, ou nem eram classificados, e muitos desses comportamentos ocorrem principalmente em ambientes escolares e afetam sobretudo a experiência da criança na sala de aula.

Atualmente, nos Estados Unidos, uma em cada 68 crianças é categorizada nessa condição agora conhecida como transtorno do espectro do autismo (TEA). Na sua forma mais severa – a forma em que a maioria de nós provavelmente pensa quando ouvimos a palavra "autismo" –, quem sofre desse mal não consegue se comunicar por meio de palavras, fica preso em movimentos repetitivos, torna-se destrutivo para si e seu ambiente.

No entanto, a edição de 2013 do Manual Diagnóstico e Estatístico de Transtornos Mentais (DSM-5) apresenta a seguinte definição para diagnosticar crianças com a versão leve, TEA-1 (Transtorno do Espectro do Autismo Nível 1):

> Nível 1, "Requer assistência"
>
> *Comunicação social*
>
> Se a criança nessa condição não for auxiliada, sua deficiência na comunicação social causará prejuízos visíveis. Ocorre dificuldade para iniciar interações sociais e exemplos claros de resposta atípica ou malsucedida a propostas sociais de outras pessoas. Talvez demonstre desinteresse por interações sociais. Por exemplo, uma pessoa que é capaz de falar frases completas pode se envolver com a comunicação, mas seu engajamento na conversa pode falhar com outras pessoas, e suas tentativas de fazer amigos podem parecer estranhas e fracassar.
>
> *Comportamentos restritos e repetitivos*
>
> A inflexibilidade do comportamento causa interferência significativa nas funções em um ou mais contextos. Há dificuldade de alternar entre

as atividades. Problemas de organização e planejamento dificultam a independência.[15]

Em outras palavras, são crianças que têm problemas para compreender as interações sociais; tendem a interromper os outros sem prestar atenção no que estão dizendo; não gostam de mudanças e têm dificuldade para fazer amigos.

Essas dificuldades podem facilmente se transferir para a personalidade, o modo de se relacionar e a maturidade.

Assim como as terapias para distúrbios da função executiva, as "terapias comportamentais" sugeridas para crianças diagnosticadas com TEA-1 tendem a ser estratégias que realmente funcionam bem para todas as crianças. A publicação para pais do *Autism Speaks – Autism Treatment Network*, "Uma Introdução ao Tratamento Comportamental em Saúde", fornece a seguinte "visão geral das estratégias domésticas" para lidar com os "comportamentos problemáticos" relacionados ao TEA-1:

- **Procure oportunidades para ensinar e elogiar seu filho.** Incentive e elogie sua comunicação, sua interação, sua paciência, etc. Se o comportamento problemático ocorrer quando seu filho quiser sair de uma atividade específica, você pode ensiná-lo a fazer uma pausa.
- **Peça que seu filho faça apenas o que ele seja capaz de fazer. (Prepare-o para o sucesso!)** Peça ao seu filho apenas o que ele conseguirá fazer de forma independente ou com o mínimo de assistência. Além disso, divida as tarefas e os projetos em pequenas partes e etapas ou peça a ele que faça apenas uma atividade por vez (por exemplo, peça que ele pegue um bloco em vez de todos os blocos).
- **Comunique claramente seus pedidos de uma maneira que seu filho entenda.** Além disso, informe o que ele receberá por fazer o que você pediu. Eleve o nível das solicitações pouco a pouco, à medida que ele for bem-sucedido. Faça uma solicitação apenas quando for capaz de acompanhá-la (por exemplo, verifique se você tem tempo para esperar

[15] "DSM-5 Diagnostic Criteria". In: Autism Speaks. Disponível em: https://www.autismspeaks.org/what-autism/diagnosis/dsm-5-diagnostic-criteria. Acesso em: 25 nov. 2016.

que seu filho faça o que você pediu) e o recompense ou elogie por fazer o que você pediu.

- **Planeje com antecedência a fim de preparar seu filho para se comportar bem.** Encontre maneiras de mudar o ambiente em que o comportamento problemático geralmente ocorre para melhorar o comportamento do seu filho (por exemplo, mantenha lanches com você se ele tende a ser mais agressivo quando está com fome).[16]

Como não tenho formação em psicologia, não posso afirmar que os comportamentos do TEA-1 não devem, na verdade, ser classificados no espectro do autismo.

Mas, como mãe de quatro filhos e avó de um neto, posso dizer que os chamados comportamentos problemáticos têm muito mais probabilidade de ocorrer em crianças que não são educadas e elogiadas, que recebem instruções pouco claras e que são solicitadas a executar tarefas que não conseguem realizar e não recebem lanches quando o açúcar no sangue fica baixo.

*

Resumindo: a porcentagem vertiginosa de estudantes diagnosticados com alguma deficiência de aprendizagem foi definitivamente afetada por uma definição restritiva de *normal*.

Considerando que todos os pais (mesmo os que educam em casa) precisam operar dentro de uma estrutura K-12 que define tais "normas", podemos usar o termo "deficiência de aprendizagem" em nosso proveito, a fim de flexibilizar o sistema para acomodar nossos filhos. De fato, pode ser normal uma criança de 12 anos ter dificuldade com a leitura ou uma criança de 10 anos não conseguir interpretar sinais sociais, mas, quando crianças vivem dentro de uma sociedade que exige essas duas habilidades em determinada idade, temos de encontrar maneiras de essas crianças prosperarem.

---

[16] Autism Speaks – Autism Treatment Network/Autism Intervention Research Network on Physical Health, "An Introduction to Behavioral Health Treatments: A Parent's Guide". *Autism Speaks*, 2012, p. 2.

E, se o seu filho está passando por dificuldades, não espere até ele atingir a maturidade, principalmente se estiver inserido no sistema K-12 e ainda for permanecer nele por um tempo. Em vez disso, siga os passos do plano de ação apresentado na sequência.

PLANO DE AÇÃO

SE UMA CRIANÇA ESTIVER COM DIFICULDADES, ELIMINE PRIMEIRO SUAS DIFICULDADES FÍSICAS.

Peça ao pediatra uma avaliação completa e faça o acompanhamento de qualquer coisa que pareça preocupante, solicitando encaminhamento a um especialista.

Isso pode ser um atalho para identificar o problema, mas, mesmo que o exame físico não apresente nada de anormal, sugiro que você procure alguns especialistas de imediato. Os planos de saúde devem cobrir a maioria dos custos. Se a consulta desses especialistas não for viável financeiramente, retorne ao pediatra e seja mais persistente: você sabe que algo está errado. Outros testes podem ser feitos para descartar problemas de visão ou audição, alergias ou distúrbios convulsivos menores?

Consulte um optometrista especialista em desenvolvimento da visão caso a criança:

» durante a leitura, pule ou releia as linhas diversas vezes;
» leia ou conclua a lição de casa no ritmo de um caracol;
» tenha pouca compreensão da leitura;
» inverta letras ou confunda as letras semelhantes;
» tenha pouca atenção ao realizar tarefas baseadas em escrita/leitura;
» esfregue os olhos, tenha dores de cabeça, reclame de vistas cansadas;
» não consiga escrever nas linhas, tenha poucas habilidades de copiar;
» consiga responder perguntas oralmente, mas não por escrito;
» tenha problemas com os conceitos matemáticos básicos de tamanho e posição;
» incline a cabeça de um modo estranho enquanto lê palavras ou números.

Consulte um especialista em audiologia caso a criança:

» demore para começar a falar;
» fale de maneira arrastada ou tenha uma pronúncia estranha;
» seja desatenta, especialmente em grupo;
» pareça não ouvir/entender instruções (sempre ou às vezes);
» só consiga se concentrar na instrução por curtos períodos;
» tenha uma ortografia muito ruim (principalmente se a escrita manual for aceitável);
» seja socialmente tímida;
» demonstre padrões e respostas estranhos durante as conversas;
» pareça mais atenta quando olham diretamente para o rosto;
» incline a cabeça enquanto ouve;
» pergunte "o quê?" ou "hein?" com muita frequência.

Consulte um especialista em alergia, asma e imunologia caso a criança:

» seja desatenta ou hiperativa;
» reclame de dor de estômago;
» esteja frequentemente cansada, irritada, ansiosa, agitada ou nervosa;
» aja com impulsividade e de modo irracional;
» pareça deprimida e apática;
» não consiga se concentrar por muito tempo;
» reclame frequentemente da luz, do toque, de gostos ou cheiros;
» sofra de eczema, erupções cutâneas ou "coceiras na pele".

Consulte um especialista em neurologia caso a criança:

» seja frequentemente desatenta;
» fixe o olhar de modo inexpressivo durante a instrução;
» pareça muito desorientada em momentos estranhos;
» seja extraordinariamente desligada;
» pareça estar frequentemente sonhando acordada;
» tenha dores de cabeça frequentes;
» apresente vômitos sem febre ou outros sintomas;
» tropece ou caia com frequência, mas pareça bem coordenada.

Observe que problemas de visão e audição não diagnosticados, alergias e pequenos distúrbios convulsivos podem imitar o TDAH, comumente diagnosticado, a menos que testes cuidadosos sejam feitos.

Cada uma das associações médicas citadas nas notas de rodapé possui sites com muito mais informações, além de listas adicionais de possíveis sintomas.

PULE O TESTE DE QI

Os chamados testes de quociente de inteligência foram desenvolvidos durante o primeiro quarto do século XX como uma tentativa de encaixar melhor as crianças em salas de aula com classificação etária. O trabalho realizado por uma série de psicólogos do final do século XIX e do início do século XX (incluindo Alfred Binet e Théodore Simon, da França, William Stern, da Alemanha, e o americano Lewis Terman) evoluiu como o teste de QI que conhecemos hoje, no qual uma criança completa uma série de provas de raciocínio. Seu sucesso é então comparado à norma esperada para sua idade cronológica; isso gera um número chamado idade mental, que é maior se ela tiver respostas mais corretas que a norma e menor se ela concluir menos problemas com precisão. Essa idade mental é então dividida por sua idade cronológica e multiplicada por 100. *Voilà*: eis o resultado do QI.[17]

Existem tantos problemas extensamente documentados com esse método que eu nem me dou ao trabalho de abordá-los aqui; consulte a Breve Bibliografia Essencial no Apêndice C, se você quiser saber mais.

O próprio Binet argumentou contra o uso do QI como medida de inteligência; ele acreditava que a inteligência está sempre se desenvolvendo e que os testes apenas dão o ponto de partida para "prática, treinamento e, acima de tudo, método", com o objetivo de melhorar continuamente a atenção, a memória e o julgamento: "literalmente, tornar-se mais inteligente do que éramos antes".[18]

---

[17] B. R. Hergenhahn e Trazy Henley, *An Introduction to the History of Psychology*. 7. ed., Boston, Wadsworth Cengage Learning, 2014, p. 298.

[18] Ibid., p. 299.

Entretanto, *não* é assim que o teste é interpretado na cultura americana. Ele é tomado como um julgamento estático de valor, uma medida plana de quão "inteligente" uma criança é. Uma pontuação alta atribui imediatamente o status de "superdotada", e uma pontuação baixa representa uma perspectiva mais sombria de conquistas futuras.

Isso é perverso e prejudicial (dado que os testes de QI avaliam um tipo muito restrito de capacidade de resolução de problemas). As crianças com pontuações mais baixas acreditam de imediato que não são muito inteligentes, e as crianças com pontuações muito baixas recebem o rótulo de "severamente deficientes" – algo que pode determinar o curso de uma vida.

Mas crianças com QI alto também sofrem. Em vez de serem tratadas como indivíduos, elas geralmente pulam as séries, mesmo que sua maturidade emocional e seus interesses se encaixem melhor em uma série mais baixa.

À medida que as crianças crescem, caso fique claro que elas necessitem de atenção especial, pode ser feito um teste de QI a fim de qualificá-las para programas específicos. Se for necessário, agende o teste e não dê muita importância ao resultado.

Mas meu conselho é evitar esse teste o máximo que puder. Evite ser enquadrado por outros: os testes de QI exercem uma influência tão grande na cultura ocidental que, sabendo do seu resultado, torna-se quase impossível evitar se autoenquadrar.

FAÇA UMA AVALIAÇÃO DAS DEFICIÊNCIAS ESPECÍFICAS DE APRENDIZAGEM DE SEU FILHO, MAS ENXERGUE-AS APENAS COMO DIFERENÇAS QUE EXIGEM NOVAS ESTRATÉGIAS DE ENSINO.

Um diagnóstico de deficiência de aprendizagem pode dar às crianças dos sistemas escolares acesso a toda uma nova rede de ensino. Os pais que educam em casa podem usar o diagnóstico como um ponteiro para estratégias de aprendizagem inteiramente novas. Portanto, vale a pena procurar um diagnóstico.

Mas somente se *você* decidir *não* enxergar seu filho como "disléxico" ou "disgráfico", ou o que quer que seja o rótulo.

Os rótulos apontam para soluções. Eles *não podem* se tornar parte de quem a criança *é*. E um rótulo nunca deve ter um papel importante na decisão do que *não* fazer (em qual escola *nem* tentar matricular seu filho, qual matéria *evitar*, em qual esporte *não* o inscrever). Um rótulo deve fornecer apenas um caminho a seguir.

O primeiro passo é ter a criança avaliada por um psicólogo educacional, um psicólogo clínico licenciado especializado em deficiências de aprendizagem ou um neuropsicólogo.

Um psicólogo educacional (em geral, é o que as escolas terão na equipe) se concentrará principalmente na escola e nas experiências de aprendizado da criança, nos níveis de habilidade acadêmica e em quaisquer dificuldades na execução do trabalho acadêmico. Um psicólogo clínico licenciado possui conhecimento adicional sobre possíveis descompassos entre o cérebro e o corpo e pode fazer um exame mais abrangente, que também avalie as habilidades de processamento e velocidade, a função de memória e possíveis problemas sensoriais. Um neuropsicólogo é um psicólogo clínico licenciado que foca ainda mais na função cerebral e nas doenças cerebrais.

A menos que uma criança esteja enfrentando sérias dificuldades em diversas áreas (não apenas na escola), começar com um psicólogo educacional é um ponto de partida razoável. Se as recomendações do psicólogo não parecem se encaixar ou ajudar, peça um encaminhamento a um neuropsicólogo ou um psicólogo clínico licenciado.

Ouça os diagnósticos, revise as terapias recomendadas e, em seguida, decida-se por experimentá-las ou não. Você e a criança têm a palavra final.

Para as crianças que estão no sistema escolar, o diagnóstico de uma deficiência de aprendizagem abre as portas para a escola gerar um Programa de Educação Individualizado (PEI) – um documento que explica quais serviços especializados individuais a criança pode receber.

Em muitas áreas, os estudantes educados em casa também podem se qualificar para serviços escolares por intermédio de um PEI, que oferece acesso a preços razoáveis para consultas com diversos especialistas em aprendizagem.

Meu filho tem disgrafia grave. Seu PEI permite que ele leve um notebook *para digitar as anotações da aula. O programa também lhe proporciona tempo extra para fazer provas de matemática porque, se escrever os números muito, muito lentamente, seu professor conseguirá lê-los.*

— RANDY

Quando nosso filho estava no jardim de infância, mal conseguia pronunciar uma frase completa. Era um garoto inteligente, mas gaguejava ao tentar se expressar por meio de palavras. De fato, ele tinha dificuldades para transferir seus pensamentos do cérebro à boca. O problema era grave o suficiente para que a escola pública recomendasse um PEI para dicção. Ele passou a fazer duas sessões por semana com um fonoaudiólogo na escola e melhorou o suficiente para abandonar o PEI no final da primeira série.

— GEORGIA

Estamos educando em casa, e o PEI do meu filho faz parte da educação domiciliar. Escolho os currículos de acordo com meu gosto. Meu filho faz duas sessões de meia hora diariamente na escola e tem a oportunidade de usar o computador de alta velocidade e a biblioteca. Às vezes, os membros de seu comitê do PEI, e isso me inclui, discutem o que estamos fazendo em casa para que tudo se encaixe (por exemplo, não ter duas matérias de soletrar). É uma situação de trabalho conjunto para descobrir como lidar com os problemas – eles não sabem qual é o nosso programa domiciliar completo e nem precisam aprová-lo.

— PEN

Ter um PEI pode ser incrivelmente útil – ou pode ser um processo difícil, principalmente se a escola não cooperar. Para ter mais informações sobre centenas de pais que trabalharam com PEI com seus filhos, visite o fórum de discussão *Learning Challenges*, que hospedo em forums.welltrainedmind.com.

NA AUSÊNCIA DE UM DISTÚRBIO FÍSICO, TENHA MUITO CUIDADO AO CONCORDAR COM O USO DE ALGUMA MEDICAÇÃO.

Cuidado com medicamentos para deficiências que não tenham um propósito médico claro.

Não sou contra a medicação. Se uma deficiência diagnosticada está causando caos na vida de uma criança, a medicação pode levá-la de uma rotina autodestrutiva a um caminho melhor.

Mas saibam que pouquíssima pesquisa foi feita sobre os efeitos a longo prazo de medicar uma mente ainda em desenvolvimento com estimulantes (em geral, prescritos para o TDAH) e drogas psicotrópicas (prescritas para ansiedade, depressão e comportamento obsessivo).

Os medicamentos psicotrópicos, menos usados, devem ser prescritos apenas por um psiquiatra qualificado, *depois que esse profissional tiver* passado um período significativo de tempo com a criança *e* com a família, e sempre devem ser acompanhados por terapia presencial regular. (Os antidepressivos, em particular, não devem ser prescritos por um médico de família ou um clínico geral. Isso acontece com muita frequência.)

Os medicamentos para o TDAH causam um problema muito maior. Já se sabe que esses estimulantes frequentemente retardam ou atrasam o crescimento físico. *As crianças que tomam esses medicamentos podem alcançar o crescimento total tardiamente, mas quase sempre crescem*, comenta alegremente um guia-padrão para deficiências de aprendizagem, acrescentando: *Alguns especialistas aconselham* férias dos medicamentos *durante os períodos de férias escolares para permitir que o crescimento da criança recupere o atraso.* Isso por si só parece um sinal de perigo para mim; esses medicamentos estão mexendo com os padrões naturais de maneira significativa, e simplesmente não sabemos que efeito isso terá no futuro.[19]

Além disso, medicamentos podem ser assustadoramente viciantes, mesmo para adultos. Em março de 2013, a dramaturga Kate Miller escreveu no *New York Times* sobre ter tomado Adderall na época em que estava na faculdade e depois ter aumentado sua dose nos anos seguintes, até que finalmente foi forçada a admitir que o medicamento havia se tornado um vício perigoso:

> Me tornei um desastre emocional, irritada, desconectada e desapegada [...]. Ignorei os sinais de perigo que, na [época da] faculdade, eu

[19] C. Smith e L. Strick, L., *Learning Disabilities: A to Z: A Parent's Complete Guide to Learning Disabilities from Preschool to Adulthood.* New York, Simon & Schuster, 1999, p. 168.

> havia mantido sob um olhar severo, pois há um histórico de alcoolismo em minha família. Mas, como meus remédios vinham do bloco de receitas de um médico em um consultório a duas quadras do *Metropolitan Museum of Art*, eu me sentia segura.[20]

O uso recreativo de medicamentos para o TDAH se tornou um grande problema, porque esses estimulantes proporcionam uma sensação de euforia. No entanto, essas drogas poderosas que alteram o cérebro são prescritas regularmente, de modo rotineiro, *antes* ou na *ausência* de terapia comportamental. Em 2011, *11%* das crianças entre 4 e 17 anos (6,4 milhões de crianças) foram diagnosticadas com TDAH. O CDC (Center for Disease Control [Centro de Controle de Doenças]) relata que apenas *um terço* dessas crianças estava recebendo medicação *em conjunto* com terapia.[21]

Outras estatísticas sugerem que os medicamentos para o TDAH são usados com muita frequência para dopar as crianças à conformidade, em vez de se esforçar para ajustar a situação de acordo com o indivíduo. Num grupo de *pré-escolares* diagnosticados com TDAH, *metade* usava medicamentos (o que não é recomendado pelo CDC, ou por qualquer agência responsável, para pré-escolares) e, desses, um em cada quatro estava recebendo *apenas* medicamento e nenhum outro serviço. O CDC também descobriu que as crianças em lares de crianças adotivas tinham três vezes mais chances de serem diagnosticadas com TDAH e terem medicamentos prescritos. São crianças que apresentam todo tipo de problemas comportamentais que requerem intervenção longa e complicada; medicamentos podem certamente ajudar, mas também podem ser um atalho conveniente para terapeutas sobrecarregados e substituir outras intervenções.[22]

A meu ver, o próprio diagnóstico de TDAH costuma ser problemático. O enorme aumento de casos revela um sistema desesperado para ajustar as

---

[20] Kate Miller, "The Last All-Nighter". *The New York Times*, 4 mar. 2013. Disponível em: http://opinionator.blogs.nytimes.com/2013/03/04/the-last-all-nighter/. Acesso em: 26 nov. 2016.

[21] "Attention-Deficit/Hyperactivity Disorder: Data & Statistics". Centers for Disease Control and Prevention. Disponível em: http://www.cdc.gov/ncbddd/adhd/data.html. Acesso em: 26 nov. 2017.

[22] Jeremy Loudenbuck, "ADHD Diagnosis Three Times More Likely for Children in Foster Care". *The Chronicle for Social Change*, 3 nov. 2015.

crianças a si próprio, e não o contrário; o grande número de sintomas diferentes envolvidos na doença (para as meninas, timidez, baixa autoestima, déficit de atenção, ansiedade; para os meninos, incapacidade de ficar quieto, fala excessiva, comportamento impulsivo) tem muita relação com a imaturidade e tantas outras causas.

Como não sou profissional de saúde mental, apresento a declaração abaixo, escrita em conjunto por dois psicólogos clínicos, dois neuropsicólogos, um psicoterapeuta e um pediatra:

> As crianças geralmente são suspeitas de ter TDA/TDAH por terem problemas de atenção ou por serem hiperativas. A criança que realmente sofre de TDA/TDAH apresenta déficits de atenção associados a uma série de lesões neurológicas específicas e a leves atrasos no desenvolvimento.

No entanto, o diagnóstico de TDA/TDAH deve ser um diagnóstico de último recurso, a ser feito por eliminação somente após se descartar outros possíveis distúrbios ou problemas, como depressão, ansiedade, deficiências de aprendizagem, preocupação com problemas pessoais, expectativas irreais, dificuldades situacionais, tédio devido a uma incompatibilidade de habilidades e expectativas, déficits no processamento auditivo, concussão ou lesão cerebral traumática leve, problemas de saúde, abuso de substâncias, fadiga por distúrbios do sono, falta de energia em virtude de maus hábitos alimentares ou distúrbios alimentares, e até desaceleração cognitiva causada pelos medicamentos atuais. Como um clínico deve reservar um tempo para descartar muitas outras possibilidades, incluindo todas as listadas acima, o TDA é um diagnóstico difícil de fazer. O diagnóstico de TDA não deve ser dado após uma consulta de dez minutos com um clínico geral que consultou um questionário preenchido pelos pais e funcionários da escola.[23]

Se o TDAH for diagnosticado, a medicação deve ser o último recurso para uma criança que não consegue funcionar durante a maior parte de sua vida, não apenas na sala de aula. "Todos nós queremos que essa bala mágica resolva

[23] F. R. Olenchak, *Misdiagnosis and Dual Diagnoses of Gifted Children and Adults: ADHD, Bipolar, OCD, Asperger's, Depression, and Other Disorders*. Tucson, AZ, Great Potential Press, 2005.

problemas de aprendizagem", diz a neuropsicóloga clínica Cheryl Weinstein, certificada pelo conselho. "Infelizmente, a crença de que apenas a medicação funcionará é muito facilmente adotada."[24]

FLEXIBILIZE O SISTEMA, NÃO APENAS A CRIANÇA.

Não permita que o apressem, assustem, convençam ou intimidem a medicar ou rotular seu filho antes que você esteja preparado.

Os professores podem ter recursos surpreendentes, mas eles veem seu filho em apenas *um* ambiente. Você o vê em todos os contextos de sua vida. Confie em seus instintos em relação ao que seu filho precisa. *Talvez* ele necessite de medicação e um PEI, ou não. Ou *talvez* precise de um ambiente completamente diferente, com mais liberdade para aprender à sua maneira.

Lembre-se de que o problema é uma incompatibilidade entre o sistema e o aluno, não uma deficiência no seu filho. Busque um diagnóstico. Mas, em seguida, use as estratégias que descreverei nas Partes 3, 4 e 5 para fazer com que o sistema se adapte ao seu filho, e não o contrário.

> *Nenhum currículo específico "consertará" seu filho. Não existe isso, e seu filho não está quebrado. Ele apenas processa as coisas de maneira diferente. Ele precisará de andaimes para algumas coisas, correção para outras coisas, oportunidade de recorrer aos seus pontos fortes e muito amor e paciência enquanto você navega por essas águas.*
>
> *Esteja preparado para diversas tentativas e erros ao tentar encontrar materiais específicos e formas de fornecer instruções. Toda criança é diferente por causa de diferentes equilíbrios de forças, fraquezas e personalidade. Por favor, seja paciente consigo mesmo e com seus filhos ao percorrer esse caminho. Não há solução rápida, mas a jornada pode ser maravilhosa se você dedicar um tempo para se concentrar nos aspectos positivos e no seu momento em família. Não deixe que o estresse e as preocupações o dominem.*
>
> — ALEX

[24] "Treatment for Learning Disabilities". PBS Parents. Disponível em: http://www.pbs.org/parents/education/learning-disabilities/basics/treatment-for-learning-disabilities. Acesso em: 26 nov. 2016.

Capítulo 5

Os riscos dos superdotados e dos bons

Bons alunos e alunos superdotados também podem ser desajustados.

Meu irmão mais velho era um desses. Minha mãe, professora do ensino fundamental certificada, ensinou-o a ler antes de enviá-lo ao jardim de infância; ela viu muitos alunos com dificuldades de leitura nas salas de aula da quarta e quinta séries e não confiava no sistema. Quando ele entrou na primeira série, já estava lendo no nível de alunos da sétima série. (Minha mãe é uma alfabetizadora muito boa.)

O currículo de primeira série que o fazia identificar letras do alfabeto o entediava. E ele era um garoto de 6 anos tipicamente nervoso e cheio de energia. Por isso, ele conversava demais, distraía os colegas, ficava inquieto e desenvolveu um hábito irritante de ler antes da professora e depois corrigi-la, em voz alta, na frente do restante da classe.

Depois de algumas semanas, a professora sugeriu que ele poderia pular para outra série.

A escola o passou para a segunda série. O programa da segunda série não era muito mais interessante. Além disso, os alunos da segunda série se ressentiam da presença desse novato e se recusavam a brincar com ele no recreio.

Ele implorou para voltar para a primeira série, onde estavam seus amigos. A escola concordou, mas isso também não funcionou. Ele ainda estava entediado, e agora seus colegas de classe se ressentiam do fato de ele ter sido identificado como "especial" e o ignoravam.

"A essa altura", diz minha mãe, "toda vez que ele descia do ônibus, estava brigando ou chorando, e eu passava o tempo todo tentando resolver o que estava acontecendo na escola." Sua capacidade intelectual estava tão descompensada com seu desenvolvimento físico e social. que ela não conseguiu encaixá-lo na escola, e foi isso que a levou, em 1972, a se aventurar na educação domiciliar.

O QUE É SUPERDOTAÇÃO?

A educação americana não tem uma definição reconhecida sobre o que é superdotação. A *National Association for Gifted Children* [NAGC] propôs o seguinte:

> Indivíduos superdotados são aqueles que demonstram níveis elevados de aptidão (definidos como uma capacidade excepcional de raciocinar e aprender) ou competência (habilidade ou desempenho comprovados entre os 10% ou menos) em um ou mais domínios. Os domínios incluem qualquer área de atividade estruturada com o próprio sistema de símbolos (por exemplo, matemática, música, linguagem) e/ou o conjunto de habilidades sensório-motoras (por exemplo, pintura, dança, esportes).[1]

No entanto, a NAGC é uma organização sem fins lucrativos independente, sem autoridade para influenciar os departamentos de educação.

Entre os estados, as definições vão desde extremamente vagas (Indiana diz que os alunos superdotados têm ou demonstram ter potencial para um "excelente nível de realização") a uma burocracia estonteante (em Connecticut, uma "equipe de planejamento e organização" identifica um *pool* de crianças que obtêm boas notas em testes padronizados ou demonstram algum tipo de "potencial" [indefinido] de desempenho, e os "primeiros 5% das crianças identificadas" se qualificam para "serviços ou instruções diferenciadas"). E muitos sistemas escolares simplesmente contam com uma pontuação de QI: qualquer coisa acima de 130 é superdotada.[2]

---

[1] National Association for Gifted Children, "Redefining Giftedness for a New Century: Shifting the Paradigm", mar. 2010. Disponível em: http://www.nagc.org/sites/default/files/Position%20Statement/Redefining%20Giftedness%20for%20a%20New%20Century.pdf. Acesso em: 28 nov. 2016.

[2] Eis o estatuto bem estranho de Connecticut:

[As] palavras e os termos apresentados terão os seguintes significados:

(1) "Habilidade extraordinária de aprendizagem" significa que uma criança foi identificada pela equipe de planejamento e organização como superdotada e talentosa com base

Há uma eterna discussão entre professores e pais sobre o termo "superdotado": esse termo deve ser aplicado a crianças que aprendem rápido, ou essas crianças são "simplesmente evoluídas" (um termo desdenhoso que infelizmente surge com frequência)? Deveria ser reservado para as crianças com processos mentais demasiadamente rápidos ou ágeis que não se enquadram bem em nenhuma sala de aula? Ou essas crianças são "profundamente dotadas"? E o que dizer de "talentoso", onde essa palavra se encaixa?

Considerando quão nebuloso é o rótulo, você pode estar se perguntando por que é importante descobrir se o seu filho é "superdotado". Há duas boas razões:

1. Atender aos padrões de "superdotação" do seu estado pode dar a seu filho acesso a aulas particulares, opções curriculares mais desafiadoras e outros serviços úteis.
2. A superdotação pode criar enormes problemas de aprendizagem.

Deixe-me propor uma definição temporária para "superdotado", para ajudar você a avaliar se essa é uma peça útil do quebra-cabeça que se encaixa na experiência de seu filho: crianças superdotadas têm capacidade para estudar pelo menos duas séries acima de seus colegas em qualquer matéria.

---

no desempenho em instrumentos de medição padronizados relevantes, ou na conquista demonstrada ou potencial ou na criatividade intelectual, ou em ambas. O termo deve se referir a cerca de 5% das crianças identificadas.

(2) "Superdotado e talentoso" significa que uma criança foi identificada pela equipe de planejamento e organização como (1) possuidora de habilidades demonstradas ou potenciais que evidenciam capacidade acadêmica intelectual, criativa ou específica muito superior, e (2) que ela necessita de instrução ou serviços diferenciados além daqueles que estão sendo oferecidos no programa regular da escola, a fim de desenvolver seu potencial acadêmico intelectual, criativo ou específico. O termo deve incluir crianças com extraordinária capacidade de aprendizagem e crianças com excelente talento nas artes, conforme definido por esses regulamentos.

(3) "Excelente talento nas artes" significa que uma criança foi identificada pela equipe de planejamento e organização como superdotada e talentosa com base em resultados demonstrados ou potenciais na música, nas artes visuais ou nas artes cênicas. O termo deve se referir a cerca de 5% das crianças identificadas.

(4) "Gravidez" será considerada uma condição que concede elegibilidade para educação especial e serviços relacionados.

Não, eu não sei por que a gravidez está nessa lista.

QUATRO DESAFIOS DA SUPERDOTAÇÃO

Se você for capaz de não se prender à definição, "superdotado" pode ser um rótulo útil; isso pode ajudá-lo a pensar de forma realista sobre os pontos fortes e fracos do seu filho e indicar um plano para lidar com ambos.

Se concluir que o termo "superdotado" descreve seu filho, leia o tópico seguinte.

A SUPERDOTAÇÃO É SEMPRE ASSÍNCRONA.

O desenvolvimento assíncrono, assim como observei no Capítulo 3, significa simplesmente que a criança desenvolve habilidades diferentes em ritmos diferentes.

As crianças que são globalmente dotadas, ou profundamente dotadas – operando em um alto nível intelectual ou criativo em geral –, sofrem de assincronicidade porque suas mentes estão se desenvolvendo em um período de tempo acelerado e seus corpos, não. Outras crianças vivenciam a superdotação como assíncrona: consideram a matemática, por exemplo, um lugar de prazer e facilidade, mas têm dificuldades com a linguagem escrita.

A assincronicidade torna a escolha de série um problema complicado. Também pode levar crianças superdotadas ao desespero. De acordo com os autores de *Misdiagnosis and Dual Diagnoses of Gifted Children and Adults*,

> É importante perceber que o êxito em uma área aparentemente pode ficar par a par com um desempenho normal, ou mesmo abaixo da média, em outras áreas. As crianças superdotadas costumam ter muita consciência de sua assincronia interna. Frequentemente, vivenciam frustração porque são capazes de fazer algumas coisas muito bem, mas não conseguem administrar outras com tanta facilidade.[3]

As habilidades motoras podem atrapalhar um intelecto superativo; uma criança superdotada que consegue projetar uma ponte suspensa pode ter um

[3] Olenchak et al., *Misdiagnosis and Dual Diagnoses*, Capítulo 1.

ataque de nervos com o esforço para construir o modelo. E uma criança que lê num nível surpreendentemente elevado, mas ainda está no ensino fundamental, estará muito mais consciente de sua posição mediana (ou difícil) em matemática; ela já sabe o que significa operar com facilidade; por isso, talvez interprete suas dificuldades em matemática como impossíveis de superar e acabe desistindo da matéria.

A SUPERDOTAÇÃO PODE IMITAR UMA DEFICIÊNCIA DE APRENDIZAGEM.

As crianças superdotadas são frequentemente diagnosticadas de forma errônea como se tivessem deficiências ou mesmo distúrbios reais por causa de sua superdotação.

Crianças que ficam entediadas com tarefas fáceis demais, muitas vezes, não têm maturidade para articular isso; então, ficam inquietas, ansiosas, desatentas, e podem ser diagnosticadas com TDAH. De fato, um tipo de TDAH é realmente definido como "incapacidade de prestar atenção quando o assunto é desinteressante ou chato":

> [P]essoas com TDAH [...] lutam, às vezes com muita intensidade, para manter sua atenção em atividades mais demoradas do que o habitual, especialmente aquelas que são chatas, repetitivas ou tediosas. Tarefas escolares desinteressantes [...] e longas palestras são problemáticas, assim como a leitura de textos extensos e desinteressantes, e ter de prestar atenção em explicações sobre assuntos tediosos [...].[4]

A vida, é claro, exige que desenvolvamos a capacidade de concluir tarefas nas quais não estamos particularmente interessados. Mas, para uma criança superdotada, o dia inteiro na escola pode ser um longo exercício de prestar atenção em assuntos chatos e desinteressantes. O comportamento semelhante ao TDAH é uma consequência natural. "Estou convencido", diz o psicólogo

---

[4] R. A. Barkley, *Taking Charge of ADHD: The Complete, Authoritative Guide for Parents*. New York, Guilford Press, 2013, p. 37.

educacional Richard Olenchak, "de que muitos estudantes que têm Transtorno de Déficit de Atenção e Hiperatividade não são, de fato, estudantes com TDAH, mas, sim, alunos dotados [...]. Em geral, eles são jovens altamente criativos, inventivos, altamente analíticos e perspicazes, que têm problemas com um currículo estatal baseado em provas, apostilas, livros didáticos e alta competitividade".[5]

Olenchak, e vários colegas clínicos e neuropsicólogos, fez um extenso trabalho sobre o diagnóstico incorreto de crianças superdotadas. Às vezes, a intensidade de foco e perfeccionismo dessas crianças as leva a ser rotuladas como se tivessem o transtorno obsessivo-compulsivo; quando o intelecto supera o julgamento, é possível diagnosticar distúrbios da função executiva; como a mente dessas crianças funciona muito mais rápido que suas mãos, elas podem ser diagnosticadas como disgráficas (especialmente se tiverem pulado uma série de sua faixa etária).[6]

A SUPERDOTAÇÃO PODE *MASCARAR* UMA DEFICIÊNCIA DE APRENDIZAGEM.

Algumas crianças disfarçam deficiências reais de aprendizagem usando outras habilidades de alto nível para encobri-las; por exemplo, um aluno talentoso em matemática que tem problemas com a leitura pode se utilizar de uma memória fenomenal e de boas habilidades de escuta para efetuar uma leitura falsa.

> *Meu filho parecia estar lendo. Ele tirava 10 nas provas de compreensão do* Accelerated Reader. *Também tirava 10 nas provas de ortografia na escola.*
>
> *Na verdade, ele não estava lendo. Tinha uma memória auditiva fenomenal e fazia com que outras pessoas lessem as histórias antes que ele as "lesse" de volta. Conseguia repetir, literalmente, setenta ou oitenta páginas (ok, eram livros com muitas fotos) e ter total compreensão. Na verdade, não estava decodificando as palavras. Nem sabia que não estava lendo.*

---

[5] F. Richard Olenchak, palestra proferida na Faculdade de Educação McKay, na Universidade Brigham Young, mai. 2001.

[6] Olenchak et al., *Misdiagnosis and Dual Diagnoses*, Capítulo 6.

Ter consciência disso nos deu a capacidade de aproveitar essa habilidade para certos tipos de aprendizado, mas também reconhecemos que tínhamos de adotar uma abordagem diferente para determinadas coisas, como aprender a decodificar palavras. Suas habilidades estavam mascarando as fraquezas, e suas fraquezas mascaravam as habilidades.

— ABBY

Alunos superdotados com problemas de aprendizagem podem transitar pelas séries iniciais, mas, à medida que o conteúdo com o qual eles estão lidando se torna mais difícil, seu desempenho começa a decair. E, pelo fato de eles serem tão claramente brilhantes e capazes, esse declínio às vezes é associado a um problema de comportamento, à falta de motivação, à ausência de esforço ou à preguiça – em vez de ser tratado adequadamente como uma diferença na aprendizagem.

O termo "duplamente excepcional", ou "2E", usado pela primeira vez em meados da década de 1990, tornou-se mais comum à medida que cada vez mais estudantes foram diagnosticados com deficiências de aprendizagem. Uma criança duplamente excepcional é um "aluno superdotado" com "discrepâncias cognitivas significativas" – um distúrbio real de aprendizagem diagnosticado ou simplesmente uma diferença extraordinariamente acentuada no desempenho.

A SUPERDOTAÇÃO SE PRESTA AO PERFECCIONISMO, QUE PODE DIFICULTAR A APRENDIZAGEM.

Como as crianças superdotadas podem fazer algumas coisas tão facilmente e tão bem, elas enxergam seus fracassos – as áreas em que *não conseguem* ter um desempenho de alto nível – com uma clareza extraordinária. Olenchak et al. escrevem:

> Parece ser parte de sua natureza considerar tarefas que consideram fáceis como triviais, e valorizar apenas as que são desafiadoras. A autoestima deles, aos próprios olhos, concentra-se mais nas tarefas difíceis do que nas fáceis. Quando adicionamos a isso sua intensidade e o pensamento

perfeccionista, tudo ou nada, acabamos com uma criança muito inteligente que sente que "não consegue fazer nada certo".[7]

O perfeccionismo pode levar a birras, a uma enorme frustração e à incapacidade real de aprender; ao não tolerar resultados menos do que perfeitos, eles simplesmente se recusam a tentar.

> *Meu filho aprendeu as letras e os sons por conta própria quando tinha 2 anos e começou a implorar para fazer "escola" como suas irmãs mais velhas. Mas, se não escreve as letras exatamente do jeito que estão no livro, ele fica realmente chateado e é duro consigo mesmo. Sua mente é tão avançada na maneira como pensa sobre as coisas que ele fica muito frustrado quando seu pequeno corpo não é capaz de realizar todas as coisas que a mente quer fazer.*
>
> — EVA

Esse perfeccionismo, às vezes, é amplificado involuntariamente por professores, escolas e até pelos pais. Os pais elogiam os filhos talentosos em seu desempenho avançado; programas para superdotados e talentosos os distinguem dos outros, dizem que são inteligentes e recompensam seu desempenho com notas, certificados, troféus e reconhecimento. A mensagem surge com perfeita clareza: o sucesso é uma prova de inteligência. Falha é o oposto. Portanto, nosso sistema de recompensa para crianças superdotadas ensina, com o tempo, que o fracasso é vergonhoso e, por extensão, que a falha repetida pode invalidar sua superdotação.

Quando o fracasso não é tratado como uma parte inevitável e valiosa do aprendizado, as crianças aprendem a evitar o fracasso – o que significa evitar a experimentação e se afastar das tarefas que elas sabem que estão um pouco além de seu alcance.

Se "superdotado" parece ser o termo correto, as estratégias específicas da Parte 3 podem ajudá-lo a ajustar a educação do seu filho para torná-la mais adequada. Mas, antes de começar a escolher estratégias, reserve um tempo para executar as quatro etapas a seguir.

---

[7] Ibid.

PLANO DE AÇÃO

PESQUISE.

Antes de definir um rótulo para o seu filho, faça uma pesquisa sobre o que é superdotação e o que esse rótulo quer dizer.

Primeiro, dedique algum tempo para ler sobre superdotação. Você encontrará informações úteis nas seções "Aceleração" e "Diferenças e deficiências de aprendizagem" no Apêndice C. Além disso, visite os sites das seguintes instituições:

> A organização SENG – Supporting Emotional Needs of the Gifted (sengifted.org) – fornece muitos recursos para os pais e também guias de materiais de diagnóstico e teste.
>
> A ONG Hoagies' Gifted (http://www.hoagiesgifted.org) provou ser inestimável para muitos pais de crianças superdotadas e duplamente excepcionais.
>
> O fórum Accelerated Learners (em forums.welltrainedmind.com) contém milhares de tópicos de discussão sobre aprendizagem de superdotados, avançados e acelerados.

Enquanto lê, tente ignorar as discussões técnicas, as gradações e definições. Você verá *muitos* pais discutindo sobre a diferença entre superdotados e meramente talentosos (seja lá o que isso significa).

Lembre-se de que a superdotação, assim como as deficiências de aprendizagem, reside em um *continuum* que simplesmente não tem linhas claras de demarcação. Se o seu filho considerar seu nível de escolaridade restrito, você estará lidando com uma incompatibilidade, e "superdotado" pode ser o melhor rótulo para ajudá-lo a corrigir essa incompatibilidade. Mas não seja desagradável e saia por aí usando a palavra "superdotado" no *playground* (ou em qualquer outro fórum de bate-papo que você frequente) para intimidar os outros pais e as crianças meramente talentosas; isso é apenas uma questão de bons modos. Também não hesite em utilizar o termo, de maneira discreta e educada, em relação a seu filho. O que eu disse sobre rótulos no último capítulo se aplica também neste:

> Os rótulos apontam para soluções. Os rótulos não podem se tornar parte de quem a criança é. E um rótulo nunca deve ter um papel importante na hora de decidir o que não fazer (em qual escola nem tentar matricular seu filho, qual matéria evitar, em qual esporte não o inscrever). Um rótulo deve fornecer apenas um caminho a seguir.

Em segundo lugar, investigue se o distrito escolar local oferece algum programa chamado, por exemplo, "superdotado e talentoso". Caso exista, questione: ele poderia ser útil para você? Em muitas regiões, esses programas de apoio de aprendizagem estão disponíveis para todas as crianças em idade escolar, estejam matriculadas em período integral no sistema público de ensino ou não.

Se *houver* recursos disponíveis, verifique como as crianças se qualificam. Descubra se as notas das provas (a ferramenta de triagem mais comum) ou algum outro padrão de avaliação são usados. Então, decida se vale a pena passar pela triagem.

TESTE, MAS TESTE EM PARTICULAR, E EVITE O TESTE DE QI O MÁXIMO POSSÍVEL.

As provas de habilidade são profundamente falhas – sobretudo quando usadas como um dispositivo de controle de entrada que admite alguns alunos e exclui outros.

Mais adiante, recomendarei que seu filho seja testado de qualquer maneira. Mas, primeiro, deixe-me dar um pouco de contexto para a avaliação dos resultados.

- A maioria das provas de habilidade avalia a mesma coisa: quão bem os alunos resolvem problemas, leem e tiram conclusões com base no conteúdo escrito. Por isso, tendem a identificar pensadores proposicionais – estudantes confortáveis com informações baseadas em fatos (ver capítulo 14 para ter acesso a uma discussão mais completa), que leem e escrevem com facilidade e conseguem ficar quietos e concentrados com naturalidade. Outras áreas de superdotação se perdem.

- As provas de habilidade costumam ser feitas em formato escrito, prejudicando as crianças cuja motricidade fina não está no mesmo nível de suas habilidades intelectuais.
- Perfeccionistas, uma categoria que inclui *muitas* crianças talentosas, não tendem a se sair bem porque conseguem ver ambiguidades nas respostas. De fato, as estatísticas sugerem que, quanto mais superdotada uma criança é – se usarmos esse termo para representar uma criança *muito* inclinada a entender abstrações, resolver problemas e fazer conexões –, maior a probabilidade de ela obter uma pontuação inexatamente baixa nas provas de habilidade padrão.[8]
- As provas geralmente são cronometradas, o que irrita muitos estudantes, principalmente os mais jovens.

Portanto, sujeitar seu filho a algumas provas de habilidade, se elas forem usadas como um método para obter uma visão mais clara de seus pontos fortes e fracos, pode ajudá-lo a decidir quais estratégias o auxiliarão. Os resultados também podem melhorar seu conhecimento a respeito de como seu filho processa informações e sobre seus gostos, e indicar em que aspectos ele necessita de ajuda extra. Use essas provas como Binet pretendia que seu teste de QI fosse usado: apenas como ponto de partida.

Minhas sugestões:

- Faça testes em particular, fora do sistema escolar, se você puder pagar. Uma vez que as pontuações são uma parte oficial do registro escolar de uma criança, elas podem determinar a colocação e a participação de uma forma que talvez não seja útil. Algumas avaliações precisam ser

[8] Veja, dentre outros, Avant, Anna H. e, Marica R. O'Neal, "Investigation of the Otis-Lennon School Ability Test to Predict WISC-R Full Scale IQ for Referred Children", trabalho apresentado na 15ª Reunião Anual da Mid-South Educational Association. Disponível em: http://files.eric.ed.gov/fulltext/ED286883.pdf. Acesso em: 28 nov. 2016; "Testing and Assessment: What Do the Tests Tell Us?". Hoagies' Gifted Education. Disponível em: http://www.hoagiesgifted.org/tests_tell_us.htm. Acesso em: 28 nov. 2016.

administradas por um psicólogo, mas outras não exigem treinamento, apenas alguém para ler as instruções do manual e supervisionar. Há algumas provas que podem ser feitas em casa e, depois, enviadas para pontuação. Consulte o Capítulo 8 para obter *muito* mais informações sobre as provas atualmente disponíveis, as habilidades testadas, a aplicação e a pontuação.

- Como escrevi no último capítulo, evite o teste de QI (Stanford-Binet). Ele é extremamente identificado como uma "medida de inteligência" estática. Se você estiver fazendo testes por intermédio de uma escola ou um psicólogo, poderá sofrer alguma pressão para aceitar esse tipo de teste. Você *sempre* pode negar.
- Na primeira vez que fizer um teste, tente aplicar pelo menos duas provas diferentes em dois dias (amplamente espaçadas... por semanas, caso a prova exija muito trabalho). Nenhuma prova fornecerá um resultado completamente preciso, e (não importa o que o administrador da prova possa lhe dizer) as crianças respondem aos testes de maneiras diferentes em diferentes momentos do dia; seus resultados são afetados pela quantidade (e qualidade) de sono que tiveram, pelo que comeram no café da manhã, seja segunda ou sexta-feira, e se estiverem preocupadas com o mais recente filme de super-heróis da Marvel ou o mais recente torneio de jogos *multiplayer* online, ou sua paixão mais recente. Nunca realize testes quando uma criança estiver chateada com algo (ou enquanto um adolescente estiver se recuperando de um coração partido).
- Se a criança sofrer de ansiedade, e você tiver essa opção, não teste o tempo na prova. Em geral, crianças com ansiedade terminam dentro do prazo estipulado de qualquer forma; é o relógio que as assusta. (E, se a criança ficar paralisada pelo cronômetro, você já identificou uma fraqueza que precisa ser tratada, provavelmente por um terapeuta ou um especialista.)

Talvez você descubra que o aluno teve seu desempenho num nível semelhante em todos os aspectos; nesse caso, é útil saber qual é esse nível em relação à sua faixa etária. Ou talvez você descubra que há um desenvolvimento assíncrono – uma grande lacuna entre as habilidades (verbal e matemática, linguagem oral e escrita, conceitos matemáticos e computação).

Isso lhe ajudará, conforme prossegue na Parte 3, a decidir se deve adiantar a criança em todas as matérias ou suplementar áreas específicas. Também lhe permitirá saber se deve voltar ao capítulo anterior e seguir as etapas de avaliação da criança em relação a um distúrbio ou uma deficiência. Lacunas muito amplas são um indicador do verdadeiro excepcionalismo duplo, no qual uma criança superdotada tem muita dificuldade com um problema que requer intervenção.

Realizar testes durante muitos anos seguidos também poderá indicar se a criança está, de fato, progredindo. Caso a aprendizagem pare, os resultados das provas diminuirão e você saberá que há um problema a ser resolvido.

Meu filho não estava aprendendo em intervalos regulares e se autodenominava com todos os tipos de nomes horríveis porque estava lendo em um nível avançado, e sabia multiplicar números de três dígitos, mas não conseguia se lembrar de um dia para o outro a soma de 1 + 2.

Ele fez as provas WISC IV e Woodcock Johnson[9] *com dois psicólogos diferentes. Sua subpontuação em matemática foi de 16% (mais ou menos), e o restante de sua pontuação ficou na faixa de 96% a 99%. Isso realmente nos surpreendeu. No entanto, o psicólogo explicou que, apesar de ter um baixo desempenho em matemática, no geral, seu resultado era o de alguém altamente superdotado. Descobrimos que ele poderia ser um pouco mais pressionado, e, de fato, era isso que ele queria e de que precisava.*

— NITA

Honestamente, pensei que meu filho não fosse tão inteligente assim. Ele sempre se recusava a fazer a tarefa, e pensei que tivesse deficiências de aprendizagem.

Pedi para fazer os testes ITBS e CogAT.[10] *No ITBS, ele obteve uma pontuação por volta de 70%, que não caracteriza alguém como superdotado. Mas, no CogAT, obteve 99% em geral!*

---

[9] Estes são testes comuns de desempenho e inteligência: o WISC IV é o teste Escala Wechsler de inteligência para Crianças, 5. ed. (ver p. 108), e o teste Woodcock-Johnson mede a capacidade cognitiva (raciocínio e solução de problemas; ver p. 112).

[10] ITBS é o Teste de Habilidades Básicas de Iowa (ver p. 109). O CogAT é o Teste de Habilidades Cognitivas (ver p. 106).

Depois disso, mudei completamente tudo o que estávamos fazendo. Tive de sentar com ele e rever todas as habilidades básicas, mas ele literalmente saltou de série. Agora, não acho que ele simplesmente não seja inteligente, ou que apenas precise de mais e mais e mais revisão, ou que tenha de ir mais devagar.

— JANE

ESTEJA CIENTE DE QUE VOCÊ PODE ESTAR PROJETANDO O CONCEITO "VOCÊ É INTELIGENTE" NO SEU FILHO. ENTÃO, PARE.

Queremos ser bons pais. Queremos louvar nossos filhos. Mas é muito fácil, enquanto tentamos expressar nosso orgulho e nossa aprovação, reforçar essa mensagem de que *Você é valioso para mim porque é inteligente.*

Em nosso sistema atual de ensino, alunos superdotados e talentosos são induzidos a elevar suas expectativas por toda a vida. Isso pode parecer uma boa prática educacional; no entanto, não apenas os prepara para evitar o fracasso a todo custo (mesmo quando o fracasso é o melhor caminho a seguir para descobrir novos modos de pensar e agir) como também os aprisiona em um ciclo de ansiedade em que uma nota baixa, uma prova ruim ou um semestre em que hormônios ou doenças ou simplesmente imaturidade os impedem de se destacar lhes parece o fim do mundo.

Não é apenas porque eles têm medo de não entrar na faculdade (embora isso possa certamente contribuir com o pânico). É porque a *identidade* deles está voltada para o objetivo de ser inteligente, e fracasso significa que eles não são inteligentes.

Entendo essa luta. Eu era uma boa criança, uma aluna talentosa. Minhas médias e notas nas provas eram quase perfeitas. Era automotivada, autodisciplinada. Nunca entreguei uma tarefa ruim; era responsável e consciente, e o universo me pagava com aplausos e bolsas de estudo e reconhecimento.

No entanto, durante a faculdade, tive uma úlcera no estômago. Nessa época, tive ataques de pânico. E, na casa dos trinta, tive um surto grave de depressão que levou anos para ser resolvido. Eu tinha uma foto de Sam e Frodo andando por Mordor no quadro de avisos do meu escritório porque continuar tendo um bom desempenho era como caminhar pelo deserto, com nada à minha espera do outro lado além da Montanha da Perdição.

Fico feliz por poder informar que o que havia do outro lado não era a Montanha da Perdição, mas a constatação de que, pela primeira vez, eu precisava entender realmente por que era alguém com alto nível de desempenho. E o que havia para mim, assim como para muitos dos superdotados e talentosos, era o *medo*.

As crianças com dificuldades, que têm diferenças e deficiências que as fazem se sentir desajustadas no sistema K-12, acham que os anos escolares são uma provação; mas, se tiverem bons suportes e apoio, podem encontrar o seu lugar. O início de sua jornada é, em vários aspectos, a parte mais difícil. Mas as superdotadas e as talentosas frequentemente atingem seu maior desafio no momento em que precisam enfrentar a motivação para seu talento e sua conquista.

E essa motivação, frequentemente, ocorre porque elas se sentem aterrorizadas.

Elas têm medo de fracassar, pois, se fracassarem, todos perceberão que na verdade elas *não* são tão inteligentes assim. Têm medo de não serem dignas de ser amadas. *Esse* é o perigo para as crianças superdotadas e talentosas.

Apresento algumas sugestões para quando você precisar cuidar de seu filho superdotado:

- Não diga "é uma boa criança" ou "é tão inteligente...". Diga "eu te amo" e "gosto da sua companhia" e "amo a pessoa que você está se tornando".
- Não diga "tenho orgulho de suas notas" (ou de suas pontuações nas provas, de seu desempenho musical ou de qualquer que seja a conquista). Diga "estou muito orgulhoso por você ter se esforçado tanto" ou "estou impressionado com a forma como sua dedicação o levou a melhorar suas habilidades", ou ainda "estou muito ansioso para ver você progredir". Pode também dizer algo como "o que você está fazendo me interessa bastante" (as especificidades são boas), "mal posso esperar para ver o que fará a seguir".
- Não elogie as *conquistas* da criança na frente dos outros. Exalte sua perseverança, sua dedicação, seu esforço, sua coragem para tentar algo novo, sua vontade de trabalhar em busca de um resultado.

PERMITA QUE SEU FILHO FRACASSE.

Tenho inclinação a ser perfeccionista e sou mãe de crianças perfeccionistas. E percebi que é imensamente importante ajudar nossas crianças superdotadas e talentosas a cair de cara no chão. A única maneira de garantir às crianças que o mundo não vai acabar se elas falharem é deixando que falhem para ver que isso não é o fim do mundo.

Deixe que estudem uma matéria muito difícil, tirem uma nota baixa, e depois mostre a elas o quanto é bom aprenderem coisas novas e fascinantes.

Se quiserem se inscrever em algum curso que você *sabe* que não vão gostar, deixe-as, e depois permita que desistam, sem dizer "eu avisei" quando não quiserem mais participar.

Quando estabelecerem metas completamente irracionais para si, ofereça conselhos, mas, se não ouvirem, recue e espere.

E, então, quando o fracasso ocorrer, não dê uma explicação ou apresente uma solução; apenas concorde.

É horrível quando algo não dá certo, não é?

Sendo assim, siga em frente. Não se refira ao fracasso nem se utilize dele como uma lição objetiva. Uma criança – principalmente uma adolescente – só conseguirá aprender com o fracasso se você não esfregar seu nariz nele.

Não desestimule a criança se ela quiser tentar a mesma coisa novamente. Tentar mais uma vez dará a ela a chance de colocar em prática o que aprendeu, para ver se isso fez alguma diferença.

Isso é difícil para os pais. Queremos tão desesperadamente proteger nossos filhos da dor que fazemos o possível para afastá-los de situações dolorosas (o que devemos fazer) e tentamos garantir a felicidade deles (o que não conseguimos fazer). E, quando prevemos um desastre e ele acontece, é um enorme exercício de autodisciplina *não* dizer "Eu te disse. Viu... se você tivesse feito outra coisa...".

Mas nossos filhos precisam aprender que o fracasso é apenas uma parte do caminho, não o fim da linha. Eles só conseguirão aprender isso se os pouparmos de nossas lições de moral.

E, *quando* os alunos superdotados finalmente perceberem que o fracasso não é o fim do mundo, eles estarão protegidos de um dos tipos de dor mais prejudiciais: o medo opressivo que nos leva a continuar trabalhando para evitar que as conquistas diminuam e isso cause a perda de nossa identidade.

Assim como minha filha, eu também era uma criança superdotada que não gostava de desafios. Suspeito que isso esteja relacionado ao fato de que todos sempre se gabavam de como eu era inteligente, com base na rapidez e facilidade com que resolvia problemas comuns, em vez de me mostrarem quão interessantes eram as diversas matérias. Por isso, desenvolvi a ideia de que minha autoestima dependia de sempre acertar, em vez de aprender quão divertido é explorar coisas novas. Quando as coisas não eram imediatamente evidentes para mim, eu ameaçava minha autoimagem de uma criança inteligente.

— MOIRA

A princípio, eu sempre dizia aos meus filhos que, se chegassem a um ponto em que não estivessem cometendo erros, especialmente nas tarefas escolares, isso seria ruim, porque significaria que eles não estariam se esforçando o suficiente e se desenvolvendo. O processo de aprendizagem engloba cometer erros e corrigi-los.

Também deixo que me vejam cometer erros para que percebam como lido bem com isso.

Fazemos algumas dramatizações. Quando um dos meus filhos "trava" ou fica estressado por temer cometer um erro, eu me sento com ele e peço que me diga exatamente qual seria a pior coisa que poderia acontecer se ele cometesse um erro. Às vezes, apresento a situação com humor e a demonstro da maneira mais exagerada e ridícula que se possa imaginar, de uma forma histérica e desesperada. Geralmente, isso faz a criança relaxar e começar a rir, e, assim, podemos conversar sobre os medos reais subjacentes.

E nunca, nunca deixo que desistam de algo porque têm medo de errar. Toda vez em que um deles passou por um "fracasso", isso confirmou meu argumento: fracasso não mata ninguém. E assim eles se fortalecem a cada experiência.

— JENNY

Capítulo 6

A sala de aula tóxica

Até agora, admitimos que professores, administradores e salas de aula são essencialmente benignos. O estilo de aprendizagem ou as necessidades de seu filho podem não se adaptar a eles, e os estabelecimentos escolares podem estar sobrecarregados e com falta de pessoal, mas não têm a intenção de causar danos.

Infelizmente, esse nem sempre é o caso.

Meu filho, que está na quinta série, frequentou uma das melhores escolas particulares de nossa região. As crianças de lá pareciam ser muito bem educadas, nunca havia tumultos, então, eu não fazia ideia de que meu filho estava enfrentando problemas até perceber que seu dinheiro de presente de aniversário e de Natal desapareceu. Ele havia começado a dar o dinheiro para algumas crianças na escola.

A questão é que algumas crianças controlavam silenciosamente a dinâmica social da série do meu filho. Escolhiam os times que jogavam no recreio, escolhiam seus pares para projetos em equipe, não frequentavam as festas do meu filho e diziam às outras crianças com quem elas podiam conversar. Basicamente, haviam cruzado os braços para impedi-lo entrar no círculo deles. Meu filho estava dando dinheiro para as crianças da periferia desse grupo – "as que possivelmente poderiam gostar dele".

— HARRY

A professora tirava os livros das mãos da minha filha, dizendo que eram difíceis demais para ela ler. Depois de seis semanas na primeira série, minha filha chegou em casa dizendo que era burra e que não conseguiria aprender nada.

— GRETCHEN

Terceira série – um ano desperdiçado. Professor novinho em folha! Um cara muito legal, mas não conhecia aquela turma e havia pelo menos cinco crianças muito bagunceiras na sala. Ele faltou muitos dias porque seu filho estava muito doente e ele precisava reformar a casa para amenizar os problemas de mofo que causaram a doença. Eu me solidarizava com seus problemas, mas via meu filho ficando cada vez mais para trás.

— P. J.

Colegas de classe podem ser agressores. Os professores podem ser incompetentes (por várias razões) ou estar sobrecarregados. Um professor pode até ser hostil; eles são humanos e, às vezes, não gostam de determinada criança. A administração pode ser desorganizada ou desinformada.

Essas coisas podem tornar a escola um sofrimento para qualquer criança. E crianças que sofrem não conseguem aprender.

De certa forma, é muito mais simples lidar com esses tipos de problemas do que com as deficiências de aprendizagem. Embora seja difícil encontrar soluções, essas dificuldades são externas à criança. E não estarão sempre com ela. Não fazem *parte* dela.

A solução mais efetiva, em casos como esses, é remover completamente a criança da sala de aula ou até mesmo da escola (o que levaria você diretamente à Parte 5). Isso nem sempre é uma opção; portanto, talvez você tenha de aplicar algumas das estratégias sugeridas na Parte 3.

Mas sua primeira tarefa é descobrir o que realmente está acontecendo.

DESCOBRINDO O PROBLEMA

Quanto mais jovem a criança é, menos desenvolvido será seu quadro de referência. Talvez ela não saiba que *não deve* tolerar xingamentos ou que ser constrangida pelo(a) professor(a) não é normal. A criança pode não ser capaz de expressar em palavras o que está acontecendo com ela. Talvez ela tenha vergonha disso.

A criança pode até achar que você já sabe o que está acontecendo, afinal, você é o pai ou a mãe. As crianças pequenas pensam que os pais são onipotentes e oniscientes. Às vezes, elas só compreendem na adolescência que os pais são humanos e limitados.

Nunca contei a meus pais como a escola era horrível para mim. Ainda não contei isso a eles. Não sei se eles percebiam ou não. Eu tinha vergonha.

— GLORIA

Sempre presumi que meus pais sabiam que eu estava sofrendo bullying. *Afinal, como eles não saberiam? Mas quando finalmente disse a eles anos depois que eu era muito deprimida, meu pai ficou sentado em silêncio, atordoado. Ele realmente não sabia.*

— RHONDA

Seu filho pode lhe dizer diretamente que outra criança o está assediando ou que o professor está sendo rude com ele. Mas você pode ficar atento a sinais que indiquem que nem tudo está bem.

O site NoBullying.com sugere observar os seguintes sinais para tentar detectar que o seu filho está sofrendo *bullying*. Verifique se o seu filho:

- recusa-se a falar com você sobre como foi o dia;
- de repente, começa a ter problemas de comportamento;
- tem dores de estômago ou dores de cabeça constantes;
- muitas vezes, diz que está doente para faltar às aulas;
- está cada vez mais fechado;
- recusa-se a participar de atividades sociais na escola;
- chega em casa bravo e irritado;
- não quer ir no transporte escolar;
- frequentemente está na enfermaria;
- perde itens pessoais e não informa onde estão;
- solicita dinheiro adicional com muita frequência;
- não usa o banheiro da escola (espera até chegar em casa e corre para o banheiro assim que entra pela porta).

Quando o problema é o professor, a criança pode demonstrar alguns dos mesmos comportamentos; também pode dizer "minha professora é má" ou "a professora não gosta de mim" ou "minha professora nunca me chama".

É claro que "minha professora é má" pode significar apenas "me obriga a fazer toda a minha tarefa". Seu trabalho é fazer perguntas adicionais para saber se é isso mesmo, o que parece simples, mas geralmente não é. Nem sempre é fácil conseguir que uma criança verbalize o que está acontecendo durante o dia. "Como foi a escola hoje?" muitas vezes provoca uma resposta simples como "Foi tudo bem".

Então, você terá de ser um pouco mais habilidoso. Tente algumas das seguintes estratégias:

- "Qual foi a melhor coisa que aconteceu hoje?" (Se a criança disser "Nada", isso indica que as coisas não estão boas.) Ou: "Qual foi a pior coisa que aconteceu hoje?". Preste atenção a repetidas menções a outros alunos ou a algo que a professora fez.
- "Se pudesse enviar alguém em toda a escola para morar em uma colônia em Marte, quem seria?" (Quem for exilado para Marte pode estar causando um problema.)
- "Qual foi seu momento mais feliz hoje?"
- "Se você e sua professora trocassem de lugar amanhã, o que você faria?" Preste atenção no que a criança faria de *diferente*.
- "Se você e sua professora trocassem de lugar amanhã, o que sua professora acharia mais legal no fato de ser aluna na sua sala de aula? E o que ela odiaria?"
- "Que palavra você ouviu com mais frequência hoje?"
- "Qual foi a coisa mais difícil que você fez hoje?"
- "Quando você ficou entediado hoje?"
- "Se pudesse ler a mente de uma pessoa, de quem seria?"
- "Se pudesse se livrar de uma matéria (ou uma aula), qual seria?"
- "O que acha que sua professora vai dizer sobre você hoje na sala dos professores?"
- "Com quem você sentou no ônibus escolar?"
- "Quando ficou irritado ou frustrado hoje?"
- "Quantas vezes falou na aula hoje?" "Nenhuma vez" é um sinal de timidez e desconforto na sala de aula.

- "Qual dos seus colegas de classe tem mais probabilidade de sobreviver a um apocalipse zumbi?" Preste atenção e verifique se o sobrevivente é inteligente e astuto ou violento e forte. Tente não se distrair com o enredo do seriado mais recente de zumbis.
- "Alguém da sua turma tem dificuldade para seguir as regras?"
- "Qual foi sua comida favorita no almoço?" (Se alguém está comendo as bolachas da criança, isso é *bullying*.)
- "Se seu(sua) professor(a) de repente se transformasse em um animal, que animal seria?" Leões e cobras sugerem que a criança não se sente segura.
- "Do que você brincou no recreio?" Se a criança não brincou de nada, ela pode ter passado o recreio evitando um colega de classe autoritário.

Caso comece a notar um padrão prejudicial no dia a dia da criança (um colega de classe em particular que sempre aparece de forma negativa, uma determinada aula ou situação que causa estresse, um lugar – banheiro, lanchonete, *playground* – que parece estar associado a respostas negativas), você pode começar a focar em perguntas mais específicas.

Não atropele seu filho com perguntas, faça uma ou duas de cada vez. Não ataque a criança no minuto em que ela entra pela porta; ofereça a ela um lanche e a chance de relaxar primeiro. As crianças precisam de espaço e tempo para processar seu dia.

Siga seus instintos. Duvidamos de nossos instintos maternais (e paternais) com demasiada frequência. Se sentir que algo está errado, procure respostas. Se acha que a criança precisa ficar sozinha, dê espaço a ela por um tempo.

Mas, se perceber que há uma situação negativa, intervenha. E, quanto mais jovem a criança, mais rápida deve ser sua intervenção.

O conselho oposto é muito comum: é importante que as crianças resolvam seus próprios problemas. A escola é um lugar onde devem descobrir como agir de forma independente. Ensine seu filho a responder ao agressor/evitar o agressor/entender o agressor/neutralizá-lo. Aprender a lidar com um professor ruim é um passo importante para a maturidade – isso ajudará seu filho mais tarde, na vida, quando ele tiver de lidar com um chefe difícil.

Eu discordo. Completamente.

As crianças na escola são impotentes. Foram colocadas em uma situação em que não têm liberdade de movimento, nenhuma opção de ir embora, desistir ou sair. Provavelmente, aprenderam que ser dedo-duro é uma coisa ruim, mas não têm armas legítimas para usar contra agressores e *bullies*. Lidar com um *bully* ou um professor hostil exige uma sofisticação e tamanha clareza que até mesmo os adultos têm dificuldade de ter, imagine uma criança da oitava série.

Ou da terceira série. Ou do jardim de infância.

Intervenha e proteja seus filhos.

> *A escola não é o mundo real. É uma construção puramente artificial. No mundo real, se você me agredir, eu posso chamar a polícia. Brigas entre adultos são consideradas um ato criminoso, tratado pelas autoridades competentes.*
>
> *Na escola (que não é o mundo real), as crianças não têm a opção do mundo real de reclamar às autoridades. Nenhuma criança deveria ter de "aprender a lidar" com a agressividade contra si mesma. No mundo real, isso simplesmente não é tolerado. Por que deveria ser aceito nas escolas?*
>
> — AUDREY

> *Sofri* bullying *quando era criança. Imagine seu momento absolutamente mais vergonhoso, algo que ainda te faz corar e se encolher. Esse sentimento de humilhação e mortificação permanecia comigo todos os dias, durante todo o dia na escola, enquanto as crianças zombavam de mim.*
>
> *É realmente difícil superar isso. Na verdade, sempre pensei que tinha perdoado as crianças que me intimidavam, mas, na semana passada, eu me peguei fantasiando que me encontrei com uma delas e lhes dei um tapa na cara. Tenho 35 anos e nunca bati em ninguém na minha vida! Percebi que não as perdoei. E não sei como fazê-lo neste momento.*
>
> *Nunca disse uma palavra sobre isso aos meus pais. Eu tinha muita vergonha e me sentia humilhada. Eu os amava, e eles me amavam, e eu sabia que ficariam muito magoados se soubessem que as pessoas estavam me tratando tão mal.*
>
> — GINA

> *Meu filho foi suspenso na primeira série por bater em uma criança que o segurava contra uma parede de tijolos e batia a cabeça dele nessa parede! Meu filho deu um soco nele para se libertar e, aparentemente, algum adulto viu isso acontecer e os dois meninos foram levados à diretoria. Ambos foram suspensos até a semana seguinte.*

Perguntamos ao diretor o que nosso filho deveria ter feito e fomos informados de que ele deveria ter chamado um adulto. Quando perguntamos como ele deveria ter feito isso, uma vez que estava preso contra uma parede, não obtivemos resposta.

Neste país, temos o direito de nos defender. Percebemos que, na escola, nosso filho não tinha esse direito. Percebemos que deixá-lo na escola era como deixá-lo em um país estrangeiro. Logo após esse incidente, decidimos educá-lo em casa.

— CATH

PLANO DE AÇÃO

REGISTRE, REGISTRE, REGISTRE.

Nada é mais frustrante para professores e administradores do que reclamações vagas. Quando você percebe que há um problema, seu primeiro impulso pode ser o de ir à escola para resolver a situação antes que seu filho tenha de sobreviver mais um dia. Isso é natural, mas também é provável que seja contraproducente. Você diz que o professor está constrangendo seu filho; o professor nega. Diz que outra criança da primeira série está intimidando seu filho; a criança nega. A escola não tem como saber quem está dizendo a verdade.

Peça para visitar a escola. Sente-se na sala durante as aulas. Observe o refeitório. Nada vai acontecer diante dos seus olhos, mas você pode ter uma visão totalmente nova da situação da criança depois de passar algum tempo nela.

Se a escola se recusar a permitir sua visita, considere isso um sinal de alerta de que esse não é um ambiente saudável. Questione essa política e solicite que abram uma exceção. Se não for concedida, analise de que forma você pode exercer alguma pressão; talvez, conversando com a mídia local sobre a política da escola, na tentativa de forçar mais transparência.

Registre todos os incidentes com o máximo de detalhes possível: horários, datas, locais, palavras exatas usadas. Mesmo assim, ainda é um registro pessoal, mas um registro cuidadoso mantido ao longo do tempo é muito mais convincente para os administradores do que uma lista de reclamações sem detalhes.

Pergunte ao seu filho quem mais testemunhou os incidentes. Se possível, converse com as testemunhas e anote a opinião delas sobre o que aconteceu.

Alguns estudiosos do *bullying* sugerem a compra de um pequeno gravador de voz digital para o aluno carregar no bolso, caso ele tenha idade suficiente para administrar discretamente esse tipo de gravador. Isso pode produzir uma prova direta de comportamento inadequado do professor ou de *bullying* por parte dos colegas. Dependendo do estado em que mora, você pode ou não ser capaz de usá-lo quando resolver o problema com a escola, mas certamente isso proporcionará mais clareza em relação ao que está acontecendo. Esteja ciente de que a gravação em si não é legal em alguns estados; por isso, verifique as leis locais; o assédio moral é um crime, mas não recomendo violar a lei para combatê-lo.

> *Há pouquíssima coisa que uma escola possa fazer em relação à acusação verbal, especialmente quando essa acusação vem de terceiros (pais). Todo incidente relatado em nossa escola (por qualquer pessoa) é investigado, mas, se o administrador acaba em uma situação de "ele disse, ela disse", como a escola vai saber quem está dizendo a verdade? Quem trabalha em escolas deveria ter poderes mágicos?*
>
> *Se houver provas o suficiente, a escola age. Às vezes, até envolvendo autoridades legais. Caso contrário, se não houver evidências, a escola não pode fazer nada. Agir sem provas acarretaria problemas legais. E podemos estar errados se acreditarmos em uma história que não é verdadeira.*
>
> *Para qualquer pai ou filho envolvido, relate o incidente com detalhes específicos. Em seguida, relate de novo e de novo. Honestamente, essa é a única maneira de a escola agir. Contar para os amigos, os vizinhos ou postar no Facebook não adianta absolutamente nada.*
>
> — CORY

> *Compre um pequeno gravador de voz digital e mande seu filho para a escola com ele. Faça com que a criança pratique ligá-lo discretamente no bolso ou em algum lugar onde não seja visto. Peça que ele grave pelo menos uma semana de aulas. Isso permitirá que você ouça e descubra exatamente o que está acontecendo. Assim, você poderá concluir se o professor pega no pé de seu filho ou se ele é simplesmente rigoroso.*
>
> *Se o professor realmente estiver assediando seu filho, agende uma reunião com o professor, o conselheiro e o diretor e deixe-os ouvir a gravação pela primeira vez ao mesmo tempo. Acho que as crianças precisam aprender a lidar com pessoas irracionais, mas não dessa*

forma, em um ambiente escolar em que o professor tem todo o poder. Lute pelo seu filho e não desista até obter o resultado que deseja.

— ROBERT

Uma criança difícil e agressiva começou a intimidar e bater no meu filho, sem que ele a provocasse. A escola (particular) fez vista grossa.

Então, eu coletei nomes e relatos de testemunhas. Escrevi com precisão uma carta sucinta e detalhada, descrevendo cada evento, especificando datas, horários e relatos minuciosos de testemunhas oculares, e a entreguei pessoalmente ao diretor, sem muita discussão. Minha carta era algo que poderia ser facilmente entregue à polícia ou aos assistentes sociais ou superintendentes da educação privada.

Meu mantra tácito era algo como: agora você sabe. Eu sei que você sabe. Não há como negar que você sabe. Refute cada um dos pontos desta carta ou faça esse problema desaparecer. Agora mesmo!

O problema foi resolvido.

— SAMANTHA

SUBA A CADEIA DE COMANDO DE UM MODO CORRETO.

Quando você estiver com a documentação pronta, sempre inicie o contato pelo professor.

Em casos de *bullying* praticado por outros alunos, o professor geralmente nem sabe o que está acontecendo, e de que forma. Os agressores não são estúpidos; eles agem longe da presença de autoridades que poderiam puni-los. Você fará um grande favor ao professor, ajudando-o a descobrir o que está ocorrendo.

Se o professor for o problema, planeje como abordar a questão de maneira decidida, precisa, mas respeitosa e educada. Não acuse. Compartilhe suas observações e preocupações e pergunte quais mudanças podem ser possíveis. E faça anotações sobre o que foi dito durante a reunião por ambas as partes.

Quando o mau comportamento do professor é o problema, é provável que você acabe lidando com a administração para resolvê-lo. Mas é injusto com o professor ir diretamente à escola sem antes abordar o problema com a pessoa envolvida.

Sou pai, mas também sou um ex-professor. Sempre comece conversando pessoalmente com o professor. Provavelmente, você não sabe a história toda.

Professores são profissionais. Trate-os dessa maneira, pelo menos para iniciar a conversa. Você aprenderá muito sobre como o professor opera, o que é importante para ele e quais são as chaves para o sucesso em sua aula. Se o professor não for profissional ou for incompetente e não puder responder às suas preocupações, você poderá passar para outra pessoa da cadeia de comando.

— ALI

Se o professor não puder resolver o problema ou não tomar uma iniciativa, leve suas anotações para a administração. Se você acha que a situação é complicada ou está se agravando, leve um advogado ou um amigo para testemunhar a resposta da administração.

E se a situação envolver algum tipo de ameaça física ou um comportamento criminoso, vá à polícia.

Os administradores das escolas não são responsáveis pela aplicação da lei. Eles podem preferir lidar com roubo, agressão ou outros atos ilegais em particular, mas, na verdade, não estão qualificados para isso. Se o seu filho for ferido ou se seus pertences forem roubados, será necessário obter uma resolução profissional.

Quando minha filha mais nova entrou na oitava série, ela se tornou alvo de duas garotas malvadas. Elas a atacaram durante alguns meses e finalmente roubaram seu celular. Usaram o celular dela para mandar mensagens para meninos fingindo ser ela e depois fizeram propostas sexuais a esses meninos. Foi um transtorno.

Roubar o celular dela foi além do limite, então decidimos apresentar queixa por roubo de propriedade.

— DAPHNE

A persistência, a documentação, a ameaça de ação legal (formulada de maneira polida) e a divulgação podem resolver muitas situações. No entanto, se os problemas persistirem, você tem a opção de retirar seu filho da sala de aula e da escola.

Depois de minha filha ter de lidar com dores de estômago e lágrimas e faltar às aulas por quase seis meses, nos reunimos com o diretor e a conselheira. A conselheira da escola declarou abertamente que não acreditava em nós e que não trataria das questões comportamentais e do bullying *porque sabia que as crianças citadas não poderiam estar agindo da forma como descrevemos. Para encurtar a história, retiramos nossa filha da escola uma semana depois.*

— PENÉLOPE

PARTE 3

Assumindo o controle

Capítulo 7

Princípios básicos (ou como não ser "aquele[a]" pai/mãe)

Depois de identificar a incompatibilidade entre seu filho e o sistema, você tem duas opções:

- Permanecer inserido no sistema e tentar flexibilizá-lo para que ele se torne mais adequado ao seu filho.
- Ou sair completamente do sistema (uma eventualidade tratada nas Partes 4 e 5 deste livro).

Se você decidir permanecer, precisará negociar constantemente com professores e administradores. Isso pode ser difícil – principalmente se você estiver lidando com um professor inflexível ou com um diretor um pouco autoritário.

Seu desafio é defender seu filho, falar em nome dele sem se tornar um "daqueles" pais.

Com o intuito de desenvolver alguma empatia pelo ponto de vista do professor, faça uma pesquisa na internet sobre "pais que professores odeiam" ou "professores que lidam com pais difíceis". Você encontrará todo tipo de lista. (As listas costumavam seguir a linha "Cinco tipos de pais que professores odeiam" ou "Dez tipos de pais difíceis", mas, recentemente, essas listas são mais do tipo "Vinte e um pais que professores detestam", o que não parece ser uma tendência saudável.)

Você descobrirá que os professores não gostam de Pais Fantasmas (que nunca aparecem na escola nem atendem a pedidos simples), Reis e Rainhas do Drama (que explodem por pequenos incidentes, gerando enormes crises), Bodes Expiatórios (sempre apontando o dedo e criando caso, por problemas como notas baixas até brigas no parquinho, culpando qualquer pessoa que não seja o próprio filho) e Pais Helicópteros (você já deve saber o que é um pai/uma mãe helicóptero).

Contudo, os mais odiados na maioria das listas são os Pais do Floco de Neve, que acreditam que seu filho deve ser tratado de maneira especial.

Esse tipo de atitude causará complicações a você, uma vez que a maioria dos capítulos seguintes recomenda exigir tratamento especial de um tipo ou de outro.

Este é um princípio básico das relações humanas: tudo depende de como você pede.

LANÇANDO AS BASES

Antes de começar a exigir mudanças, verifique se você está correto. Eu recomendaria duas estratégias específicas.

Primeira: suponha que há boa vontade por parte de todos e acredite nessa suposição pelo maior tempo possível. (Em geral, este é um bom conselho para relacionamentos. Por isso, sinta-se à vontade para aplicá-lo a todos os seus conflitos interpessoais, não apenas ao lidar com os professores de seu filho.)

Você deve *sempre* partir da premissa de que o professor, a direção e a equipe pedagógica trabalham em prol dos melhores interesses de seu filho e desejam que ele prospere. Claro, é possível que essa crença seja alterada ao longo do tempo. Se seguir todas as etapas recomendadas no final deste capítulo e for continuamente confrontado com raiva e/ou apatia, talvez seja necessário rever sua posição.

Mas não *comece* com base na suspeita e na hostilidade.

O comportamento brusco de um professor pode encobrir um compromisso sério de ajudar os alunos a terem um bom desempenho. Uma conduta descontraída pode sinalizar o intuito de ser atencioso, em vez de falta de interesse. Acreditar no melhor pode lhe ajudar a entender a abordagem do professor; presumir o pior pode minar as possibilidades de discussões antes mesmo de elas começarem.

Segunda estratégia: comprometa-se antes de começar a negociar.

Onde já existe um relacionamento, as negociações são mais fáceis. Se você já fez algum esforço para compreender e ajudar a professora, é bem mais provável que ela se alie a você e tome partido de sua causa.

Se nunca participou de uma reunião em sala de aula, nem fez alguma coisa para apoiar as metas da professora ou tentou se identificar com o que ela está fazendo, cair em cima dela com solicitações especiais parecerá presunçoso e desagradável.

Portanto, antes de abordar a professora e solicitar uma mudança, demonstre que compartilha dos objetivos dela. Tente *ajudar* e *compreender*. Passe algum tempo em contato.

E então, se for *possível*, seja voluntário em alguma tarefa ou responsabilidade.

> *A princípio, esforce-se para ter uma boa relação com a professora. Se o seu horário permitir (e a escola estiver disposta), seja voluntário nas aulas, tente descobrir como pode ajudar a professora, tente ser alguém que ela conhece e confia. Seja uma solução, não um problema. Você também poderá ver o que realmente acontece na sala de aula dessa maneira – foi revelador quando fiz isso com meu filho, pois o comportamento dele na sala de aula não era o que eu havia imaginado.*
>
> — LAURA

O voluntariado regular é a melhor maneira de conquistar o coração de uma professora, mas, se sua agenda não possibilitar isso, considere o seguinte:

Acompanhe uma viagem escolar.

Sempre participe de festas de volta às aulas e reuniões de pais e professores.

Sempre responda aos e-mails ou aos bilhetes de professores enviados para casa.

Por outro lado, não envie um e-mail ao professor para fazer perguntas que possam ser respondidas no site da escola (com o qual deve se familiarizar) ou no manual dos pais (que você deve ler, mesmo que não queira).

Você poderia comprar e doar suprimentos para a sala de aula? Muitos pais não sabem que os professores, em escolas particulares e públicas, gastam muito dinheiro de seu próprio bolso para estocar lápis, papel e outros materiais.[1]

[1] Sarah Ruiz-Grossman, "How to Help Teachers Forced to Buy Supplies with Their Own Money". Disponível em: http://www.huffingtonpost.com/entry/teacher-appreciation-week_us_5728d095e4b0bc9cb044a767. Acesso em: 7 mar. 2017.

Se puder ajudar, não estará apenas amenizando a carga de um professor mal remunerado, mas também demonstrando que entende a dinâmica da escola.

Ofereça-se para limpar, arrumar e organizar o armário de suprimentos.

Pergunte se pode ajudar a apontar lápis. Isso parece pouco, mas a maioria dos professores do ensino fundamental gasta um tempo valioso depois da escola apontando todos os lápis para seus alunos. (Nada causa mais perda de tempo do que exigir que alunos da segunda série apontem seus lápis.)

Ofereça-se para confeccionar ou ajudar a confeccionar um novo quadro de avisos para a sala de aula. Essa é uma tarefa que leva tempo, e mesmo a professora mais dedicada acaba ficando sem ideias novas.

A classe também pode ter uma conta no Pinterest (ou em outra rede social) que possa se beneficiar da participação dos pais. Ofereça-se para ajudar ou mesmo administrar um canal de mídia social da sala de aula.

Depois de se envolver com a sala de aula, da maneira que for possível, você terá uma voz com muito mais credibilidade para expressar suas preocupações.

O CAMINHO A SEGUIR

ESTRATÉGIA 1: FAÇA SUA PESQUISA PARA DEMONSTRAR SUA DEDICAÇÃO, NÃO PARA EDUCAR A PROFESSORA.

Nada é mais irritante para um profissional (em qualquer esfera) do que ser informado sobre o seu trabalho por um leigo.

É provável que você já tenha feito uma quantidade razoável de pesquisas antes de abordar a escola caso seu filho superdotado, diferente ou com deficiências de aprendizagem necessite de apoio adicional. Mas, se você começar a explicar teorias educacionais à professora, talvez prejudique qualquer cooperação possível da parte dela logo de cara. Se a professora teve uma boa formação, ela já conhece diferentes métodos de aprendizagem, sabe um bocado sobre deficiências, práticas recomendadas em sala de aula, etc. E, se não, talvez ela fique na defensiva.

Faça sua pesquisa; contudo, além de usá-la, mostre que não está apenas reclamando sem compreensão nenhuma dos problemas, mas que dedicou um tempo para refletir, educar-se e pensar cuidadosamente num método que possa fazer seu filho aprender melhor.

"Não sou professor, é claro, mas gostei muito de aprender mais sobre alunos de matemática superdotados" ou "sei que os professores têm treinamento para lidar com a dislexia, mas ler mais sobre isso me abriu os olhos" provavelmente será melhor do que "Aqui está o que precisa para entender o problema do meu filho".

ESTRATÉGIA 2: OBSERVE SEMPRE A CADEIA DE COMANDO.

Abordei isso no capítulo anterior, mas vale a pena repetir: mesmo que a adaptação que você está solicitando precise ser providenciada pelo diretor ou pela administração, *sempre comece com a professora*. Passar por cima da autoridade dela é uma falta de respeito. E qualquer adaptação exigirá a cooperação e a ajuda da professora.

Dirigir-se à professora primeiro demonstra que você reconhece sua importância e sua autoridade. Ir direto à administração a diminui e a marginaliza.

ESTRATÉGIA 3: SEJA SEMPRE ESPECÍFICO.

Nunca se apresente com uma queixa vaga, seja "meu filho está entediado" ou "meu filho não entende o que está acontecendo na sala de aula". Documente *horários* específicos em que a criança estava entediada:

> Em 11 de novembro, ele terminou sua tarefa de matemática em cinco minutos e depois não teve mais nada a fazer pelos 35 minutos restantes da aula.
>
> Em 5 de dezembro, a tarefa de leitura em sala de aula era de um livro que ele já havia lido várias vezes; por isso, passou a maior parte do tempo rabiscando.

ou confusa:

> Em 7 de março, chegou em casa sem entender a representação pictórica dos problemas de matemática. Trabalhamos juntos naquela noite, mas, durante a semana seguinte, ele ainda não parecia seguir as explicações dadas na aula (o problema estava nas páginas 72-78 do texto).

Você precisa estabelecer um padrão de eventos ou dos problemas específicos conectados ao problema maior que pretende resolver.

Isso mostra à professora que você está trabalhando para identificar um problema real, em vez de expressar descontentamento geral com a sala de aula ou o método. (A professora tem algum controle sobre *como* ensina; provavelmente, tem muito pouco a dizer sobre qual material é designado a ser usado ou o ritmo geral da aula.)

ESTRATÉGIA 4: ESTEJA SEMPRE MUNIDO COM UMA ALTERNATIVA VIÁVEL.

Apenas reclamar *não* é produtivo.

Uma alternativa viável (vou apresentar várias nos próximos capítulos) tem três características:

> Não causa mais trabalho para o professor, apenas para você e seu filho.
>
> Não perturba a sala de aula nem causa problemas com os colegas do aluno.
>
> Não onera o orçamento da escola nem causa um problema no progresso anual adequado da escola.

O progresso anual adequado é uma medida de prestação de contas (estabelecida pela Lei Nenhuma Criança Deixada Para Trás) da qual participam muitas escolas públicas. Para apresentar um progresso anual adequado (ou PAA), as escolas precisam demonstrar que: (1) 95% de todos os alunos participaram de provas anuais de leitura e matemática; (2) essas provas também foram realizadas por 95% de cada um dos seguintes subgrupos: brancos, negros, hispânicos, deficientes, estrangeiros e estudantes "economicamente desfavorecidos"; e (3) no geral *e* em cada subgrupo, a pontuação média da prova foi acima de uma marca definida ou mostra uma melhoria de 10% em relação à pontuação da prova anterior. (Outros fatores também são levados em conta, mas as pontuações das provas têm mais peso para provar o PAA.)

Como veremos no Capítulo 8, isso não significa que seu filho *tenha de* participar de provas padronizadas anuais; esteja ciente de que não permitir que uma criança faça as provas criará muito mais resistência por parte da escola do que uma proposta de que ela pule a série ou mude de sala de aula para determinadas disciplinas. As pontuações e o orçamento (essas duas coisas geralmente estão relacionadas) tendem a estar mais na mente dos administradores do que o progresso diário de apenas uma criança.

> *Faça uma lista das adaptações que você pretende solicitar. Priorize-as e decida quais você poderia alterar ou abandonar e quais são extremamente importantes. Saiba que, possivelmente, o diretor estará preocupado com orçamentos, resultados de provas e PAA baseado em dados, por isso ele vai tentar manter o número de exceções aos pais ao mínimo. Todas essas coisas fazem a cultura escolar permanecer intacta. Você deve deixar claro que não está tentando ameaçá-los.*
>
> — ELLEN

O professor precisa saber que você não está pedindo a ele que desenvolva conteúdo exclusivamente para o seu filho (provavelmente, ele já deve estar trabalhando em sua capacidade máxima) e que você não pretende criar uma situação na qual outros alunos se ressintam ou invejem seu filho.

> *Nas séries do ensino fundamental, o que funcionou melhor foi enviar conteúdo suplementar para ele fazer, que não esperávamos que o professor ensinasse ao grupo ou desse visto.*
>
> — M. B.

> *Diga à professora que você sabe que o trabalho dela é muito difícil, tendo de lidar com todos os níveis da classe (até mesmo com superdotados). Continue apresentando uma solução dizendo algo como: "Deve ser muito difícil manter os que acabam rápido ocupados enquanto foca naqueles que precisam de mais ajuda... Eu estava na livraria outro dia e encontrei este livro didático de matemática. Tudo bem se eu colocar um desses livros na bolsa do meu filho para que ele faça enquanto espera seus colegas terminarem as atividades? Há outras crianças que poderão se beneficiar disso? O livro vem com direitos de fotocópia". Então, trabalhe a partir daí.*
>
> — LAURA

Capítulo 8

Controle as provas

As provas-padrão são inevitáveis, mas não obrigatórias.

Começarei com o *inevitável*.

A educação americana é uma colcha de retalhos. Não é bonita, como uma colcha vencedora da *State Fair*, mas uma mistura feia de escolas públicas e *charter*,[1] administradas por estados e distritos com padrões diversos e administrações muito variadas, escolas particulares (religiosas, seculares, credenciadas, não credenciadas), educação a distância e educação domiciliar.

As pontuações padronizadas das provas são a única maneira de as pessoas de fora avaliarem como as peças da colcha se encaixam.

Se você é um pai ou uma mãe que educa em casa, provavelmente já sabe que, quando seu filho do ensino médio se inscreve na faculdade, um histórico escolar com notas da mamãe e do papai tem menos peso do que as notas das provas padronizadas. Mas, se o seu filho estiver em uma sala de aula regular, você pode não notar que isso também ocorre com *todos* os alunos.

Se (por exemplo) dois estudantes com 3,7 estão se inscrevendo na mesma faculdade, mas um aluno frequentou uma escola preparatória particular e urbana e o outro uma escola pública rural subterceirizada, a faculdade (necessariamente) deve usar resultados de provas padronizadas para descobrir de que forma esses 3,7 podem ser equivalentes.

Talvez você também não saiba que não importa particularmente qual escola é "credenciada" e qual não é. O credenciamento é uma qualificação extremamente imprecisa. (Veja o capítulo 2.) Na maioria dos estados, as

[1] Uma escola *charter* é uma escola que recebe financiamento do governo, mas opera independentemente do sistema escolar estadual padrão na região em que está localizada. (N.T.)

escolas particulares (principalmente as religiosas) não precisam ser credenciadas. As escolas de ensino a distância que *são* credenciadas ainda são vistas com suspeita. E as escolas públicas podem perder seu credenciamento por baixo desempenho, embora, na maioria dos casos, continuem funcionando sem efeito notável.

Dada essa completa falta de qualquer padrão significativo, as provas são o único nivelador que os observadores externos podem usar. Portanto, provas padronizadas não vão desaparecer tão cedo.

Saber como fazer essas provas pode ser uma valiosa habilidade para a vida, mesmo sendo uma forma arbitrária e não confiável. No entanto, até chegar ao SAT/ACT,[2] os resultados das provas certamente serão mais úteis para o sistema escolar do que para você e seu filho.

De fato, fazer as provas antes dos vestibulares nas faculdades não tem quase nada a ver com seu filho, e tudo a ver com o sistema.

O QUE AS PROVAS AVALIAM

Há dois tipos de provas na maioria dos sistemas escolares: provas de habilidade de aprendizagem e provas de desempenho.

As provas de habilidade de aprendizagem são essencialmente provas de inteligência: alternativas da prova de QI destinadas a avaliar a capacidade intelectual (de vários tipos).

As provas de desempenho avaliam o quanto os alunos aprenderam em qualquer área acadêmica.

Nas escolas, as provas de habilidade de aprendizagem são usadas para direcionar os alunos a programas para superdotados e talentosos ou para identificar deficiências de aprendizagem. As provas de desempenho são usadas para certificar se a escola está ou não cumprindo os padrões acadêmicos mínimos e demonstrando progresso anual adequado. As provas de habilidade têm a ver com o aluno; provas de desempenho, em geral, têm a ver com a escola.

[2] Prova semelhante ao Enem no Brasil. (N.T.)

Se o seu filho vai bem nas provas, não sofre de ansiedade e é hábil em preencher questões de múltipla escolha, ele pode realmente gostar de fazer provas padronizadas, ou, pelo menos, vê-las como apenas uma daquelas tarefas mundanas de fazer testes para que possa voltar a algo mais interessante, como o recreio ou o almoço.

Entretanto, para outros estudantes, as provas podem ser incrivelmente difíceis: estressantes, onerosas e até prejudiciais.

As crianças que quase atingem o limite da superdotação e do talento, graças a uma pontuação nas provas de habilidades, sabem que foram avaliadas e que são consideradas como "quase lá". E as crianças com pontuações incomumente baixas nas provas de habilidade recebem a mensagem clara de que estão abaixo da média, mesmo que as pontuações nas provas tenham sido seriamente afetadas por deficiências de leitura ou escrita, diferenças na capacidade de compreensão ou apenas imaturidade.

> *Minha filha sabia as respostas certas, mas, se houvesse um animal (ou qualquer outra coisa que ela gostasse) em qualquer uma das outras respostas, ela escolheria a opção errada porque "eu gosto de animais".*
>
> — ELIZABETH

> *Quando meu filho fez suas primeiras provas na primeira série, ele obteve uma pontuação muito alta. Não tínhamos conversado sobre as provas. Não fizemos nada para chamar a atenção dele porque sabíamos que ele sempre se estressava com provas "importantes".*
>
> *Quando ele estava na terceira série, o professor falou sobre a importância de levar a prova a sério e que, caso os alunos não fossem bem na prova, talvez não passassem para a quarta série, etc. Meu filho ficou tão estressado antes de ir para a escola que não dormiu a noite anterior e ainda vomitou naquela manhã. Ele travou e nem terminou a prova. E, quando chegou em casa, começou a chorar e me disse que tinha medo de nunca terminar a terceira série.*
>
> — ANNA

As provas de desempenho (aquelas que as escolas usam para mostrar que estão fazendo um bom trabalho) podem causar ainda mais caos. Como os resultados das provas afetam alguns tipos de financiamento da escola, podem aumentar ou diminuir a reputação de uma escola ou levar a uma supervisão adicional do estado, os administradores das escolas precisam garantir que essas pontuações sejam altas.

Assim, dias e semanas são perdidos com a prova em si. Semanas e meses costumam ser dedicados especificamente à preparação para as provas, em vez de focar no ensino e no aprendizado.

> *Quando dei aula no jardim de infância, fiquei impressionada com todas as apostilas que começaram a circular em janeiro para preparar as crianças para as provas que começariam na primeira série. Apostilas sobre como preencher todas as questões de múltipla escolha! Passavam todas as tardes preparando as crianças para as provas, durante meses, com toneladas de apostilas extras, e as crianças eram praticamente zumbis no final do dia.*
>
> — MOIRA

> *Às vezes, eu achava que, em virtude das provas de desempenho do estado do Texas, todas as crianças estavam aprendendo como preencher gabaritos de múltipla escolha. No meu último ano de ensino, alguns amigos e eu nos sentamos após o último dia de aula e contamos os dias que perdemos com as provas. Passamos mais de setenta dias sem dar aula porque estávamos aplicando avaliações comparativas ou provas. Isso sem contar as provas em sala de aula.*
>
> — KATE

O DIREITO DE RECUSAR

Em 2014, em Tulsa, Oklahoma, as professoras da primeira série Karen Hendren e Nikki Jones, com a perspectiva da tarefa de aplicar uma bateria nova e longa de provas padronizadas alinhadas ao currículo-base, simplesmente se recusaram. Em um protesto oficial ao Conselho Escolar e em cartas aos pais de seus alunos de 6 anos, Hendren e Jones descreveram o dano que o longo processo das provas estava causando ao aprendizado. Um repórter local relatou as circunstâncias que levaram ao protesto:

> Escreveram sobre um aluno da primeira série muito dedicado: "Vimos seus olhos se encherem de lágrimas. Vimos o aluno puxar os cabelos de

um modo nervoso. Algumas vezes, ele se arranhou, deixando marcas vermelhas no rosto, angustiado com a prova".

Um estudante do ensino especial "olhou ao redor da sala e viu que todos estavam avançando, embora ele ainda estivesse na pergunta 6. A criança levantou a mão e disse: 'Por que estou contando maçãs e ele tem matemática com vários números?'. Então, ele se levantou e atirou sua cadeira no chão".

As provas adaptativas são supostamente mais "personalizadas", mas Hendren e Jones descrevem outro resultado desse tipo de prova que apresenta perguntas mais ou menos difíceis, com base nas respostas do aluno, até que ele atinja a zona de desenvolvimento proximal (ZDP). Este é o resultado para um aluno que "tentou agradar", tentou fazer o melhor possível: "Esse aluno em particular percebeu rápido que cada pergunta que ele respondia corretamente gerava uma pergunta mais desafiadora. Uma vez fora de sua ZDP, o aluno baixou a cabeça e começou a chorar; então, passou a clicar no teste selecionando aleatoriamente as respostas e, em seguida, clicou na seta para prosseguir. Estamos falando de um aluno que é divertido e feliz. Ele consegue contar piadas o dia inteiro. Cuida da sala de aula e está em sintonia com os sentimentos das pessoas. Esse aluno sabe quando é respeitado e quando não é".

Como resultado do boicote às provas, Hendren e Jones perderam o emprego (ambas agora estão no ensino particular). Mas o clamor público que se seguiu à denúncia levou o sistema público de escolas de Tulsa a reduzir em 54% as horas obrigatórias de provas em sala de aula – de (inacreditáveis) 138 horas anuais voltaram a 66 horas (que ainda são, por sinal, cerca de dez dias letivos completos de provas, sem contar o tempo de preparação).[3]

[3] Andrea Eger, "Two Teachers' Refusal to Give Tests Puts Their Jobs at Risk, but They Say It's Worth It". *Tulsa World*, 24 nov. 2014. Disponível em: http://www.tulsaworld.com/homepagelatest/two-teachers-refusal-to-give-tests-puts-their-jobs-at/article_a3b1005b-09c2-555f-9a5d-39eaeb497205.html. Acesso em: 6 dez. 2016; Andrea Eger, "Teachers Who Instigated Over-testing Examination in TPS No Longer Work There". *Tulsa World*, 4 ago. 2015. Disponível em: http://www.tulsaworld.com/news/education/teachers--who-instigated-over-testing-examination-in-tps-no-longer/article_157a6031-9da2-5794-840a-40d194c750fc.html. Acesso em: 6 dez. 2016; John Thompson, "Tulsa Cuts Testing Time Fifty-Four Percent!". *Administr@tor Magazine*, 25 ago. 2015. Disponível em: http://scholasticadministrator.typepad.com/thisweekineducation/2015/08/thompson-

O protesto também gerou atenção renovada aos direitos básicos dos pais de não incluir seus filhos em provas padronizadas.

Após Hendren e Jones expressarem suas preocupações, o superintendente das escolas de Tulsa respondeu, em uma declaração pública: "Não podemos esperar até a terceira série para determinar se os alunos estão no caminho do sucesso", acrescentando que optar por não fazer provas padronizadas "**não é uma opção**" (ênfase do autor, não minha).[4]

Na verdade, os pais da escola de Tulsa que simpatizaram com Hendren e Jones logo descobriram que a prova *é* opcional.

A organização *FairTest: The National Center for Fair and Open Testing* (www.fairtest.org), que se dedica a ajudar pais e filhos a optar por não fazer provas padronizadas quando consideram apropriado, ressalta que a maioria dos estados tem regulamentos que permitem que os pais não incluam os filhos na prova padronizada. E os estados americanos que não permitem a opção de não fazer a prova exigem apenas provas de avaliação, o que *não* equivale legalmente às provas de habilidade padronizadas. A *FairTest* fornece um modelo para uma carta de exclusão que especifica como a criança será avaliada *sem* as provas padronizadas, de acordo com muitos outros recursos específicos do estado.

Portanto, se a prova estiver deixando seu filho estressado ou se você tiver motivos para achar que as pontuações serão artificialmente baixas ou prejudiciais, lembre-se do seguinte: as provas *não* são obrigatórias. *Você tem autoridade para dispensar seu filho das provas anuais.*

Como os resultados padronizados das provas são importantes para as escolas (se mais de 5% do corpo discente optar por não participar, a escola poderá

---

tulsa-cuts-testing-time-by-54.html. Acesso em: 6 dez. 2016; John Thompson, "Why Tulsa Teachers Risk Their Jobs to Opt Out of the Testing Madness". *The Huffington Post*, 25 jan. 2015. Disponível em: http://www.huffingtonpost.com/john-thompson/why-tulsa-teachers-risk-t _ b _ 6218080.html. Acesso em: 6 dez. 2016.

[4] "Read a Letter from TPS Superintendent Keith Ballard Issued Tuesday Evening". *Tulsa World*, 18 nov. 2014. Disponível em: http://www.tulsaworld.com/read-a-letter-from-tps-superintendent-keith-ballard-issued-tuesday/pdf _ 81dde15f-0261-5a3c-a964-4ed-4189889cf.html. Acesso em: 6 dez. 2016.

estar sujeita a uma supervisão adicional do estado), você poderá se sentir pressionado a participar. Os pais de alunos que apresentam alto desempenho relatam que promovem incentivos (e, às vezes, chantagens) para colocar seus filhos de volta na sala de aula a fim de que suas pontuações possam ser agregadas.

> *Quando informei à escola que minha filha não participaria das provas, o diretor me ligou pessoalmente e disse que precisava que o maior número possível de crianças da escola participasse, principalmente "as do calibre [da minha filha]".*
>
> — AMY

> *Quando optamos por não fazer a prova, um professor disse à minha filha de 8 anos: "Vamos fazer uma festa com sorvete para comemorar a conclusão dos exames, mas você não participará a menos que seus pais a deixem fazer a prova com o resto da turma".*
>
> — ROBERT

> *É legal no meu estado optar por não fazer as provas, mas os pais não são informados disso com muita frequência, então, poucos sabem. Uma mãe perguntou sobre a política de inclusão/exclusão e foi informada pela escola de que seus filhos não estavam qualificados para optar por não fazer a prova. Essa mulher já conhecia a lei, por isso, conseguiu que a escola autorizasse seus filhos a optar por não fazer a prova, mas pediram que ela não dissesse a outros pais que eles poderiam fazer o mesmo. Disseram-lhe que precisavam de seu filho na prova porque ele teria uma pontuação alta: "Você não se sentiria mal se a escola tivesse uma pontuação baixa por ter retirado seu filho da prova? E a professora? Você não quer que a professora seja recompensada por seu trabalho árduo?".*
>
> *Outra mãe foi informada de que, se quisesse, poderia manter sua filha em casa nos dias de prova caso ela estivesse doente. Esperava-se que a filha tivesse uma pontuação baixa nas provas.*
>
> — PENNY

Embora eu compreenda o desejo de uma instituição de mostrar o melhor de si (particularmente, as que fazem um trabalho vital e importante), também acredito fortemente que as escolas dependem demais de provas padronizadas para avaliar seu progresso.

Nossas provas padronizadas atuais incentivam as escolas a ensinar os alunos a se preparar para as provas, em vez de história, ciências, música, arte e idiomas estrangeiros – nenhum dos quais normalmente cai na prova. As provas são injustas com estudantes que têm habilidades motoras finas deficientes. E constantemente evidenciam que estudantes pobres e minoritários sofrem de desvantagens porque não compartilham das mesmas referências culturais que seus colegas brancos de classe média, bem como os alunos superdotados – que sempre conseguem pensar nas razões pelas quais mais de uma resposta de múltipla escolha pode ser considerada correta.

Optar por não fazer provas na escola pode ser não apenas uma proteção para o seu filho, mas, também, um protesto contra o papel amplamente exagerado que as provas padronizadas desempenham na educação americana contemporânea, e contra a quantidade de tempo valioso desperdiçado em sala de aula na preparação para essas avaliações.[5]

Também acredito, como um amigo meu eloquentemente coloca, que as crianças sofrem quando suas necessidades e sua saúde mental estão subordinadas ao bem coletivo. As crianças que ficam estressadas, desencorajadas ou abatidas por causa de provas aplicadas pela escola devem ser excluídas do processo, mesmo que isso não seja o ideal para a escola.

As escolas existem para servir as crianças, e não o contrário.

TIPOS DE PROVAS: O QUE SÃO E COMO USÁ-LAS

Aqui está o outro lado: provas, tanto de habilidade quanto de desempenho, podem ser úteis.

Podem ser úteis quando são aplicadas em um ambiente individualizado e livre de pressão, adaptado aos estilos de expressão e aprendizagem do aluno, e tratadas como apenas uma das muitas maneiras de descobrir como atender às necessidades educacionais da criança.

[5] Daniel Koretz, *The Testing Charade: Pretending to Make Schools Better*. Chicago, University of Chicago Press, 2017. Esse estudo fornece um exame revelador da falta de confiabilidade de nossas provas padronizadas, das distorções na aprendizagem que acontecem quando essas provas são transformadas no cerne da reforma educacional e da quantidade de tempo instrucional desperdiçado na preparação para elas.

Existem muitas provas padronizadas altamente conceituadas por aí, tanto para analisar a capacidade de aprendizagem quanto para avaliar o desempenho. Algumas são mais visuais; outras são mais verbais. Algumas são orais; outras usam papel e lápis; outras são no computador. Algumas fazem uso de padrões e desenhos abstratos; outras medem a habilidade no uso de símbolos. Algumas avaliam o uso da linguagem-padrão e a computação matemática, enquanto outras testam conhecimentos em história, geografia, literatura e lógica.

Embora você não precise participar das provas aplicadas pela escola sem questioná-las, também não precisa abandoná-las completamente.

Como já mencionei, as provas podem ajudar a determinar métodos de aprendizagem, possíveis deficiências e áreas de diferença e superdotação. Uma combinação de provas de desempenho e habilidade pode levar você a perceber instruções que estão erradas; altas pontuações de habilidade e baixas pontuações de desempenho sinalizam uma desconexão preocupante. A prova de desempenho pode dar uma ideia de onde seu filho está em comparação com os outros na mesma faixa etária. E, quando conversar com professores e administradores sobre as mudanças necessárias, ter as pontuações das provas em mãos dá peso à sua avaliação da capacidade do seu filho.

Os três gráficos a seguir listam as provas de habilidade e desempenho mais usadas. Existem outras (principalmente se você puder consultar um psicólogo clínico, que pode aplicar provas que são fornecidas apenas ao pessoal médico), mas essas darão uma ideia das opções existentes.

Observe que uma nota pode ser dada pelos pais e enviada para avaliação. Para outras notas, você precisará visitar um psicólogo e solicitar exames.

Uma observação adicional: todas são usadas nacionalmente. Alguns estados têm as próprias provas de desempenho desenvolvidas por eles. Não tentei resumir, mas as categorias mostradas no quadro a seguir darão uma noção de quais informações você deve procurar ao pesquisar sobre provas.

Procurar informações adicionais sobre qualquer uma dessas provas levará a perguntas frequentes; adicione sua localidade e poderá encontrar administradores e psicólogos particulares, especializados em provas.

PROVAS DE HABILIDADE DE APRENDIZAGEM

Conteúdo	Série	Duração	Opções
Prova de Habilidades Cognitivas (CogAT)			
Testa o raciocínio e a solução de problemas em três áreas: verbal (classificação verbal, conclusão de sentença, analogias verbais); quantitativa (relações quantitativas, séries de números, construção de equações); não verbal (classificação de figuras, analogias de figuras, análise de figuras).	3-12	Duas horas e meia. Cada uma das três partes pode ser aplicada individualmente, se desejado.	Pode ser aplicada por qualquer um dos pais com um diploma de bacharelado e enviada para o serviço de avaliação privado. Papel e lápis.
Sistema de Avaliação Cognitiva Das-Naglieri (CAS)			
Mede "habilidades de processamento cognitivo" – a capacidade de planejar, prestar atenção e processar informações simultânea e sequencialmente. Projetado como uma alternativa de teste de QI. Usado para prever desempenho e diagnosticar deficiências de aprendizagem.	K-12	40 minutos para a parte básica (8 seções), 60 minutos para a parte padrão (12 seções).	Deve ser aplicado por uma escola credenciada, um psicólogo licenciado ou uma clínica/consultório médico. Papel e lápis.
InView: O InView também fornece uma prova de habilidades cognitivas de quatro seções para K-1 conhecida como Prova Primária de Habilidades Cognitivas (PTCS)			
Prova de habilidades cognitivas com cinco seções: raciocínio verbal (palavras), raciocínio verbal (contexto), sequências, analogias e raciocínio quantitativo.	2-12	Duas horas (pode variar um pouco de nível). A prova PTCS não tem duração específica.	Deve ser aplicada por uma escola credenciada, um psicólogo licenciado ou uma clínica/consultório médico. Papel e lápis (ambos).
Bateria de Avaliação Kaufman para Crianças, Segunda Edição (KABC-II)			
Teste de processamento e capacidade cognitiva com vários subtestes: reconhecimento facial, pensamento conceitual, raciocínio-padrão, conclusão de histórias, memória de números, ordem das palavras, enigmas, conhecimento verbal, uso de vocabulário expressivo. Projetado como um teste de QI alternativo; maior ênfase nas habilidades não verbais do que alguns outros testes.	Pré--escola – 12 (de 3 a 18 anos)	25-70 minutos, conforme o nível.	Deve ser aplicada por uma escola credenciada, um psicólogo licenciado ou uma clínica/consultório médico. Papel e lápis.

Conteúdo	Série	Duração	Opções
Escala Internacional de Desempenho Leiter, Terceira Edição (Leiter-3)			
Teste de inteligência que oferece uma medida completamente não verbal. Projetado para medir as habilidades cognitivas, atencionais e neuropsicológicas em estudantes que não são anglófonos nativos, com deficiência auditiva ou de fala, no espectro do autismo ou com atraso cognitivo.	De 3 anos a adulto.	20-45 minutos.	Deve ser aplicada por uma escola credenciada, um psicólogo licenciado ou uma clínica/consultório médico. Usa jogos e manipuláveis em vez de papel e lápis.
Prova de habilidade não verbal de Naglieri, Terceira Edição (NNAT3)			
Avaliação não verbal da habilidade cognitiva. 48 itens de múltipla escolha utilizando formas e desenhos abstratos; perguntas sobre conclusão de padrões, raciocínio por analogia, raciocínio serial e visualização espacial.	K-12	30 minutos.	Só pode ser aplicada por uma escola ou um distrito escolar credenciado ou aprovado. Online, tablet ou papel e lápis.
Prova de habilidade da Otis Lennon School, Oitava Edição (OLSAT-8) e Nona Edição (OLSAT-9)			
Avaliação da habilidade cognitiva que mede o pensamento verbal, não verbal e quantitativo. Perguntas de múltipla escolha em compreensão verbal (seguir instruções, antônimos, conclusão e arranjo de sentenças), raciocínio verbal (raciocínio auditivo, raciocínio aritmético, seleção lógica, analogias e classificações verbais, inferência), raciocínio pictórico (classificação de figuras, analogias e séries), raciocínio figurativo (classificação figurativa, analogias e séries, matrizes-padrão) e raciocínio quantitativo (séries numéricas, inferência numérica, matriz numérica).	K-12	40-75 minutos, dependendo do nível.	Só pode ser aplicada por uma escola ou um distrito escolar credenciado ou aprovado. Papel e lápis.

Conteúdo	Série	Duração	Opções
Matrizes Progressivas Padrão de Raven (SPM) e Matrizes Progressivas Padrão de Raven Plus (SPM Plus)			
Avalia a habilidade cognitiva não verbal: habilidade de fazer sentido e significado a partir de dados complexos ou confusos; habilidade de perceber novos padrões e relacionamentos; habilidade de criar construções não verbais de entendimento. Utiliza desenhos e padrões abstratos em vez de perguntas verbais e escritas.	1-12	Indeterminado; 20 a 45 minutos para administrar, dependendo do nível.	Pode ser administrada por qualquer pessoa com mestrado em psicologia, educação, serviço social, terapia ocupacional ou área relacionada; qualquer pessoa com um diploma ou licença em uma área de saúde; ou qualquer pessoa que tenha recebido treinamento formal especializado em terapias educacionais relacionadas. Papel e lápis.
Prova Universal de Inteligência Não Verbal, Segunda Edição (UNIT2)			
"Avaliação da inteligência" alternativa para "indivíduos com problemas de fala, linguagem ou audição; de diferentes origens culturais ou linguísticas; ou verbalmente não comunicativos." Seis subtestes em Memória Simbólica, Quantidade Não Simbólica, Raciocínio Analógico, Memória Espacial, Série Numérica e Design de Cubo.	K-12	10-15 minutos para bateria abreviada; 30 minutos para bateria-padrão; 45-60 minutos para a bateria em escala completa.	Deve ser aplicada por uma escola credenciada, um psicólogo licenciado ou uma clínica/consultório médico. Formato não verbal, utilizando gráficos e manipuláveis.
Escala de Inteligência Wechsler para Crianças, Quinta Edição (WISC-V) (Prova de desempenho equivalente ao WIAT na tabela a seguir)			
Prova de habilidade cognitiva. Avalia raciocínio fluido, memória funcional, velocidade de processamento, compreensão verbal e habilidade visual/espacial; seções sobre raciocínio de palavras, raciocínio matricial, conceitos de figuras, sequência de números e letras, vocabulário, raciocínio matemático.	1-10	60 minutos.	Deve ser aplicada por uma escola credenciada, um psicólogo licenciado ou uma clínica/consultório médico. Papel e lápis ou online.

Uma prova de QI alternativo. As versões anteriores desse teste, o WISC-III e WISC-IV, às vezes ainda são usadas.			

PROVAS DE DESEMPENHO

Matérias	Séries	Duração	Opções
Prova de Desempenho da Califórnia (CAT) (Alguns níveis atualizados são conhecidos como TerraNova – para a edição mais recente do CAT; veja p. 140.)			
Desempenho em linguagem e matemática: vocabulário; compreensão de leitura; mecânica da linguagem e expressão; computação matemática; conceitos e aplicações de matemática.	4-12	Duas horas e meia.	Pode ser aplicada em casa por qualquer um dos pais e enviada para o serviço de avaliação privado. Papel e lápis.
Provas Iowa, Tipo A *A prova K-8 é a Prova de Habilidades Básicas de Iowa (ITBS)* *A prova 9–12 é a Prova de Desenvolvimento Educacional de Iowa (ITED)*			
Idiomas, matemática, ciências, estudos sociais e habilidades de estudo: habilidades de linguagem (vocabulário, leitura, idioma, ortografia; análise de palavras e audição apenas para K-3); conceitos de matemática, computação e resolução de problemas; estudos sociais, materiais científicos e fontes de informação.	K-12	As principais áreas de leitura, linguagem e matemática podem ser aplicadas sozinhas. O tempo para as provas é de aproximadamente: • K-3, as provas não têm duração, mas demoram aproximadamente 2,5 horas para a principal e 5 horas para a prova completa, durante 3 dias.	Pode ser aplicada por qualquer um dos pais com um diploma de bacharelado e enviada para o serviço de avaliação privado. Papel e lápis.

Matérias	Séries	Duração	Opções
continuação		• 4-8, as provas são cronometradas e levam 3,5 horas para a principal e 6 horas para a prova completa, durante 3 dias. • 9-12, as provas são cronometradas e levam aproximadamente 3,5 horas para a principal e 4,5 horas para a prova completa, durante 2 dias.	
Prova de Desempenho Individual de Peabody, Revisada/Normativa Atualizada (PIAT-R/NU)			
Prova geral de desempenho acadêmico com seis medidas: Informações gerais (ciências, história, humanidades, estudos sociais), Interpretação de Leitura, Compreensão de Leitura, Matemática, Ortografia e Expressão Escrita. Útil para avaliar o desempenho em estudantes que podem ter dificuldades com o processamento escrito e verbal e/ou para testar a ansiedade.	K-12	Indeterminado; a administração leva aproximadamente uma hora.	Geralmente aplicada por um conselheiro treinado ou profissional (independente). Embora o editor (Pearson) agora considere a prova "obsoleta", ela ainda está amplamente disponível por meio de serviços independentes. O formato da prova é oral, mas utiliza materiais de leitura impressos e permite o rascunho do cálculo. A subprova de Expressão Escrita requer escrita.

Matérias	Séries	Duração	Opções
Série de Provas de Desempenho Stanford, 10ª Edição (Stanford 10)			
Prova geral de desempenho acadêmico, múltipla escolha, com seções sobre habilidades de leitura e compreensão (inclui habilidades de estudo de palavras apenas para as séries 3–5), uso de vocabulário e compreensão auditiva; matemática (conceitos, computação, estimação, conexões, raciocínio e resolução de problemas); uso da linguagem (mecânica, uso, estrutura da frase, expressão escrita); ortografia (localização de erros ortográficos); estudos sociais (compreensão básica do governo e da história dos EUA, civilização ocidental, sociedades não ocidentais e geografia); e ciência (usar habilidades de raciocínio para responder a perguntas nas ciências da vida, física e da terra).	3-12	Duração indeterminada, mas geralmente aplicada em 2 dias completos.	Vendida diretamente apenas para escolas e distritos escolares credenciados/ aprovados, mas pode ser adquirida online por alunos individuais através de serviços independentes, como o setontesting.com. Lápis e papel ou online.
TerraNova/CAT 6 (Versão atualizada do CAT; consulte a página 137. As duas versões estão em uso no momento.)			
Ciências, estudos sociais e desempenho em linguagem e matemática: análise de vocabulário e palavras; compreensão de leitura; mecânica e expressão da linguagem; computação matemática; conceitos e aplicações de matemática.	K-12 (bateria completa) 2, 3, 4, 6-12 (Pesquisa: uma versão abreviada da bateria completa).	Bateria completa: 2-5,5 horas, dependendo do nível, geralmente distribuídas por 3 dias. Pesquisa: 2,5-4,5 horas em 2 dias.	Pode ser aplicada em casa por qualquer um dos pais e enviada para o serviço de avaliação privado (setontesting.com). Papel e lápis. NOTA: Indisponível na Geórgia. Níveis superiores indisponíveis em Dakota do Norte, Wisconsin e Washington, DC.

Matérias	Séries	Duração	Opções
Prova de Desempenho Individual da Wechsler, Terceira Edição (WIAT-III) (Prova de habilidade de aprendizagem equivalente ao WISC na tabela anterior, p. 137)			
Testa o nível de habilidade do aluno em leitura, matemática, linguagem escrita e linguagem oral. As seções incluem: compreensão auditiva, expressão oral, habilidades de leitura precoce, leitura de palavras, decodificação de pseudopalavra (palavras imaginárias para testar os princípios fonéticos), compreensão de leitura, fluência de leitura oral, fluência de escrita do alfabeto, ortografia, composição de frases, composição de ensaios, resolução de problemas de matemática, operações numéricas, fluência matemática de adição, subtração e multiplicação.	Pré-escola-adulto	35-104 minutos, dependendo do nível.	Pode ser aplicada por qualquer pessoa com mestrado em psicologia, educação, serviço social, terapia ocupacional ou área relacionada; qualquer pessoa com um diploma ou licença em uma área de saúde; ou qualquer pessoa que tenha recebido treinamento formal especializado em terapias educacionais relacionadas. Papel e lápis ou online.

PROVAS COMBINADAS DE HABILIDADE/DESEMPENHO DE APRENDIZAGEM

Conteúdo	Séries	Duração	Opções
Tabelas de Desempenho Diferencial II (DAS-II)			
17 das 20 seções medem a habilidade cognitiva; três medem o desempenho verbal e matemático (para comparação com a medida da habilidade). As subprovas cognitivas medem o processamento mental: habilidade conceitual e de raciocínio, habilidade verbal, habilidade de raciocínio não verbal; habilidade	Pré-escola-12 (de 2 anos e 6 meses a 17 anos e 11 meses)	25-65 minutos para a pré-escola 40-65 minutos para provas cognitivas K-12. 15-25 minutos para provas de desempenho K-12.	Deve ser aplicada por um psicólogo ou psiquiatra licenciado, ou por alguém com doutorado em educação e treinamento em administração de provas. Papel e lápis.

espacial; memória funcional verbal e visual; *recall* imediato e retardado; reconhecimento visual e correspondência; velocidade de processamento e nomeação; processamento fonológico.			
Conteúdo	Séries	Duração	Opções
Woodcock-Johnson IV (WJ IV)			
A prova engloba três baterias separadas: WJ IV Provas de Habilidades Cognitivas, WJ IV Provas de Desempenho e WJ IV Provas de Linguagem Oral. As duas primeiras baterias podem ser usadas independentemente como provas de habilidade cognitiva pura ou provas de desempenho. A bateria de Linguagem Oral testa a habilidade cognitiva e o desempenho acadêmico. As baterias Cognição e Desempenho vêm nas versões Padrão e Ampliada. As baterias cognitivas testam o pensamento matemático e verbal, bem como o reconhecimento visual de padrões. As baterias de desempenho testam habilidades em leitura, ortografia, escrita, computação, ciências, ciências humanas e estudos sociais. As baterias da linguagem oral testam habilidades verbais e compreensão/decodificação de escuta. A versão anterior dessa prova, o Woodcock-Johnson III, ainda é aplicada às vezes.	Pré-escola-adulto	3 seções (Fluência de Leitura, Fluência Matemática, Fluência de Escrita) são cronometradas; o resto não tem duração. A prova inteira leva entre 60 minutos e 3 horas para administrar, dependendo de quantas versões ampliadas são usadas.	Pode ser aplicada por uma escola ou um distrito escolar credenciado ou aprovado, por um psicólogo licenciado ou por um examinador particular treinado. Papel e lápis ou online.

O CAMINHO A SEGUIR

ESTRATÉGIA 1: DECIDA SE DEVE OU NÃO PARTICIPAR DE PROVAS APLICADAS PELA ESCOLA.

Descubra quais provas a escola está aplicando e quando serão realizadas. Com os gráficos nas páginas 134-42 como ponto de partida, faça uma coleta de dados.

Quais áreas a prova enfatiza? São áreas nas quais seu filho tem bom desempenho ou não?

O estilo da prova corresponde ao estilo de processamento do seu filho? As crianças que leem com lentidão sofrem de algum grau de dislexia ou processam informações com mais facilidade por via auditiva e por meio de padrões (em vez de palavras) sofrem desvantagens em muitas das provas-padrão.

Como seu filho se sente ao fazer provas? Um pouco de ansiedade é normal, e crianças mais velhas (digamos, de 12 anos ou mais) precisam aprender a lidar com a ansiedade das provas. Mas não há absolutamente nenhuma razão para estressar as crianças mais novas. Se a perspectiva da prova provocar dores de estômago ou dores de cabeça, considere seriamente optar por não participar.

As tarefas cronometradas deixam seu filho em pânico? Isso é muito comum. Alguns alunos não conseguem pensar direito quando há um relógio em segundo plano. Muitas vezes, esse problema é resolvido com a maturidade. Às vezes, persiste na idade adulta. Não é um fracasso ou uma falha, simplesmente um reflexo do estilo de aprendizagem. Mas provas padronizadas com prazos não avaliam com precisão essas crianças.

Se optar por não participar, converse direta e pessoalmente com a professora. Expresse sua gratidão pelo trabalho árduo dela e explique que não fez essa escolha por conta de algo que ela tenha feito. Está simplesmente fazendo a melhor escolha para seu filho.

Em seguida, escreva uma carta de exclusão à administração da escola. O FairTest (fairtest.org) fornece orientação inestimável sobre como fazer isso.

Hoje em dia, a maioria dos estados também possui uma página de não participação no Facebook com dicas específicas para cada localidade; simplesmente procurei no Facebook por *Opt Out Virginia* e imediatamente encontrei dois grupos diferentes. Ambos apontam para o pronunciamento mais recente do Departamento de Educação sobre a exclusão. Vou citar e depois analisá-lo, como um modelo de como você pode abordar os regulamentos de seu próprio estado:

Todos os alunos matriculados nas escolas públicas da Virgínia devem fazer as provas estaduais necessárias. Os *Regulamentos do Conselho de Educação da Virgínia que Estabelecem Padrões para o Credenciamento de Escolas Públicas na Virgínia*, disponíveis online, declaram:

> "No jardim de infância até a oitava série, onde a administração dos testes do programa de avaliação da Virgínia é exigida pelo Conselho de Educação, espera-se que cada aluno faça as provas" e "cada aluno das escolas de ensino fundamental e médio deve fazer todas as provas de final de curso SOL seguindo as instruções do curso." (p. 9)

Os regulamentos não estabelecem o que, às vezes, é chamado de "política de exclusão" para os alunos em relação às avaliações da Virgínia. Se, no entanto, os pais se recusarem a participar de uma ou mais avaliações necessárias da Virgínia, os seguintes procedimentos devem ser seguidos na divisão escolar:

- Os pais devem ser informados de que o relatório de pontuação do aluno refletirá uma pontuação de "0" para qualquer prova recusada.
- A escola é fortemente incentivada a solicitar uma declaração por escrito dos pais indicando a(s) prova(s) específica(s) em que eles se recusam a incluir o filho. O documento deve ser mantido no arquivo do aluno como um registro da decisão.
- Para contabilizar o aluno, um registro da(s) prova(s) recusada(s) deve ser enviado para avaliação com um *Testing Status 5* codificado para indicar a recusa em fazer a prova.[6]

Observe que, embora a linguagem diga que a prova é "necessária", *isso não é verdade*.

[6] Patricia I. Wright, Superintendente de Instrução Pública, "Student Participation in Virginia Standards of Learning Assessments". Disponível em: http://www.doe.virginia.gov/administrators/superintendents_memos/2013/142-13.shtml. Acesso em: 7 dez. 2016.

Não há consequências para a criança se a prova for recusada. A pontuação "0" tem a intenção de ser perturbadora (o Departamento de Educação quer que seu filho faça a prova), mas isso *não significa nada para o aluno*.

As pontuações das provas K-12 padronizadas não afetam as inscrições nas faculdades. (As faculdades nunca as veem.) As pontuações também não afetam a transferência de uma escola pública para outra. Os alunos que solicitarem transferência de uma escola pública para uma escola particular podem ser solicitados, pela escola particular, a fornecer as notas das provas, mas esse requisito pode ser atendido por meio de provas particulares, se necessário.

A pontuação zero afeta apenas a escola e seu relacionamento com o Conselho Estadual de Educação, não o aluno.

Lembre-se: as escolas devem atender os alunos, e não o contrário. Tome a decisão certa para o seu filho.

Se você optar por não participar, algumas escolas permitirão que você mantenha a criança em casa; outras podem exigir que as crianças estejam presentes mesmo que não façam a prova. Se isso acontecer, envie livros para ler e para colorir e exercícios para que a criança faça enquanto espera.

*

Se a prova padronizada for usada para determinar a graduação de séries específicas (na Geórgia, por exemplo, as graduações da quinta e da oitava séries estão vinculadas às notas das provas padronizadas), você descobrirá que a opção de não participar é mais complicada. No entanto, ainda é possível.

Em uma entrevista de 2016 ao *Atlanta Journal-Constitution*, Knox Phillips, diretor de pesquisa, avaliações e subsídios para o *DeKalb County School District*, declarou:

> A legislação do Estado da Geórgia não permite a exclusão do aluno de avaliações obrigatórias do estado (Lei da Geórgia OCGA §20-2-281) [...]. Os alunos da terceira, quinta e oitava séries devem pontuar com proficiência nos componentes de Leitura e Vocabulário da avaliação de final de série do ELA a serem considerados para promoção.

Mais adiante na entrevista, quando perguntado diretamente "Se os alunos da terceira, quinta ou oitava séries optarem por não participar, seria possível usar outras fontes de dados para promoção?", Phillips responde:

> Outras fontes de dados serão consideradas pelos comitês locais de promoção/reprovação das escolas, e os alunos que não participaram das Provas por decisão dos pais terão que participar de uma avaliação complementar para medir a prontidão das habilidades e fornecer informações adicionais sobre a prontidão do aluno para a próxima série.

Em outras palavras: sim, você pode optar por não participar e a escola pode usar outros parâmetros de referência para promoção. (O grupo *Opt Out Georgia* no Facebook, que atualmente tem mais de 5 mil membros, fornece informações adicionais sobre essa situação específica.)[7]

ESTRATÉGIA 2: ESCOLHA PROVAS PARTICULARES ADEQUADAS AO SEU FILHO E À SUA FAMÍLIA.

Use as tabelas anteriores para escolher duas provas e fazer seus próprios arranjos.

Tanto as provas de habilidade de aprendizagem quanto as de desempenho podem ser aplicadas pelos pais, em casa, e enviadas para o *Seton Testing* para pontuação. (Foi o que fiz com meus quatro filhos educados em casa, até a terceira série do ensino médio; as pontuações atendiam ao requisito da Comunidade da Virgínia para educadores em domicílio. Escolhi provas adequadas aos meus filhos e as apliquei em um ambiente livre de pressão.)

As provas também podem ser aplicadas por serviços de provas privadas e por psicólogos; é provável que você queira seguir esse caminho se tiver a intenção de usar as notas das provas para acessar um programa para

[7] Maureen Downey, "Can Parents Opt Their Kids Out of State Testing? Not Without Consequences." *The Atlanta Journal-Constitution*, 19 abr. 2016. Disponível em: http://getschooled.blog.myajc.com/2016/04/19/can-parents-opt-their-kids-out-of-state-testing-not-without-consequences/. Acesso em: 7 dez. 2016.

superdotados e talentosos (como os *Davidson Young Scholars* ou o programa *Johns Hopkins Center for Talented Youth*).

Se você suspeitar de um problema de aprendizagem (consulte o Capítulo 4), é útil fazer a prova com um psicólogo experiente, que entenderá os problemas.

Capítulo 9

Desafie o monstro da lição de casa

Nos Estados Unidos, não é incomum uma criança passar sete horas na escola e depois passar outras três ou mais horas fazendo lições de casa adicionais.

Sério, pessoal, essa é uma *jornada de dez horas*.

Até mesmo os adultos têm dificuldades quando passam regularmente mais de oito horas por dia no trabalho. Sim, conseguimos fazê-lo, mas isso nos deixa sobrecarregados, exaustos e desgastados, como se as coisas importantes estivessem constantemente escorregando de nossas mãos.

Infelizmente, sua própria experiência com um dia escolar completo, seguida de lição de casa, provavelmente o precondicionou a achar esse modo de vida aceitável. Pode até ter precondicionado você a aceitar uma semana de trabalho de cinquenta ou sessenta horas como parte inevitável da vida humana.

No entanto, jornadas de dez horas não são saudáveis nem necessárias.

QUANDO A LIÇÃO DE CASA NÃO FUNCIONA

Uma jornada de dez horas não seria razoável mesmo que a lição de casa atendesse a uma necessidade educacional vital.

Isso está longe de ser correto.

Frequentemente, a lição de casa mostrou-se ineficaz para os alunos do ensino fundamental. Isso mesmo: *toda* lição de casa dada a crianças pequenas não atinge seu objetivo.

A lição de casa é útil para alunos do ensino médio apenas em quantidades muito menores do que as normalmente dadas.

E o estudo mais recente sobre lição de casa do ensino médio demonstra que os níveis de produtividade são duas horas por noite. Além disso, os alunos não aprendem nada enquanto se estressam desnecessariamente e perdem a chance de utilizar o tempo fazendo outras coisas importantes (visitando amigos, interagindo com a família, praticando interesses criativos, se exercitando).[1]

E o papel da lição de casa no desenvolvimento de outras habilidades não acadêmicas importantes, como, por exemplo, a autodisciplina, a vontade de trabalhar duro e a capacidade de lidar com pressão?

Como Etta Kralovec e John Buell apontam no *The End of Homework* (um estudo do ano 2000 que disparou a primeira bala na guerra contra a lição de casa), a lição de casa apenas ensina a autodisciplina e a vontade de trabalhar duro se os pais (não os professores) "estruturam sistematicamente e supervisionam a lição de casa com esse objetivo em mente" – um padrão que muitas famílias, em especial aquelas com dois pais que trabalham, simplesmente não conseguem seguir.

De fato, o valor da autodisciplina e do trabalho árduo pode ser (e é) ensinado às crianças em muitas partes diferentes da vida. Não é preciso lição de casa para desenvolver essas qualidades.

E quanto a lidar com pressão?

Kralovec e Buell resumem esse argumento amplamente discutido: como "a tarefa escolar é para a criança o que o trabalho remunerado é para o adulto", as crianças que "aprendem a lidar com a pressão" da lição de casa estão "também desenvolvendo bons hábitos para o trabalho". Mas eles objetam fortemente: "[de fato] acreditamos que aprender a lidar com a pressão no trabalho é uma meta apropriada para um aluno da quarta série?".

Concordo. As crianças não são adultos em miniatura. Exigir que aprendam a lidar com os níveis de pressão dos adultos não é um bom ensinamento, nem bons cuidados paternos.[2]

No entanto, é isso que estamos fazendo.

---

[1] Clifton B. Parker, "Stanford Research Shows Pitfalls of Homework". *Stanford News*, 10 mar. 2014. Disponível em: http://news.stanford.edu/2014/03/10/too-much-homework-031014/. Acesso em: 7 dez. 2016.

[2] E. Kralovec e J. Buell, *The End of Homework: How Homework Disrupts Families, Overburdens Children, and Limits Learning*. Boston, Beacon Press, 2000, p. 13.

Dez anos atrás, pesquisas constataram que os alunos do ensino primário faziam, em média, 78 minutos de lição de casa todas as noites, os alunos do ensino fundamental, 99 minutos, e os alunos do ensino médio, entre três e cinco horas, apesar das recomendações permanentes da National Education Association (NEA) e da National Parent Teacher Association (NPTA), de que as lições de casa devem ter menos de vinte minutos por noite nas séries K-2 e trinta a sessenta minutos por noite nas séries 3-6.

E mesmo as diretrizes da NEA estão em desacordo com estudos que mostram que a lição de casa não beneficia *nem um pouco* os alunos mais jovens.[3]

Os pais que consideram a quantidade de lição de casa dada aos filhos um fardo enorme costumam duvidar de suas reações. A lição de casa parece ser uma parte natural da escola, é do melhor interesse da criança, e os professores devem saber o que estão fazendo.

Mas não há evidências sólidas de que a lição de casa melhore o aprendizado. Pouca atenção na formação de professores é dada a como, por que ou quando aplicá-la (a lição de casa é praticamente inventada pelo professor na hora). E existem precedentes históricos muito instáveis para seu uso (a lição de casa era raramente aplicada no início deste século; as escolas passaram por fases anti e pró-lição de casa, mais ou menos em sintonia com as ansiedades nacionais sobre o status econômico da América, apesar de os estudos não mostrarem correlação em qualquer nação desenvolvida entre a lição de casa e o bem-estar econômico nacional).[4]

A pesquisadora Cathy Vatterott, professora de educação da Universidade do Missouri – St. Louis, identifica cinco suposições por trás das lições de casa:

1. As escolas têm a responsabilidade de cuidar dos alunos e mantê-los ocupados fora do horário escolar.
2. A atividade intelectual é intrinsecamente mais valiosa do que outros tipos de atividade e deve ter precedência.

---

[3] S. Bennett. e N. Kalish, *The Case Against Homework: How Homework Is Hurting Our Children and What We Should Do About It*. New York: Crown, 2006, p. 10-11.

[4] Cathy Vatterott, *Rethinking Homework: Best Practices That Support Diverse Needs*. Alexandria, VA: ASCD Publishing, 2009, p. 6-12.

3. Concluir a lição de casa é a principal maneira de os alunos aprenderem a ter responsabilidade.
4. Quanto mais lição de casa, melhor a escola (o currículo, o ensino).
5. Bons professores (ou seja, rigorosos) dão muita lição de casa; alunos bons (ou seja, com alto desempenho) fazem muita lição de casa.[5]

O senso comum gera ceticismo em relação a 1 e 2 (para saber mais sobre por que o papel de guarda das escolas deve ser questionado, consulte o Capítulo 15). Os números 3, 4 e 5 foram continuamente contraditos por pesquisas. De fato, um estudo de 2012 realizado na Escola de Educação da Universidade de Indiana não encontra relação entre lição de casa e domínio em matemática e ciências, mesmo para estudantes do ensino médio.

Houve, no entanto, uma correlação entre o tempo de lição de casa e o "desempenho em provas padronizadas".

O professor Adam Maltese, coautor do estudo, descobriu que os alunos que passam "mais tempo na lição de casa" estão "ficando expostos aos tipos de perguntas e procedimentos para responder a perguntas" que são comuns em provas padronizadas.[6] Isso pode beneficiar o sistema escolar como um todo, mas certamente não está preparando a criança para a vida real.

Cada vez mais pessoas têm desafiado o valor da lição de casa, principalmente para as séries mais baixas.

Em 2015, o PS 116 na cidade de Nova York acabou com a lição de casa obrigatória para os alunos do quinto ano do ensino fundamental ao ensino médio.

Alguns meses depois, Harris Cooper, professor de psicologia e neurociência da Duke, declarou inequivocamente: "Não há evidências de que qualquer quantidade de lição de casa melhore o desempenho acadêmico dos alunos do ensino fundamental".

---

[5] Ibid., p. 10-14.

[6] "When Is Homework Worth the Time?". *IU Bloomington Research*, 8 jan. 2013. Disponível em: http://research.indiana.edu/2013/01/when-is-homework-worth-the-time/. Acesso em: 7 dez. 2016.

A professora da segunda série (e mãe) Brandy Young fez uma declaração que viralizou, no verão de 2016, com o anúncio aos pais de que ela não aplicaria mais a lição de casa: "A pesquisa não conseguiu provar que a lição de casa melhora o desempenho dos alunos", escreveu ela em sua nota para os pais. "Peço que você passe a noite fazendo coisas que comprovadamente se correlacionam com o sucesso do aluno. Jantem em família, leiam juntos, brinquem ao ar livre e coloquem seus filhos na cama mais cedo".

As escolas de Nevada, de Washington, da Califórnia e de outros estados aderiram recentemente ao movimento de "não lição de casa para alunos do ensino primário" e estão reavaliando o valor dado também nas escolas de ensino fundamental e médio.[7]

Você também pode se unir a esse movimento.

Não presuma que a quantidade de lição de casa enviada com o aluno seja inevitável, ou mesmo bem pensada. Não se resigne (nem seu filho) às noites de labuta. Há coisas melhores a fazer com esse tempo.

"Não é apenas que a lição de casa em si não tenha benefícios acadêmicos para crianças pequenas e possa até ser prejudicial", escreve a professora Jessica Smock. "É também que a lição de casa está substituindo outras atividades divertidas, apropriadas para o desenvolvimento e valiosas – atividades que os ajudam a se transformar em adultos saudáveis e felizes." Smock lista trinta e uma alternativas à lição de casa, incluindo dormir, ler ou ouvir audiolivros, montar

---

[7] Lee Igel, "What Happens When an Elementary School Abolishes Homework". *Forbes*, 12 mar. 2015. Disponível em: http://www.forbes.com/sites/leeigel/2015/03/12/what-happens-when-an-elementary-school-abolishes-homework/#1207686b3fad. Acesso em: 7 dez. 2016; Heather Shumaker, "Homework Is Wrecking Our Kids: The Research Is Clear, Let's Ban Elementary Homework". *Salon*, 5 mar. 2016. Disponível em: http://www.salon.com/2016/03/05/homework _ is _ wrecking _ our _ kids _ the _ research _ is _ clear _ lets _ ban _ elementary _ homework. Acesso em: 7 dez. 2016; Brandy Young, "Why I Did It: The 'No Homework' Letter". *The Huffington Post*, 30 ago. 2016. Disponível em: http://www.huffingtonpost.com/entry/why-i-did-it-the-no-homework-letter _ us _ 57c5b5bfe4b004ff0420daf3. Acesso em: 7 dez. 2016; "What Research Says about the Value of Homework: Research Review". Center for Public Education, 5 fev. 2007. Disponível em: http://www.centerforpubliceducation.org/Main-Menu/Instruction/What-research-says-about-the-value-of-homework-At-a-glance/What-research-says-about-the-value-of-homework-Research-review.html. Acesso em: 7 dez. 2016.

quebra-cabeças, brincar ao ar livre, ajudar no jantar, passear com o cachorro, praticar um instrumento, sair com um avô, desenhar, brincar de vestir fantasias, ajudar nas tarefas domésticas ("Marty Rossman, pesquisador da Universidade de Minnesota, descobriu que um dos melhores dados para prever o sucesso futuro de uma criança é verificar se ela ajudou nas tarefas domésticas quando criança"), ouvir música, andar de bicicleta e simplesmente devanear.[8]

Se o seu filho estiver sobrecarregado com horas de lição de casa, ajude-o a recuperar as noites, para que ele possa aproveitar algumas dessas alternativas.

O CAMINHO A SEGUIR

ESTRATÉGIA 1: MANTENHA UMA CONTA PRECISA DO TEMPO GASTO NA LIÇÃO DE CASA AO LONGO DE DUAS OU MAIS SEMANAS.

A maioria dos professores não tem uma boa noção de quanto tempo uma lição de casa consome.

A professora do ensino médio Stacey Goodman ressalta que os professores geralmente estimam errado: "Os [professores] fazem eles mesmos primeiro – sem levar em conta que já entendem o conteúdo?", ela pergunta. (Essa é uma pergunta retórica; não o fazem.) "Como se mede o tempo que leva para um aluno pensar sobre um problema ou uma pergunta, e não apenas escrever a resposta em um pedaço de papel?"[9]

Se não avisar o professor que as tarefas estão consumindo muito tempo, ele continuará presumindo que a carga de trabalho é gerenciável.

Portanto, documente, com precisão, quanto tempo a lição de casa está realmente exigindo. Ao fazer isso, verifique se o tempo gasto na lição de casa

---

[8] Jessica Smock, "31 Things Your Kid Should Be Doing Instead of Homework", parent.co, 27 out. 2016. Disponível em: http://www.parent.co/31-things-your-kids-should-be-doing-instead-of-homework/. Acesso em: 8 dez. 2016.

[9] Stacey Goodman, "The Risks of Guesstimating Homework". Edutopia.org, 18 out. 2016. Disponível em: https://www.edutopia.org/blog/risks-guesstimating-homework-time-stacey-goodman. Acesso em: 8 dez. 2016.

é realmente gasto na lição de casa. Os alunos do ensino fundamental e médio podem gastar muito tempo sentados na frente dos livros enquanto se divertem nas mídias sociais. Se estiver documentando, você precisará acompanhar mais de perto do que o normal os alunos mais velhos; se você quiser abordar um professor sobre lições de casa, precisará verificar se o aluno da oitava série passou realmente três horas nesse conjunto de problemas.

Agora, calcule a média do tempo da lição de casa. É razoável?

Na minha opinião, *qualquer* lição de casa nas séries K-2 não é razoável, mas, se for menos de quinze minutos por dia, provavelmente não vale a pena reclamar. Mais do que isso, no entanto, o assunto deve ser abordado, especialmente se seu filho estiver exausto e frustrado todas as noites.

De fato, os alunos da terceira e quarta séries também não deveriam fazer nenhuma lição de casa, mas, provavelmente, até trinta minutos é razoável.

Os alunos do ensino fundamental *não* devem fazer mais de uma hora por noite e, se estiverem fazendo uma hora *toda* noite, isso é demais.

Os alunos do ensino médio atingem um platô de desempenho, já confirmado, em duas horas. Algumas crianças altamente acadêmicas do segundo e terceiro ano podem se sentir confortáveis com duas horas e meia, mas não mais do que isso.

Não se esqueça de que, segundo a Clínica Mayo, os adolescentes precisam de um mínimo de nove horas de sono por noite. Se o aluno estiver participando de tantas aulas de AP a ponto de não conseguir dormir o suficiente, está participando em excesso. (E, se estiver participando dessas aulas de AP para entrar em Stanford, dê-lhe permissão para descansar; veja meu Pós-Escrito.)[10]

ESTRATÉGIA 2: FALE COM O PROFESSOR E DEPOIS COM A ADMINISTRAÇÃO.

E se o seu filho estiver gastando muito tempo com a lição de casa? Como sempre, fale primeiro com o professor.

---

[10] "Teen Sleep: Why Is Your Teen So Tired?". MayoClinic.org. Disponível em: http://www.mayoclinic.org/healthy-lifestyle/tween-and-teen-health/in-depth/art-20046157. Acesso em: 8 dez. 2016.

"Ligue para os professores", diz um ex-oficial de matrículas da Ivy League. "Insista com a escola... Você pode se surpreender com o que acontece quando se liga para um professor e diz 'meu filho focou nisso por duas horas e ainda não conseguiu terminar, então o mandei para a cama'. Muitas vezes, é uma verificação da realidade de que o professor precisa e pela qual agradece." [11]

Mostre que você fez sua pesquisa. Pegue seus registros de lições de casa e alguns estudos que descobriram que o trabalho excessivo é contraproducente. (Use os livros do Apêndice C como fontes.) Peça uma redução na lição de casa e mais tempo gasto nas tarefas em classe.

Se achar apropriado, ofereça uma alternativa. Às vezes, os alunos gastam todo o seu tempo em trabalhos desnecessários quando o aprendizado real poderia estar acontecendo nesse período. Você poderá substituir lições inadequadas por tarefas que projetou, que podem ser feitas em menos tempo.

> *Substituí o currículo completo de leitura em casa do meu filho na primeira série por um programa que eu mesma criei. Sua professora foi extremamente gentil e receptiva em relação a isso. Só precisei conversar com ela e explicar o que estava acontecendo e o que gostaria de fazer.*
>
> — LECKA

> *Meu filho mais novo recebeu uma nota de "necessita melhora" em sua lição de casa no final do ano. Essa foi realmente a única consequência de não fazer a lição de casa.*
>
> — NAN

Se o professor não responder, é completamente razoável falar com o diretor. Leve suas preocupações, junto com anotações detalhadas sobre a falha na conversa com o professor à diretoria. Pergunte qual é a política da escola.

Se a política não estiver alinhada com as diretrizes descritas na Estratégia 1 – que são totalmente compatíveis com as recomendações da NEA –, aponte isso educadamente. E, se não houver uma política escolar, peça que uma seja formulada.

---

[11] "Parents: Let Harvard Go". roxandroll.com, 5 nov. 2014. Disponível em: http://www.roxandroll.com/2014/11/parents-let-harvard-go.html. Acesso em: 8 dez. 2016.

ESTRATÉGIA 3: ACEITE AS CONSEQUÊNCIAS (QUANDO RAZOÁVEIS) OU AJUSTE A PROGRAMAÇÃO DA CRIANÇA.

O que acontece se o professor e/ou a administração não responderem? Se a alternativa for uma criança exausta que odeia a escola, reduza as lições de casa e arque com as consequências.

"Mesmo assim, mande seu filho para a cama", diz o mesmo oficial de matrículas da Ivy League, "e diga a ele que você o amará mesmo quando o professor der notas baixas por trabalhos inacabados." Você tem autoridade para dizer ao seu filho que ele deve parar de fazer a lição de casa e brincar lá fora. E, então, não se preocupe com notas negativas. Nas séries 1 a 8, realmente não importa se o aluno tem notas baixas por lições de casa inacabadas. (Veja o Capítulo 2. Essas notas simplesmente não importam.)

Os pais são os principais responsáveis pela saúde mental e física de seus filhos. Por isso, proteja-os.

Uma exceção: se a consequência para seu filho for perder o recesso para fazer a lição de casa, não aceite isso. Converse com o diretor e peça uma mudança de política em toda a escola.

> *Trabalho como psicóloga em uma escola, e os professores que fazem as crianças perderem o recreio são uma das minhas irritações. Tenho que me segurar quando um aluno diagnosticado com TDAH é retirado do intervalo e, em seguida, o professor reclama para mim o quão inquieto e desatento o aluno é após o intervalo. Nas reuniões do Programa de Educação Individualizada, quase sempre insisto em afirmar que não há nenhuma menção sobre perder o intervalo por causa das lições de casa ausentes/atrasadas/incompletas no PEI. Todas as crianças precisam de um tempo para se locomover, conversar com amigos, jogar, etc.*
>
> — NAN

> *Meus filhos frequentaram duas escolas públicas. Em uma delas, o diretor era inflexível: nenhuma criança seria excluída do recesso até a sexta série, a menos que medidas tivessem sido tomadas primeiro, por meio de conferências com os pais, sem obter solução para o problema, e a equipe concordasse que a perda de parte do recesso seria de alguma forma eficaz na prevenção de problemas futuros e que, de alguma maneira, ajudaria a resolver o problema específico. Era uma escola urbana e tinha menos problemas de comportamento do que qualquer escola primária que já vi.*

A outra escola que meus filhos frequentaram era uma escola rica suburbana com turmas menores e uma grande faixa na frente proclamando (à moda orwelliana): "Somos uma escola superior!" (por causa dos resultados das provas). Para cada infração, real ou imaginada, as crianças eram instantaneamente mantidas em recinto fechado. Às vezes, turmas inteiras ficavam dentro da sala durante o recreio todo por causa das ações de uma única criança. As crianças estavam ficando loucas. A escola dedicava mais tempo à disciplina do que ao ensino.

—JEN

Da nona série do ensino fundamental ao terceiro ano do ensino médio, as notas são importantes e, se os alunos perderem pontos significativos nas lições de casa inacabadas, isso poderá afetar o histórico escolar.

Mas a verdade é que os alunos do ensino médio que passam regularmente mais de duas horas por noite fazendo lição de casa estão tendo muitas aulas ou aulas muito difíceis, e devem diminuir a grade.

Lotar a agenda de um aluno do ensino médio com aulas de AP para torná-lo mais competitivo no processo seletivo das faculdades é um erro se isso significar que o aluno não tem vida fora da escola.

Para uma criança, ser selecionada em qualquer faculdade em particular é um jogo de roleta. As faculdades seletivas examinam, literalmente, *milhares* de pleitos de estudantes com agendas cheias de APs e GPAs acima de 4,0. (Os títulos listados em "Faculdade" no Apêndice C fornecem muita documentação sobre isso.) Se sua filha do ensino médio faz três a quatro horas de lição de casa todas as noites, está levando uma vida desequilibrada *e* não aumentando particularmente suas chances de entrar na faculdade.

Dê a ela permissão para respirar.

ESTRATÉGIA 4: SE A ESCOLA PERMANECER INFLEXÍVEL, TALVEZ VOCÊ ESTEJA CAMINHANDO EM DIREÇÃO A UMA SOLUÇÃO MAIS DRÁSTICA.

Dependendo do professor, a lição de casa pode ser a parte mais difícil de negociar na sala de aula e leva muitos pais, eventualmente, a alguma forma de educação em casa.

Eu estava tendo dificuldades com meu filho na primeira série sobre a lição de casa a partir de novembro. Em fevereiro/março, desisti. Disse aos professores (de leitura, matemática e "orientação") que não faríamos mais as lições.

Os professores reagiram de maneira diferente.

O professor de matemática simpatizou.

A professora de leitura, cuja lição de casa foi a que passou dos limites, disse que eu estava violando o contrato do Manual dos Pais. Sua lição de casa eram duas páginas de planilhas de compreensão de leitura, cinco perguntas de compreensão de leitura, além de um trabalho de redação todas as noites (e um trabalho semanal de ortografia). O trabalho de redação passou de "escrever um parágrafo" diariamente no primeiro semestre do ano para "escrever um ensaio" diariamente no segundo (com o ocasional "escrever um artigo de jornal" ou "escrever um poema"). Na primeira série. Ridículo.

Meu filho continuou a pontuar acima de 80% em todos as provas depois de não fazer mais a lição de casa. Mas tudo aconteceu em espiral quando a professora de leitura não se mostrou disposta a trabalhar conosco, dizendo que não queria diminuir os padrões da turma. Conseguimos segurar alguns meses, mas acho que não consigo colocá-lo de volta naquela escola e continuar brigando por mais um ano. Estamos considerando a educação domiciliar.

— DEBI

A lição de casa foi o que finalmente me forçou a ensinar em casa.

Depois de um ano de jardim de infância em período integral com meus gêmeos, durante o qual passamos várias horas todas as noites fazendo lições de casa que nos deixavam exaustos e sem tempo para brincar fora de casa, percebi que o ensino em casa não poderia ser mais difícil, mas, de fato, talvez mais fácil.

E foi mais fácil, porque terminávamos em poucas horas todo dia. Então, eles brincavam fora de casa o resto do tempo. Que alívio!

— JENNIFER

Capítulo 10

Acelere (mas não necessariamente pule)

E se o desempenho do seu filho for superior ao de outros alunos de sua idade?

Meu conselho: se você ainda está inserido no sistema escolar, tente não pular de série.

Isso não se aplica necessariamente a estudantes superdotados, que podem ficar tão entediados a ponto de precisar pular duas ou mais séries. Alunos superdotados são mal atendidos em salas de aula e precisam de currículos personalizados. (De fato, se você é pai de uma criança superdotada, recomendo seriamente que vá direto para a Parte 4.)

Minha opinião sobre o salto de série para todos, exceto os superdotados, é baseada na natureza da maturidade. É um processo complicado e desigual. (Veja o capítulo 4.) Uma estudante da quarta série que é extraordinariamente avançada tanto no âmbito emocional quanto no intelectual pode facilmente subir em vários níveis – até que, de repente, ela se encontra, aos 12 anos, em situações de aprendizado com jovens de 17 e 18 anos. Ela pode se igualar no aspecto emocional e intelectual, mas eles estarão anos-luz à frente dela no plano físico e sexual, já se distanciando da orientação dos pais e seguindo em direção à vida independente. Não importa quão extraordinária seja a sua filha de 12 anos, ela não terá a sensação de pertencimento em tal situação.

Em virtude da maneira antinatural e arbitrária pela qual nosso sistema K-12 corresponde a idades e séries, se uma criança precisa permanecer na sala de aula, é melhor comparar a designação da série com a maturidade *social* do que com a maturidade intelectual. As crianças passam a maior parte do dia em *companhia* de seus colegas de classe. Seu aprendizado pode ser ajustado, mas, em geral, seu desenvolvimento social, não.

Costumo pensar que isso também ocorre com estudantes em educação domiciliar, pelo menos no que se refere ao processo seletivo da faculdade.

Ainda que a designação de série de acordo com a faixa etária seja menos complicada para as crianças da educação domiciliar, que geralmente podem avançar em seu próprio ritmo em cada matéria sem se preocupar com a série em que estão, no momento em que as crianças educadas em casa voltam ao nosso sistema de classificação ao ir para a faculdade, é melhor que tenham idade para a vida universitária. Para ter o benefício completo da experiência da faculdade, os alunos precisam de maturidade emocional e social, além de capacidade intelectual; essas coisas só vêm com o tempo.[1]

Em vez de pular ou repetir uma série, considere a possibilidade de pedir a aceleração de uma matéria.

ACELERAÇÃO DE UMA MATÉRIA ÚNICA

O estudo dos dois volumes de *A Nation Empowered: Evidence Trumps the Excuses Holding Back America's Brightest Students* (ver Apêndice C) lista *vinte* formas possíveis de aceleração, das quais apenas cinco envolvem a mudança de crianças menores para séries mais avançadas.

A maioria, como orientação e compactação ou telescopia curricular, exige investimento e desenvolvimento substanciais por parte da escola (o objetivo do estudo é mostrar que as escolas *não* fazem um bom trabalho para atender as crianças superdotadas e talentosas).

A aceleração de uma única matéria, no entanto, não exige uma grande ação por parte da escola.

[1] Frequentemente, alguns pais me dizem que seus filhos de 16 anos terminaram o ensino médio e precisam ir para a faculdade porque não há mais nada a fazer. Eu sempre perco a paciência com isso, mas tento não demonstrar: eles leram todos os *grandes livros*? Viajaram, estudaram línguas estrangeiras? Foram voluntários na ajuda aos desabrigados ou em situação de pobreza? Trabalharam? Aprenderam a programar? São mestres em encanamento, carpintaria, eletrônica, conserto de carros ou outros serviços pelos quais acabarão pagando uma quantia enorme para alguém fazer? Duvido muito. Ofereça à criança mais alguns desafios e a chance de amadurecer antes de iniciá-la em seu primeiro ano da faculdade.

É um programa relativamente novo em muitos distritos. O sistema de escola pública de Portland oferece uma definição-padrão: "A aceleração de uma única matéria ocorre quando um(a) aluno(a) que atende aos critérios do distrito pode estudar o currículo de uma matéria (por exemplo, matemática ou inglês) de uma série mais avançada em relação ao nível onde ele/ela estaria de acordo com sua idade cronológica. O aluno continua estudando outras disciplinas em sua série original".[2]

Se o seu filho precisar de um desafio maior, identifique a área em que ele apresenta melhor desempenho e pergunte à escola se é possível selecionar uma única matéria em que ele possa acelerar.

Em alguns casos, a escola já tem um programa de aceleração de matéria única, mas não informa isso aos pais. ("Temos muitos pais-helicópteros em nosso sistema", uma mãe me disse, "portanto, entrar em um processo de matérias aceleradas é algo feito de maneira muito silenciosa. Caso contrário, todos se candidatariam."). Em outros casos, esse programa não existe.

Mas você pode pedir para que um programa desses seja criado. As pontuações das provas que demonstram alto desempenho (Capítulo 8) podem ajudá-lo a defender sua posição; um portfólio de trabalho realizado de forma independente em um nível superior ao da série atual da criança também pode ser convincente. Pergunte também se a criança pode fazer um exame de final de ano naquela matéria para mostrar que está pronta para o próximo nível.

Se a escola recusar, prossiga com a matéria depois da escola por um tempo e, em seguida, apresente ainda mais exemplos do desempenho do aluno.

Embora a aceleração de uma única matéria seja uma maneira simples e sem custos, para uma escola atender às necessidades de uma criança que está se desenvolvendo de forma assíncrona (que, francamente, é a maioria das crianças), você ainda pode encontrar alguma resistência sem sentido. Os educadores profissionais costumam estar tão arraigados ao sistema de séries de acordo com a idade, que eles só concordam em acelerar crianças de modo global em uma série inteira. Mas isso nem sempre é o melhor para a criança. Milhares e milhares de crianças precisam continuar na mesma série exceto em apenas uma matéria, e, nessa matéria, elas precisam urgentemente de desafios.

---

[2] Extraído do site Portland Public School, disponível em: http://www.ppstag.org/Bh2393n-dt/showthread.php?tid=27. Acesso em: 6 mai. 2017.

Minha filha é mais competente em matemática. Ela vai para a segunda série este ano e já começou a ler com fluência. Mas, em matemática, ela tem um desempenho equivalente ao da quarta e da quinta séries. A aceleração da matéria em matemática a manteve engajada, e ela se encaixa no nível da série em todo o resto.

— BERNICE

Nosso filho, na primeira série, precisava ter mais desafios em matemática. Embora tivéssemos pedido aceleração apenas em matemática, a administração da escola recomendou que ele pulasse para a segunda série. Nós concordamos.

Infelizmente, o resultado não foi o que esperávamos. Ele está com dificuldades na escrita, que é a única área em que passou dentro da média, e nós sabíamos que ele precisaria de apoio. Está com dificuldades para concluir as tarefas, e também terá de perder o recesso de aulas por causa disso. Ele precisou digitar um parágrafo, outro dia, para fazer correções gramaticais de uma lição. Isso não foi fácil – aos 6 anos de idade, ele não é um digitador qualificado.

Quando tivemos uma reunião após as duas primeiras semanas, fomos orientados a recuar e delegar a responsabilidade a ele, para que aprenda a resolver as coisas. Mas ele tem 6 anos. Ele chega em casa exausto e é incapaz de fazer a lição de casa antes da hora de dormir. Fica cansado demais para concluir as tarefas, mas tem medo de não fazê-las. Está desanimado em relação à escola e quer voltar a estudar em casa... estamos considerando isso.

— LORI

O CAMINHO A SEGUIR

ESTRATÉGIA 1: PESQUISE NO SITE OFICIAL DO SEU DISTRITO PARA SABER SE HÁ ALGUMA POLÍTICA SOBRE ACELERAÇÃO DE MATÉRIAS.

ESTRATÉGIA 2: IDENTIFIQUE A MATÉRIA NA QUAL VOCÊ DESEJA QUE SEU FILHO ACELERE.

Lembre-se: é mais fácil obter sucesso abordando a administração com pesquisas detalhadas em mãos.

ESTRATÉGIA 3: REÚNA AS NOTAS DAS PROVAS E O PORTFÓLIO DE TRABALHOS.

Uma combinação de notas de provas de desempenho e habilidade de aprendizagem (consulte o Capítulo 8) é mais convincente do que uma única nota. Considere usar provas particulares ou domiciliares para complementar as notas das provas escolares.

Guarde todas as amostras de trabalho avançado ou independente que o aluno fez.

Se possível, encontre e aplique uma prova que englobe as matérias do curso atual do aluno.

ESTRATÉGIA 4: PERSISTA. SEMPRE QUESTIONE. INSISTA DE FORMA RESPEITOSA, MAS NÃO DESISTA.

Capítulo 11

Mude o método

Em 1983, o terapeuta do desenvolvimento Howard Gardner publicou *Frames of Mind: The Theory of Multiple Intelligences*.

Nesse livro, que se tornou um *best-seller* internacional, ele propôs que o tipo de inteligência mensurado pelos testes-padrão de QI (que, por acaso, é o tipo de inteligência mais adequado ao aprendizado em sala de aula) é apenas um modo de capacidade. Gardner argumentou que havia, de fato, oito tipos diferentes de inteligência: linguística/verbal, musical/rítmica, lógica/matemática, espacial/visual, corporal/sinestésica, interpessoal, intrapessoal e naturalista. A teoria das inteligências múltiplas proporcionou aos educadores uma maneira de pensar sobre como os diferentes tipos de "inteligência" se mostravam na sala de aula, e, em pouco tempo, a necessidade de ensinar às inteligências múltiplas se tornou um sinônimo educacional. O agora padrão *Multiple Intelligences in the Classroom*, de Thomas Armstrong (terceira edição), apresenta quarenta estratégias de ensino para múltiplas inteligências (cinco para cada um dos oito tipos); *Multiple Intelligences in the Elementary Classroom: A Teacher's Toolkit* oferece aos professores cinco "caminhos" para o "ensino de IM", incluindo "*storyboarding*" e "estabelecimento de centros de exploração"; *Multiple Intelligences and Student Achievement* recomenda integrar a arte às aulas diárias e dá sugestões de como incorporar música, dança e escrita criativa nas atividades.[1]

---

[1] Thomas Armstrong, *Multiple Intelligences in the Classroom*, 3. ed. Alexandria, VA, ASCD Publishing, 2009, p. 72-99; S. Viens Baum e B. Slatin, *Multiple Intelligences in the Elementary Classroom: A Teacher's Toolkit*. New York, Teachers College Press, 2005, p. 40-46; L. Campbell e B. Campbell, *Multiple Intelligences and Student Achievement: Success Stories from Six Schools*. ASCD Publishing, 1999, p. 14-20.

No entanto, apesar dos últimos trinta anos de exploração sobre inteligência múltipla, muitas salas de aula ainda se apoiam fortemente em um tipo de atividade: baseada na leitura e na escrita, uma ótima opção para alunos linguístico-verbais que se sentem confortáveis com o conhecimento proposicional (consulte o Capítulo 14), mas menos eficaz para muitos outros.

Se a sala de aula do seu filho aplica consistentemente apenas *um* tipo de tarefa, você pode propor projetos alternativos.

EXEMPLOS DE PROJETOS CRIADOS PARA VÁRIAS INTELIGÊNCIAS

Considere o seguinte: use ou alterne para se adequar ao seu filho.

LITERATURA

Procure e ouça versões completas de audiolivros das obras sugeridas pela escola. Observe o(a) narrador(a). Ele ou ela acrescenta coisas ou abrevia a história?

Encontre cinco itens que representem cinco momentos principais da história, organize-os em ordem e depois explique à classe o que cada um deles simboliza.

Crie e filme um documentário sobre o livro.

Faça um gráfico (como um gráfico de jogo de futebol) do enredo do livro.

Assista a uma versão cinematográfica da obra (se houver) e compare o livro e o filme. Qual é melhor?

Crie um currículo para um ou mais dos principais personagens do livro (como se o personagem estivesse se candidatando a um emprego).

Escolha uma celebridade para interpretar cada personagem do livro e explique por que a celebridade e o personagem são iguais.

Para alunos de nível superior: imagine que você está fazendo compras para sua biblioteca. Quais são os dez principais títulos *sobre* a obra literária que devem constar em sua biblioteca?

ESCRITA

Escolha vinte palavras. O aluno deve usar essas palavras em todas as interações possíveis na próxima semana.

Crie uma história em quadrinhos que desenvolva um argumento.

Produza um *storyboard* que transforme sua tarefa de escrita em um filme.

Desenvolva e escreva um texto sobre uma política que governe algum tipo de comportamento (nos cinemas, na lanchonete, no almoço, na mudança de classe) que represente todos os desvios possíveis do que é aceitável.

Crie um *podcast* regular (pelo menos cinco episódios breves). A série de *podcasts* deve ter título, tema e episódios diferentes, mas relacionados.

Para alunos mais avançados: crie e filme um infomercial que use técnicas de persuasão.

Prepare uma palestra sobre qualquer assunto para os alunos de outras séries abaixo daquela em que seu filho está.

MATEMÁTICA

Solucione problemas com objetos: lápis, lascas de chocolate, borrachas, clipes de papel.

Procure três sites diferentes que expliquem um conceito ou procedimento de três maneiras distintas.

Crie um jogo que ensine conceitos ou processos de matemática.

Crie miniaturas exatas de casas, *playgrounds*, parques ou qualquer outra área física, mantendo as proporções das medidas absolutamente precisas.

Crie e dobre formas de origami matematicamente complexas (veja, por exemplo, o site https://mathigon.org/downloads/origami.pdf).

Crie e organize uma pesquisa e avalie sua precisão com base na amostra.

Invente uma empresa fictícia. Calcule quanto investimento seria necessário para a empresa decolar e quanto retorno os investidores receberiam.

Para alunos mais velhos: ensine um conceito ou processo matemático a um aluno mais jovem.

CIÊNCIA

Crie um calendário mostrando a cronometragem de um evento científico específico.

Escreva um diário sobre uma descoberta científica na persona do cientista que fez a descoberta.

Prepare um "Relatório de Ignorância": resuma tudo o que *não* é conhecido e compreendido sobre um princípio científico.

Projete um brinquedo que faça uso do princípio científico em estudo.

Crie um itinerário para um viajante que esteja investigando o local em que o princípio ou a descoberta científica funciona.

Para alunos mais avançados: encontre dois artigos diferentes revisados por pares sobre a mesma questão científica e compare-os. Ou compare um artigo científico popular com um artigo acadêmico sobre o mesmo tópico.

Projete e modele um processo submolecular como se fosse de um tamanho que pudesse ser facilmente visto e apreendido.

HISTÓRIA

Memorize e recite um discurso famoso; prepare-se para explicar sua importância na história.

Desenhe ou faça uma peça de roupa de época. Explique de onde cada parte do material veio, além de como e por que a roupa funciona de tal maneira.

Pesquise e crie uma árvore genealógica para uma figura histórica.

Faça um CD ou MP3 de áudio que descreva um evento, um período ou uma figura histórica; inclua citações de discursos, narração, música, etc.

Faça uma linha do tempo.

Crie uma exposição de museu completa, com legendas explicativas.

Crie uma página da web para informar os visitantes sobre um evento histórico, uma pessoa ou situação.

Coloque uma figura histórica em julgamento por uma ação controversa. Localize testemunhas e relatos. Decida por condenação ou absolvição.

Crie uma maquete precisa de um local histórico (construção, local da batalha, cordilheira, navio, etc.).

Para alunos mais velhos: invente uma fonte primária. Crie uma persona, os antecedentes e o histórico dessa persona e o tipo de fonte primária que ele ou ela escreveria. Em seguida, crie a própria fonte primária.

Crie e filme um documentário sobre um evento histórico.

Estes são apenas pontos de partida. Na Estratégia 2, a seguir, listei alguns guias de referência com mais ideias.

Você também pode buscar inspiração na Internet. Tente procurar por "projetos em [matéria]", "avaliação alternativa em [matéria]" ou "ensino [matéria] para múltiplas inteligências".

E lembre-se: você não precisa insistir para que uma tarefa seja concluída *simplesmente* porque o professor a deu (ou porque está listada no guia do currículo). Sempre pense no propósito de uma tarefa, e se puder encontrar um caminho alternativo e melhor para o mesmo objetivo, siga-o.

O CAMINHO A SEGUIR

ESTRATÉGIA 1: DECIDA QUAL MATÉRIA TERIA UM MELHOR APROVEITAMENTO UTILIZANDO UM MÉTODO ALTERNATIVO.

Não reclame de maneira geral (pelo menos não no início); em vez disso, concentre seus esforços em uma matéria específica.

E não peça para que o aluno seja isento de *todas* as tarefas. Os alunos que aprendem melhor por meios cinéticos ou auditivos ainda precisam saber como escrever ensaios persuasivos e concluir trabalhos de pesquisa. Só que esse não deve ser o único tipo de tarefa.

ESTRATÉGIA 2: CONVERSE COM O PROFESSOR.

Vá munido de:

(a) Uma pesquisa que mostre que muitos alunos não aprendem melhor simplesmente por meio de tarefas tradicionais focadas em palavras e símbolos. Sinta-se livre para usar um dos materiais abaixo:

Carol A. Corcoran, Elizabeth L. Dershimer e Mercedes S. Tichenor, "A Teacher's Guide to Alternative Assessment: Taking the First Steps". *The Clearing House* 77, n. 5, 2004, 213-16. Disponível em: http://www.jstor.org/stable/30189900.

Thomas R. Hoerr, *Becoming a Multiple Intelligence School*. ASCD, 2000, particularmente os capítulos 1 e 4.

Kenneth D. Moore, *Effective Instructional Strategies: From Theory to Practice*. 2. ed. SAGE, 2009, particularmente p. 46-49.

K. Robinson (ph.D.) e L. Aronica, *Creative Schools: The Grassroots Revolution That's Transforming Education*. Viking, 2015, p. 74-95.

Daniel T. Willingham, *Why Don't Students Like School? A Cognitive Scientist Answers Questions About How the Mind Works and What It Means for the Classroom*. Jossey-Bass, 2009, p. 151-66.

Isso é de vital importância: você não está se familiarizando com esta pesquisa para educar o professor. Nada é mais irritante para um profissional (em qualquer esfera) do que ser informado sobre o seu trabalho por um leigo. Se você explicar a teoria da educação a um professor, é provável que prejudique qualquer cooperação possível logo nos primeiros cinco minutos. De qualquer forma, se o professor teve uma formação decente, ele já conhece diferentes métodos de aprendizagem.

Lembre-se: seu objetivo é demonstrar que não está apenas reclamando, mas que dedicou um tempo para refletir, educar-se e pensar cuidadosamente sobre como seu filho pode aprender melhor.

(b) Sugestões específicas sobre qual deve ser a atividade alternativa.

Os professores já estão trabalhando em período integral para ensinar as disciplinas da maneira tradicional; nunca peça que criem novas tarefas individuais fora do padrão. Em vez disso, traga uma breve descrição (menos de uma página) da atividade proposta, especificando:

- o que o aluno fará;
- qual é o objetivo da nova tarefa;
- como deve ser avaliada (originalidade? Clareza e persuasão? Funcionalidade? Demonstração de uma habilidade específica?).

Se a atividade agregar valor à sala de aula (por exemplo, o modelo do aluno pode ser usado para demonstrar princípios a outros alunos; o projeto alternativo pode ser inserido em uma feira ou num concurso ou exibido em dias de visita à escola; o projeto envolve o restante da turma ou pode ser apresentado), coloque-a em destaque.

Para os alunos do ensino primário, você deve assumir a liderança, mas, se o aluno for do ensino fundamental ou médio, envolva-o no planejamento *e* na apresentação ao professor.

Capítulo 12

Ensine

A maneira mais direta de convencer a escola a se adaptar ao seu filho: torne-se um educador doméstico em meio período. Escolha a matéria que mais precisa de mudança e ensine você mesmo.

Graças às (aproximadamente) últimas três décadas de educação domiciliar legalizada, desenvolveram-se centenas de novos currículos e recursos projetados para os pais usarem diretamente com os filhos, sem a necessidade de treinamento especializado usual para professores. Use as estratégias da Parte 5 para localizar e ministrar um único curso ao seu filho.

Os guias de educação domiciliar no Apêndice C são um excelente ponto de partida para encontrar livros e programas para os pais; você pode encontrar muitos outros recursos e *links* em welltrainedmind.com.

> *Os recursos, as técnicas e a linguagem da educação domiciliar me deram a confiança de que eu precisava para articular meus objetivos em relação aos meus filhos durante as reuniões de pais e professores. Isso me permitiu identificar problemas de aprendizagem logo no início e fazer correções ao curso antes que problemas menores se tornassem grandes problemas. Todos os professores passaram a respeitar/valorizar minha percepção e minha vontade de trabalhar com eles como parceiros.*
>
> — ADRIENNE

> *Da minha experiência em educar em casa, depois voltar à escola e depois voltar a ensinar em casa, eu diria que o maior impacto da educação domiciliar na escola foi na minha atitude e no aumento do meu nível de autoconfiança. Em vez de encarar a educação como algo que devo deixar para os professores, senti que os professores e outros funcionários da escola eram todos membros da minha equipe de educação.*
>
> — ISABEL

O CAMINHO A SEGUIR

ESTRATÉGIA 1: PRÉ-ENSINO

Antes que seu filho vá para a escola, verifique se ele consegue ler.

As dificuldades de leitura podem não apenas atrapalhar toda uma experiência educacional, mas aprender a ler, muitas vezes, requer uma abordagem individualizada. As crianças podem ser facilmente diagnosticadas com uma deficiência de aprendizagem quando, na verdade, elas simplesmente precisam de um método diferente de ensino.

Um exemplo rápido: comece com uma cartilha simples que só exija dez minutos por dia no sofá, soletrando. Experimente:

Branca Alves de Lima, *Caminho Suave: Alfabetização pela Imagem*. São Paulo, Caminho Suave Edições, 2019.

Ou

Jefferson Ferreira, *Caminho do Saber*. São Paulo, Editora Bicho Esperto, 2017.

Se a abordagem da cartilha não interessar a criança, acesse sites como ludoeducativo.com.br e eduedu.com.br, que disponibilizam jogos e exercícios multissensoriais.

O Ludo Educativo nasceu de um projeto da Aptor Games e da Fapesp. Trata-se de um portal com jogos educativos completamente gratuitos, orientados a áreas específicas de aprendizagem, incluindo matérias das salas de aula. No portal, a área indicada às crianças em fase de alfabetização é o Ludo Primeiros Passos.

Se você não vê progresso com o Ludo Primeiros Passos e similares, eu suspeitaria de algum grau de dislexia que precise de tratamento terapêutico;

faça com que seu filho seja avaliado por um psicólogo clínico ou neuropsicólogo (consulte o Capítulo 4).

Ao ensinar a ler, você descobrirá essa dificuldade desde o início, antes que ela possa prejudicar o progresso do seu filho.

ESTRATÉGIA 2: PÓS-ESCOLA

"Após a escola", milhares e milhares de pais organizam o estudo independente de uma ou mais disciplinas no final do dia escolar, durante o verão ou aos sábados.

Você pode se juntar a outros pais que estão complementando os estudos, trocar recomendações e descobrir o que está dando certo em um quadro de mensagens em uma rede social virtual, por exemplo.

O desafio da pós-escola é encontrar um momento em que o aluno ainda esteja descansado o suficiente para se beneficiar. Se houver muitas tarefas sem sentido que o ocupem fisicamente, como lição de casa, use as estratégias do Capítulo 9 para liberar um tempo de estudo mais produtivo e direcionado por você.

Em seguida, tente usar um programa ou currículo que ensine de uma maneira significativamente diferente do que se ensina na escola. Tutoriais e jogos online, programas baseados em computador e aprendizado centrado em atividades podem ser uma mudança bem-vinda após o esforço do dia.

> *Faço trinta minutos de exercícios de matemática da segunda série com minha filha, uma página de atividades de uma apostila de ortografia e depois praticamos piano. Eles escrevem muito na escola dela e fazem muita atividade de ciência, arte e língua estrangeira. Então, procuro não pressioná-la em casa.*
>
> — PAT

> *Minhas meninas, de 5 e 8 anos, ficam na escola até as 15h todos os dias e ainda passam duas horas dois dias por semana na ginástica, por isso o período pós-escola é difícil. Proibi a mais velha de fazer qualquer lição de matemática que viesse da escola e, em vez disso, cumprimos nosso próprio programa de matemática. Leio em*

voz alta para elas a história do mundo enquanto tomam café da manhã e deixo livros no carro que elas leem sozinhas no caminho para a aula de ginástica ou no caminho para a escola.

— TANYA

Fazemos atividades pós-escola por cerca de uma hora à noite porque a carga de lição de casa é bem leve. Mesmo assim, ainda é uma corda bamba. Insisto para que as crianças façam algum exercício físico na maioria dos dias, mas também trabalhamos com livros selecionados e fazemos uma leitura individual.

— SEAN

Passamos cerca de uma hora e meia a cada noite lendo. Ela lê para mim e eu leio para ela. Lemos poesias, fábulas de Esopo, a Bíblia e literatura infantil. Meu objetivo é expandir o vocabulário dela e familiarizá-la com a boa escrita. Passamos muito tempo conversando sobre o idioma em que lemos. Falamos sobre o que as palavras significam. Quando lemos poesia, analisamos como uma palavra pode mudar o significado do poema. A chave para nós é fazer o máximo possível por via oral. Depois de um longo dia na escola ou no acampamento, ela se mostra resistente à escrita e a apostilas.

— AMELIA

ESTRATÉGIA 3: RETIRAR

Se a aula de biologia, matemática ou literatura na escola em que seu filho está matriculado estiver completamente equivocada, você pode solicitar uma isenção: peça que o aluno use esse horário para fazer uma tarefa independente enviada de casa.

A chave aqui é fazer parte da solução, não apenas apontar o problema. Você precisa encontrar a tarefa, organizá-la, classificá-la e manter bons registros. Um professor de matemática que lida com alunos que ainda contam com os dedos não poderá dar ao aluno avançado atenção pessoal no nível que ele almeja, mas pode ser grato por sua ajuda. Ele pode até permitir que seu filho estude com um programa de matemática no computador que não exija interação intensa do professor durante a aula de matemática.

Os resultados de provas que demonstram habilidade ou desempenho de aprendizagem avançados (consulte o Capítulo 8) podem dar peso ao seu pedido e aumentar a probabilidade de ser aprovado pela administração.

Sugeriria primeiro pedir para fazer um teste fora do nível da série antes de decidir acelerar a matéria. Existem dificuldades logísticas com a aceleração de disciplinas porque a maioria das escolas de ensino primário não tem todas as salas de aula fazendo matemática ao mesmo tempo. Se o seu filho puder fazer a prova, mas a aceleração da matéria não for uma opção, pergunte ao professor se há a possibilidade de enviar suas próprias tarefas de matemática para que seu filho as estude durante a aula dessa matéria. Se for necessário, você pode dar aulas à noite e depois enviar a "lição de casa" para ele fazer na escola. Com esse tipo de organização, é mais provável conseguir o que deseja se exigir menos esforço do professor (facilite ao máximo o trabalho do professor).

Como alternativa, você pode deixar seu filho estudar a matéria de matemática da escola como uma forma de revisão fácil, e depois das aulas estudar por conta própria, conforme o tempo permitir.

— WREN

Na minha experiência, os administradores distritais o classificarão como um "pai agressivo", a menos que já tenha resultados de provas particulares em mãos. Essa é uma evidência objetiva de que as crianças estão fora do comum em termos de suas necessidades acadêmicas.

— CINNA

Nossa escola era bem aberta para as mães, e havia permissão para ir toda terça e quinta estudar matemática com meu filho. Depois, ele fazia a lição de casa e seu professor somente carimbava a tarefa no dia seguinte, assim como a de todos os outros alunos.

— SAM

PARTE 4

Repensando o sistema

Capítulo 13

O resultado final

» *Meu filho está muito à frente de seus colegas de classe e passa os dias estudando apostilas.*

» *Minha filha chega em casa chorando porque não entende o que está acontecendo e se sente estúpida.*

» *Meu filho já conhece o conteúdo e está entediado.*

» *Minha filha está atrasada e sendo repreendida.*

Esse é o nosso ponto de partida quando estamos tentando resolver o problema da escola: no modo emergência, tentando descobrir como consertar uma parte quebrada do sistema, para que funcione um pouco melhor para os nossos filhos.

Mas, se você passar os anos K-12 em triagem constante, talvez seja necessário adotar uma abordagem totalmente diferente.

Repensar todo o sistema, procurando alternativas, não é uma tarefa fácil. Como mencionei no capítulo 1, o sistema é tão poderoso que se apresenta como a opção *natural*; uma realidade inevitável.

Mas isso é uma ilusão. Nos últimos milênios da existência humana, muitos sistemas educacionais diferentes se mostraram úteis, produtivos, *humanos*. O que temos *não* é a única alternativa.

Os próximos quatro capítulos foram projetados para ajudá-lo a se afastar do paradigma, reavaliar o sistema e engolir a pílula vermelha.

Você pode ou não acabar passando da Parte 4 (Repensando) para a Parte 5 (Saindo). Contudo, se você parar um pouco para refletir agora, poderá descobrir que já sabe como assumir o controle; uma maneira mais poderosa de alterar a escola para que seja adequada ao seu filho.

PENSANDO DE MODO RETROATIVO

A maioria das escolas é projetada para formar jovens de 18 anos que parecem ser essencialmente iguais.

O reformador educacional Sam Sherratt chama isso de sistema de molde, projetado para canalizar os alunos ao emprego ou à faculdade. É um "modelo fabril", nas palavras de William Tolley, projetado para "calibrar" os alunos, "de acordo com os padrões de fábrica, para o processo seletivo da faculdade ou o mercado de trabalho".[1]

Mexer no molde não vai romper esse modelo fabril. Em vez disso, pare e pense no que está saindo do outro lado.

Quem você quer que essa criança *se torne*?

Atenção: primeiro, não pergunte "O que quero que essa criança saiba *fazer*?".

Esse é o nosso impulso natural, porque sabemos que libertar nossos filhos na idade adulta exigirá que eles encontrem trabalho e o façam bem o bastante para se sustentar. Mas a questão "O que meu filho fará?" é inútil, principalmente porque o mundo sempre muda.

E está mudando cada vez mais rapidamente.

Durante a maior parte da existência humana, "ganhar a vida" *não* significava se preparar para conseguir um emprego. Se você era pai ou mãe, dava à luz ou criava os filhos, fazia o possível para mantê-los vivos e os associava ao comércio da família ou os oferecia como aprendiz a um parente. (Ou, possivelmente, esperava que outra pessoa morresse para que ele se tornasse rei, mas esse era um segmento muito menor da sociedade.)

Com o advento da Revolução Industrial, o trabalho começou a trocar as casas e aldeias pelas fábricas e, eventualmente, escritórios, e tornou-se cada vez mais separado da vida familiar. Conseguir um emprego não era mais uma questão de aprender o ofício tradicional da família; ter uma profissão exigia que você

[1] Sam Sherratt, "Breaking Traditional Moulds". Disponível em: https://www.youtube.com/watch?v=V_UWHIOYrsE&feature=youtu.be; William J. Tolley, "Why the Factory Model of Schools Persists, and How We Can Change It". Disponível em: http://www.edweek.org/tm/articles/2015/10/30/why-the-factory-model-of-schools-persists.html. Acesso em: 24 out. 2016.

dominasse habilidades específicas (principalmente a leitura e aritmética) e que se sentisse confortável com um tipo específico de dia planejado (dividido em segmentos, controlados por outros) para poder se encaixar em uma fábrica ou um escritório.

E então, à medida que o local de trabalho se tornou cada vez mais complexo, um diploma universitário foi adicionado aos doze anos de treinamento regular como a melhor preparação possível para ingressar na força de trabalho. Apenas trinta anos atrás, um diploma quase lhe garantia um emprego.

E hoje? Um diploma de bacharel pode lhe custar dezenas de milhares de dólares em dívidas e promete muito, muito menos.

Os graduados da faculdade ainda têm taxas mais baixas de desemprego, mas o cenário de trabalho está mudando tão rapidamente que descobrir quais habilidades você precisará ter em quatro ou cinco anos é como atirar no escuro.

> "Os empregos cobiçados não são cobiçados por muito tempo", disse Peter Cappelli, professor de administração e diretor do Centro de Recursos Humanos da Wharton. Em outras palavras, um estudante que escolhe um curso superior aos 17 ou 18 anos, que pode ou não se formar em quatro anos, está apostando no longo prazo, em oportunidades que podem mudar antes de ele se formar.[2]

Se o intervalo entre o primeiro ano e a graduação for um "longo prazo", qual é a utilidade de especular sobre as habilidades exatas que seu filho da quarta série precisará dominar quando ingressar na força de trabalho? "Os 10 principais empregos sob demanda projetados para 2010 não existiam em 2004", escreveu Linda Darling-Hammond em 2009. "Assim, a nova missão das escolas é preparar os alunos para empregos que ainda não existem, criando ideias e soluções para produtos e problemas que ainda não foram identificados, usando tecnologias que ainda não foram inventadas."[3]

---

[2] Kelley Holland, "Can Your College Major Guarantee a Job?". Disponível em: http://www.cnbc.com/2014/11/05/can-your-college-major-guarantee-a-job.html. Acesso em: 5 out. 2016.

[3] Linda Darling-Hammond, *The Flat World and Education: How America's Commitment to Equity Will Determine Our Future*. New York: Teachers College Press, 2015, p. 2 (citação do próprio discurso de 2009 na Universidade de Alicante).

Assim, esqueça por enquanto as matérias de ensino. Além da impraticabilidade de projetar habilidades relacionadas ao mercado de trabalho daqui a quinze anos, é desumano abordar os anos de educação de seu filho perguntando: "Que tipo de *estudante* quero que meu filho seja?". Porque reduz esse pequeno ser humano a um único aspecto de si mesmo, um aspecto que pode nem refletir seus maiores pontos fortes e talentos.

Em vez disso, foque suas esperanças em relação a pessoa *completa* que seu filho se tornará.

Gostaria de ter feito mais disso quando meus filhos estavam em idade escolar. Passei muito tempo me preocupando com desafios acadêmicos específicos e permitindo que *moldassem* nossos anos de educação.

Agora, como mãe de filhos crescidos (e avó), posso afirmar que quase todos os enormes obstáculos educacionais que encontramos aparecem, no espelho retrovisor, minúsculos.

Ele ainda não está pronto para álgebra e já está no ensino médio. Esse foi um grande obstáculo. A criança agora é um jovem charmoso, espirituoso, atencioso e persistente, um graduado na universidade trabalhando duro para ter sucesso em sua carreira dos sonhos. O fato de não ter estudado álgebra até o segundo ano do ensino médio teve exatamente zero consequência em sua vida.

Com certeza, desperdicei muita energia valiosa nisso.

EXPERIMENTO MENTAL 1

Quais qualidades, não realizações, são importantes para você?

Quais qualidades fariam de seu filho adulto um bom companheiro de jantar?

Curioso. Amante de livros. Imaginativo. Confiante. Pensativo. Responsável. Gentil. Essas são algumas das minhas qualidades. (Suas respostas provavelmente terão algo a ver com a pessoa que você deseja ser. Isso se chama "transmitir valores familiares".)

Antes de prosseguir, escreva de seis a dez palavras descritivas que *nada* tenham a ver com habilidades ou capacidade de aprendizagem, e tudo a ver com a pessoa que você deseja que seu filho se torne.

CAPÍTULO 14

A visão da criança

Sua visão em relação a seu filho é apenas uma parte da equação.

A segunda parte é: quem a *criança* quer ser?

"O que você quer ser quando crescer?" é, quase sempre, a pergunta errada por uma série de razões. Quanto mais jovem a criança, menos realista é a resposta (entre os alunos do ensino primário que conheço, veterinário e *popstar* estão em alta). Quanto mais velho o aluno se torna, mais complicada é a resposta. Os adolescentes sentem a expectativa de maneira intensa; eles se conformam a ela, ou sofrem, ou a rejeitam com raiva. (Mesmo quem está muito avançado no caminho da vida tem dificuldade para visualizar como a própria trajetória poderia ser sem o olhar de julgamento dos outros sobre si.)

A *expert* em gramática em mim também precisa apontar que "o que" e "ser" são um par desigual. Nenhum de nós é o que faz. E a maioria de nós é mais do que um "o que" em nossa vida. Fazemos várias coisas diferentes, em muitos contextos diferentes, em momentos diferentes.

"Quem você quer ser?" (a pergunta destacada no último capítulo, de um ponto de vista diferente) é uma pergunta muito mais honesta, à qual passamos a maior parte de nossa vida tentando responder. Não é razoável pedir a um garoto de 14 anos que dê uma resposta bem elaborada a essa pergunta. Com quase 50 anos, só agora estou começando a compreender isso.

O DESAFIO DO AUTOCONHECIMENTO

A maioria de nós nem mesmo se lembra de como era pensar sobre a vida fora do sistema educacional de ensino K-12.

É a razão pela qual tantas pessoas persistem em empregos que odeiam. Durante os anos de formação escolar, elas odiavam sua rotina diária, mas aprenderam que não podiam escapar dela. É de admirar que continuem a viver de acordo com essas mesmas regras?

> [Há] milhões de pessoas em todo o mundo que odeiam o trabalho, vão trabalhar e contam as horas até o final do dia e contam os dias até o final da semana. Perdem a vida desejando. Nós as colocamos nessa situação.[1]

Marianne Cantwell tinha o emprego dos sonhos: era diretora de uma importante empresa de Londres. "As pessoas viviam me dizendo que eu tinha sorte de ter um 'ótimo trabalho'", escreve Marianne, "enquanto secretamente eu sentia que estava morrendo por dentro".

> *A pior parte era a atitude.* Todos ao meu redor pareciam achar que aquela situação era normal, pareciam resignados com esse destino de carreira-gaiola. "Tive muitas aventuras quando era mais jovem", relembrou um colega mais velho. "Gostaria de poder fazer esse tipo de coisa agora. Mas claro que precisaria tirar o desejo de meu sistema antes que a realidade chegue."
>
> O quê? *Realidade*? Esse homem achava que a vida em um edifício artificialmente construído, com ar-condicionado, no meio de uma rotatória barulhenta, quase sem luz do dia por três meses do ano, com a única esperança de escapar sendo ganhar na loteria, era a *realidade*?[2]

Isso não é a realidade. É apenas a situação para a qual a escola nos prepara.

Os anos passados em nosso sistema educacional artificialmente construído podem separar os alunos da realidade e, em vez disso, acostumá-los a um modo de vida que nada tem a ver com seus estilos de aprendizagem, alegrias, talentos e paixões reais.

Como pais, temos que assumir a tarefa de ajudar nossos filhos a se conectar – ou reconectar – a essas peças vitais de autoconhecimento. E, quanto mais tempo

---

[1] Sherratt, "Breaking Traditional Moulds".

[2] Marianne Cantwell, *Be a Free Range Human: Escape the 9–5, Create a Life You Love and Still Pay the Bills*. Filadelfia: Kogan, 2013, p. 2.

nossos filhos passam na escola, de mais ajuda e incentivo eles podem precisar, especialmente se eles já tiverem assimilado a imagem do fracasso e da inadequação.

Vou sugerir três desafios diferentes, atividades que podem levar seu filho a um maior nível de autoconhecimento. Seu filho não pode fazê-las apenas uma vez e esquecê-las; ele terá de repetir essas atividades diversas vezes à medida que crescer, amadurecer e mudar.

Mas elas ajudarão vocês dois a descobrir como ajustar a educação para se adequar à personalidade e às paixões.

Na verdade, todas elas são descritas em inúmeros livros destinados a ajudar os adultos a escapar da armadilha de um trabalho que odeiam. Livros como: *Making a Living Without a Job: Winning Ways for Creating Work That You Love*; *I Could Do Anything: If I Only Knew What It Was*; *Be a Free-Range Human: Escape the 9–5, Create a Life You Love and Still Pay the Bills*; *Un-Jobbing: The Adult Liberation Handbook*. Ensinar a seu filho essas estratégias de autoconhecimento agora não apenas o ajudará a melhorar sua experiência atual como, também, poderá causar um curto-circuito em suas chances de ser direcionado a um emprego que odeia, aceitar isso como uma parte normal da vida real e, em seguida, comprar todos esses livros quando tiver 35 anos.

DESAFIOS PARA O SEU FILHO

DESAFIO 1: PRESTE ATENÇÃO EM SUAS EMOÇÕES E EM SEUS SENTIMENTOS; PROCURE IDENTIFICAR PADRÕES.

Comece de forma simples: ofereça aos alunos mais novos *duas* emoções nas quais se concentrar, uma positiva e outra negativa. Diga ao seu filho: "Quero que preste atenção especial hoje, quando estiver entediado e quando estiver se divertindo". Ou *confuso* e *interessado*. Ou *frustrado* e *feliz*. Escolha os sentimentos que seu filho demonstrou a você em ocasiões anteriores.

E, então, dê permissão à criança para simplesmente sentir (especialmente as emoções negativas) sem se desculpar, apenas observando *quando* esses sentimentos ocorrem.

Os alunos que sentem muitas dificuldades têm a impressão de que se sentir frustrado, confuso ou entediado é uma coisa ruim: um sintoma de sua inadequação. (É raro um professor, ou pai que ensina em casa, dizer: "Se está confuso, provavelmente é minha culpa".) As crianças aprendem a ter vergonha desses sentimentos e os reprime; isso não melhora o aprendizado, apenas confunde a paisagem mental.

Também ocorre de as emoções negativas se manifestarem como sensações físicas – dores de estômago são as mais comuns –, então, você pode até incluir dores e sofrimentos como algo a levar em conta. Sentimentos ruins também podem provocar alergias ou outros problemas (ver Capítulo 4), mas, quando a criança não se sente segura para expressar sentimentos, a dor pode substituir a emoção inaceitável.

Em seguida, inicie uma série de conversas após cada dia de aprendizado. *Quando se sentiu confuso hoje? Quando se sentiu feliz?* Ou: *Quando ficou com raiva? Quando riu?*

Procure padrões. As emoções negativas estão ligadas a certas matérias, professores específicos, horas do dia, ambientes? Você pode descobrir que um aluno sempre fica confuso quando toda a classe se reúne, mas se sente feliz quando trabalha sozinho ou em um pequeno grupo; isso indica que há um método de aprendizagem que precisa ser adaptado para o aluno prosperar. Você pode descobrir hostilidade pessoal entre um professor e uma criança, uma emoção que torna o aprendizado impossível. Ou a frustração sempre que se depara com um texto, ou com a escrita no quadro, pode indicar problemas de visão ou dificuldades de aprendizagem.

Os educadores domiciliares não estão isentos desse exercício.

É muito fácil para quem ensina em casa cair em uma rotina curricular ou em um padrão de ensino que esteja produzindo resultados ruins e simplesmente seguir em frente com os dentes cerrados, mesmo que os alunos não estejam prosperando.

Falo aqui por experiência pessoal; eu mesma caí nessa armadilha. E, em algumas conferências de educação domiciliar, ouvi perguntas como: "Meu filho chora toda vez que eu pego a apostila de matemática. O que devo fazer?".

Pergunto: "Há quanto tempo isso está acontecendo?".

"Durante todo o ano."

Isso é muito tempo.

As respostas? *Ouça a emoção. Abandone o programa e tente outra coisa. Arranje um tutor. Faça uma avaliação. Avançar não é o bastante.*

Os alunos mais velhos podem prestar atenção em mais de duas emoções ao mesmo tempo. Isso é chamado de metacognição – consciência do próprio processo de pensamento – e se desenvolve mais plenamente em adolescentes entre 12 e 15 anos.[3] Adolescentes que melhoram sua metacognição tendem a ter um desempenho em um nível intelectual superior; o autoconhecimento, em outras palavras, é bom para o cérebro.

Alguns adolescentes podem achar útil manter um diário de aprendizagem no qual possam registrar suas reações emocionais mais fortes e anotar quando ocorrem. Outros, especialmente se não forem processadores verbais naturais, acharão isso opressivo. Se o seu filho gosta de escrever, um diário pode ser uma boa ideia; caso contrário, continue falando com ele sobre suas emoções durante o dia.

DESAFIO 2: ESTEJA CIENTE DAS COISAS QUE AMA.

Estamos todos programados para encontrar alegria em algumas atividades e estresse em outras, preferir alguns ambientes e tipos de companhia, ser revigorado e rejuvenescido em algumas situações, enquanto outras nos exaurem e esgotam.

O melhor aprendizado acontece quando os alunos estão trabalhando com, e não contra, sua constituição natural. Muitas vezes, no entanto, a educação se torna uma longa luta *contra* essas inclinações inatas. Uma criança extrovertida

[3] Se você estiver interessado e não se importar com o jargão profissional, dois estudos recentes que valem a pena consultar são L. G. Weil,, et al. "The Development of Metacognitive Ability in Adolescence". *Consciousness and Cognition* 22, n. 1, mar. 2013, p. 264-71. Disponível em: http://www.sciencedirect.com/science/article/pii/S1053810013000068. Acesso em: 26 out. 2016, e M. Van der Stel e M.V. J. Veenman, "Metacognitive Skills and Intellectual Ability of Young Adolescents: A Longitudinal Study from a Developmental Perspective". *European Journal of Psychology of Education* 29, n. 117, 2014. Disponível em: http://link.springer.com/article/10.1007/s10212-013-0190-5. Acesso em: 26 out. 2016.

que adora ser fisicamente ativa não vai prosperar se tiver de aprender a ficar quieta e ouvir uma palestra; uma introvertida que gosta de abstrações não aprenderá bem se estiver no meio de uma grande multidão barulhenta fazendo atividades práticas.

Isso pode parecer um princípio muito básico, mas é fácil perdê-lo de vista. As crianças, às vezes, começam a ir à escola em um momento em que sua constituição essencial não é fácil de discernir; são adaptáveis, ansiosas para agradar, acostumadas a fazer o que lhes é mandado. E então, uma vez integradas ao sistema, elas frequentemente continuam fazendo o que lhes é dito, enquanto a incompatibilidade entre seus dons naturais e a maneira como são ensinadas se torna cada vez mais severa.

Portanto, incentive seu filho a estar constantemente ciente *do que ele ama*. Manter uma lista é a maneira mais simples de fazer isso: um balanço geral feito em um pedaço de papel que diz:

> *Coisas que amo. Lugares que amo.*

Isso começará a lhe dar uma ideia de que seu filho pode ter uma inclinação para o conhecimento proposicional ou o conhecimento procedimental: o que Ken Robinson define como a diferença entre *saber o quê* e *saber como*.[4]

O conhecimento proposicional, "saber o quê", é mais comum na sala de aula tradicional; é teórico, abstrato, focado na leitura e na escrita:

> Existem três elementos principais no trabalho acadêmico. O primeiro é um foco no que os filósofos chamam de conhecimento proposicional – fatos sobre como é o caso, por exemplo, de que a Declaração da Independência foi assinada em 1776. Em segundo lugar, há um foco no trabalho acadêmico na análise teórica – de conceitos, procedimentos, suposições

---

[4] Essas duas categorias foram introduzidas pela primeira vez na formação de professores por Benjamin Bloom e quatro colaboradores em 1956. Bloom propôs que a educação envolvia seis categorias de capacidade, as seis sendo classificadas nas duas categorias governantes de conhecimento (proposicional) e habilidades intelectuais (procedimental). Os seis níveis, conhecidos como Taxonomia de Bloom, são universalmente ensinados no treinamento de professores. Se você quiser explorar isso mais a fundo, Vanderbilt hospeda um site útil com muitos links: https://cft.vanderbilt.edu/guides-sub-pages/blooms-taxonomy/.

> e hipóteses, por exemplo, a natureza da democracia e da liberdade, as leis do movimento, as estruturas dos sonetos. O terceiro elemento decorre desses. É uma ênfase em estudos teóricos que envolvem principalmente leitura, escrita e matemática, em vez de trabalho técnico, prático e aplicado que engloba destreza manual, habilidades físicas, coordenação visual-motora e o uso de ferramentas.[5]

O conhecimento proposicional, também chamado de conhecimento "conceitual" ou "declarativo", vem mais naturalmente para crianças que leem cedo e com facilidade, sentem-se confortáveis com a memorização e processam informações verbalmente. É, nas palavras de um manual de treinamento de professores, "conhecimento que pode ser recitado [...] fatos que podem ser lembrados e expressos [...]. O aluno deve demonstrar a capacidade de repeti-lo ou regenerá-lo, relatá-lo, responder a provas com base nesse conhecimento e, em geral, apresentá-lo verbalmente".[6]

O conhecimento procedimental, por outro lado, é a informação colocada em uso: pintar, dançar, cozinhar, costurar, fazer, *produzir*. Obviamente, o conhecimento procedimental requer algum conhecimento proposicional (você deve compreender algo sobre a teoria do desenho para realmente desenhar), mas esse conhecimento é expresso principalmente por meio da ação, e não de símbolos (palavras ou figuras).

Sim, todos os alunos precisam estar confortáveis com a leitura e a escrita; todos os alunos precisam de prática na expressão verbal. Mas a criança cuja lista "eu amo" está repleta de atuar, mostrar, mover e *fazer* tem, provavelmente, muitos pontos fortes em conhecimento procedimental, e *não* será bem atendida por um ensino que dependa quase exclusivamente de leitura e escrita, memorização e prova.

Sou uma aluna proposicional. Dois dos meus filhos são alunos proposicionais. Os outros dois são pensadores procedimentais. Não percebi quão

---

[5] Ken Robinson, *Creative Schools: The Grassroots Revolution That's Transforming Education*. New York, Penguin, 2016, p. 76-77.

[6] Suzanne Wegener Soled, *Assessment, Testing, and Evaluation in Teacher Education*. Westport, CT, Praeger, 1995, p. 48.

importante era para mim flexibilizar meu próprio estilo de ensino para meu aluno prático mais velho; quão vitais eram os projetos e as demonstrações, quanto a criança precisava criar, inventar e manipular para compreender. É um dos meus grandes arrependimentos como mãe-educadora, e acho que estou fazendo um trabalho muito melhor com o mais jovem. (Sim, irmãos mais velhos; assim como sempre suspeitaram, vocês *são* as crianças-cobaia.)

Há muito mais que você pode aprender da lista. A criança gosta de ficar sozinha ou no meio de uma multidão, de ficar quieta ou fazer barulho, cercada de atividades e cores ou em um ambiente limpo e amplo? Prefere criar ou absorver? Inventar ou analisar? Discutir ou contemplar?

Não se esqueça de que este é um exercício de autoconhecimento, não uma ferramenta de diagnóstico. ("Pode-se dizer que há duas classes de pessoas no mundo", observou Robert Benchley em 1920, "aquelas que dividem constantemente as pessoas do mundo em duas classes e aquelas que não as dividem. Ambas as classes são extremamente desagradáveis de se encontrar socialmente.")[7] A maioria das pessoas não é composta de alunos procedimentais ou proposicionais puros (na verdade, isso se transformaria em uma deficiência real). Podemos tender a ser extrovertidos ou introvertidos, mas a maioria de nós é uma mistura. Use a lista para ajudar a identificar padrões que tornam a criança aberta, receptiva e feliz, não para encontrar rótulos.

Uma última observação: não se preocupe muito se o seu filho não conseguir pensar em alguma coisa que ama.

Às vezes, crianças que estiveram em um ambiente incompatível por muito tempo perdem de vista suas tendências naturais; passaram tanto tempo lutando durante o dia, pensando sobre como tudo é difícil, que, por isso, nunca tentaram prestar atenção naquilo que lhes dá boas sensações. Alterne o exercício; peça à criança para listar as coisas que não gosta de fazer e os lugares que odeia, e então ajude-a a descobrir qual seria o oposto.

---

[7] Robert Benchley, "The Most Popular Book of the Month: An Extremely Literary Review of the Latest Edition of the New York City Telephone Directory". *Vanity Fair*, fev. 1920, p. 69.

DESAFIO 3: FAÇA TESTES DE AUTOCONHECIMENTO (E COLOQUE SAL).

O autoconhecimento é um processo difícil. É difícil de desenvolver, difícil de entender, difícil de enquadrar em sua própria mente.

Fui educada em casa desde a primeira série por minha mãe, uma professora treinada de uma comunidade agrícola pobre que foi a única garota em sua classe do ensino médio a ir para a faculdade; fui levada para aulas de esportes semanais e competições de fim de semana por meu pai, médico, também da primeira geração de graduados na faculdade em sua família operária de Nova Orleans. De alguma forma (ainda não estou certa a respeito disso), eles desenvolveram um entusiasmo improvável pelos mistérios britânicos da Idade do Ouro do Assassinato, pelas operetas de Gilbert e Sullivan, por música clássica e J. R. R. Tolkien (antes de ele ser famoso no cinema); tudo isso somado às habilidades transmitidas pela família em abate de porcos, criação de galinhas, construção, encanamento, fiação e autodidatismo.

O lema enquanto eu crescia era: "Bem, podemos procurar um livro e descobrir como fazer isso." (É por isso que acabamos tendo que elevar o centro de nossa casa de três andares, que foi originalmente projetada como uma casa térrea, mas isso é outra história.)

Outra constante: respondemos a todos os questionários de autoconhecimento que surgiram ao longo do caminho. Testes de personalidade, pesquisas sobre métodos de aprendizagem, questionários de aptidão, "Sua carreira perfeita" – fizemos todos.

Isso acabou sendo imensamente valioso.

Muitos desses testes eram bobos, mal projetados ou simplesmente enigmáticos. Mas o simples ato de fazê-los nos coloca em um modo objetivo e de autoavaliação que não é necessariamente natural.

E, se você fizer muitos desses testes, começará a encontrar padrões.

Juntos, esses testes me informaram que eu não era uma desajustada no dormitório da faculdade: só precisava de um espaço privado para funcionar bem (o que era muito raro nessa época). Eu não era hostil, mas apenas introvertida.

Conseguia resolver quebra-cabeças analíticos, trabalhava melhor sozinha, ficava irritada com repetições, prosperava quando tinha liberdade criativa e tinha dificuldade com tarefas arbitrárias que não tinham um objetivo claro.

Isso era autoconhecimento. E me deu o poder de moldar minha vida adulta a um estilo que se encaixasse a mim.

Existem muitos testes divertidos, perspicazes e bem elaborados disponíveis para qualquer pessoa com uma conexão à Internet; mantenho uma lista atualizada com links em welltrainedmind.com. Entre eles, estão o amplamente utilizado Myers-Briggs, o teste RHETI, o Keirsey Temperament Sorter e o Princeton Review Career Quiz. O site Psychology Today hospeda dezenas de testes para identificar introversão/extroversão, capacidades de raciocínio analítico, habilidades criativas de resolução de problemas, e muito mais. Aquele velho e comum What Color Is Your Parachute? tem uma edição para adolescentes que também contém exercícios úteis.

Uma advertência: como mencionei antes, não recomendo testes de QI, online ou não. Como a maioria dos testes, os testes de QI mensuram apenas um tipo de habilidade. Mas nossa cultura atribuiu um peso tão grande ao QI que os testes tendem a ter uma influência exagerada na forma como pensamos sobre nós mesmos e os outros. (Ver p. 76-77.)

Faça esses testes para se *divertir*.

Se os resultados soarem verdadeiros para você e seu filho, terão adquirido um conhecimento útil.

Se os resultados parecerem intrigantes, ignore e esqueça. Nenhum questionário de personalidade vai medir a psique humana com precisão total.

Mas, em conjunto, esses testes podem apontar para o reconhecimento de padrões que poderiam ter passado despercebidos.

EXPERIMENTO MENTAL 2

Quando seu filho tiver alguma prática com autoavaliação e autoconhecimento, e ganhar um pouco de maturidade (eu usaria esse experimento mental na quinta série ou em séries acima desta), faça esta pergunta:

Se você pudesse ter um *dia perfeito*, como seria? Descreva-o – por escrito, falando ou desenhando.

Talvez você tenha que ajudá-lo. Estamos tão acostumados com restrições e condições que é quase impossível pensar fora delas, e barreiras mentais se erguem desde muito cedo.

Portanto, se a criança tiver dificuldades, faça perguntas importantes sobre aquele dia perfeito:

- Quando acorda?
- Qual é a primeira coisa que faz ao acordar?
- O que come no café da manhã?
- Depois do café da manhã, vai a algum lugar (onde) ou fica em casa (o que faz)?
- O que come no almoço? Onde come isso?
- Como passa a tarde?
- E o jantar?
- O que faz depois do jantar?
- Que hora vai para a cama?

Esse é um exercício que costuma ser feito em livros de autoajuda do tipo *encontre seu sentido*, os quais geralmente começam com: *Onde mora? Que tipo de casa? Que país? Com quem passa mais tempo?*

Minha experiência tem mostrado que as crianças ficam bloqueadas com essas perguntas porque não conseguem imaginar um mundo no qual tenham o poder de escolher sua casa ou seus companheiros.

Em vez disso, deixe a criança permanecer dentro da estrutura familiar e lhe dizer como as horas seriam gastas.

Assuma uma postura absolutamente neutra. Não diga que é impossível realmente viver com lobos, ou improvável que o presidente concorde em ter uma conversa significativa durante o café. Não sugira que dormir o dia inteiro indica falta de imaginação (ou falta de energia). Não demonstre aprovação ou decepção em relação a quaisquer elementos do dia.

Ajude e ouça.

Esse dia "perfeito" contém uma mensagem para você.

Se estiver repleto de atividades e realizações, isso pode significar que seu filho é um produtor enérgico, possivelmente entediado. Se estiver repleto de criaturas fantásticas, a imaginação pode ser o motor que impulsiona a criança. Se estiver repleto de horas que passam lentamente, você pode estar lidando com uma criança solitária contemplativa e meditativa.

Se a criança quiser dormir o dia todo, leve isso a sério também. O isolamento completo é um sinal de que algo está errado; ela pode precisar ser salva de algo, ou talvez precise de um diagnóstico médico ou um terapeuta qualificado, ou talvez apenas necessite de uma agenda menos lotada.

Capítulo 15

Todas as outras coisas que a escola faz

Para repensar a escola corretamente, você precisa ter um olhar para além da educação.

Reserve um momento para olhar para trás: em 1950, a revista *Life* ofereceu aos "cidadãos comuns" sem "nenhum conhecimento especial" sobre educação um teste de 63 perguntas para ajudá-los a avaliar suas escolas locais. "Quão boa é a sua escola? O teste da *Life* dirá a você", proclamava o título do artigo. "Esta lista de perguntas simples, a primeira do tipo, oferece aos pais uma maneira prática de avaliar a educação que seus filhos estão recebendo."

Das 63 questões que se seguiram, *quatro* tratavam diretamente da instrução acadêmica (incluindo "Os cursos de ciências englobam pelo menos uma hora de trabalho de laboratório para cada quatro horas de instrução em sala de aula?" e "A escola recorre a um especialista em leitura corretiva?").

Seis tinham indiretamente a ver com a qualidade do ensino (por exemplo, "Pelo menos 50% dos professores da sala de aula têm mestrado?" e "O conselho escolar contribui com ajuda financeira para a formação contínua de professores?").

As 53 perguntas restantes não tinham nada a ver com o aprendizado.

Entre elas, as seguintes:

Há cidadãos presentes em todas as reuniões abertas do conselho escolar?

A escola secundária oferece cursos vocacionais ou de artes industriais?

Todos os alunos estudam a comunidade, incluindo técnicas de governo local, por meio de visitas e participação?

Há um psicólogo ou psiquiatra disponível para consulta?

Os alunos têm comida quente na escola?

A escola oferece inspeção e limpeza dos dentes por um odontólogo pelo menos uma vez por ano?

Existe um programa atlético intramural organizado na escola?

Pelo menos 65% dos alunos participam de clubes voluntários ou programas de *hobby*?[1]

Esses itens do questionário ainda poderiam ser respondidos com um "sim" em muitos sistemas escolares hoje (incluindo "inspeção e limpeza dos dentes", geralmente fornecida por meio de clínicas de saúde nas escolas).

Nada disso tem a ver com educação.

Aqui está o ponto: desde 1647 – mais de um século antes de os Estados Unidos tomarem forma como uma nação – a educação americana assumiu um papel muito mais amplo para si, além da instrução acadêmica. Em 11 de novembro daquele ano, a minúscula Colônia da Baía de Massachusetts aprovou uma resolução que decretava que cada município com mais de cinquenta famílias deveria pagar um professor para ensinar as crianças a ler e escrever, e que cada cidade com mais de cem famílias deveria estabelecer uma escola primária formal. Não era por amor às letras; era para que o "velho enganador, Satanás" fosse incapaz de fazer com que o "verdadeiro sentido e significado" das Escrituras fosse "obscurecido e corrompido". A lei, conhecida posteriormente como Old Deluder Satan Act, era uma disposição religiosa destinada a manter as crianças puritanas seguras dentro do aprisco da fé.[2]

Desde então, a educação americana tem assumido uma lista cada vez mais abarrotada de tarefas a cumprir. E essas tarefas são uma grande parte do que nos mantém presos dentro do molde K-12.

A lista a seguir não especula se as escolas *deveriam* fazer essas coisas. Isso seria um livro inteiro em si; na verdade, já é. Mas ter uma visão clara das funções não acadêmicas que as escolas atendem é um passo importante para se

[1] "How Good Is Your School?". *Life*, 16 out. 1950, p. 54-55.

[2] "The Old Deluder Act (1647)". *Records of the Governor and Company of the Massachusetts Bay in New England*, vol. II, 1642-1649, org. Shurtleff, Nathaniel B. Boston, William White, 1853, p. 203.

perguntar: as escolas *têm* de ser o caminho para esses objetivos? E existem outras maneiras de realizar essas tarefas?

AS TAREFAS NÃO EDUCACIONAIS

Vamos começar com o mais básico: as escolas agora têm custódia.

Essas escolas de 1950 serviam refeições quentes e forneciam atendimento odontológico porque cuidavam das crianças – assumindo o papel dos pais de supervisionar o paradeiro, as atividades e as necessidades físicas básicas das crianças. Como os Estados Unidos não têm uma rede nacional de creches, as escolas continuam a cumprir essa função: "Escolarizar", nas palavras do pesquisador educacional John Goodlad, "é o sistema mais abrangente e menos caro de creche já criado."[3]

A necessidade de creches acessíveis e confiáveis, especialmente em casas em que ambos os pais trabalham, impulsiona a duração do dia escolar, o aumento da pressão para iniciar a educação formal aos 3 ou 4 anos e o desenvolvimento de leis de evasão escolar – os alunos são obrigados a ir para a escola porque a escola é responsável pela sua segurança e por seu bem-estar.

As escolas também são o funil americano para o mercado de trabalho. Em 1950, esses cursos vocacionais e de artes industriais preparavam alunos não vinculados à faculdade para empregos de colarinho azul; hoje, as escolas também empurram os alunos em massa para a faculdade, com um diploma de dois ou quatro anos, a qualificação mínima para uma grande porcentagem de empregos de nível inicial.

As escolas oferecem treinamento físico: as crianças aprendem a se exercitar e a praticar esportes, têm a oportunidade de entrar em equipes (como os programas intramurais) e aprendem noções básicas de nutrição e bons hábitos de saúde.

As escolas monitoram a saúde mental e emocional. O psiquiatra ou psicólogo da equipe é acompanhado por aulas de saúde mental, cursos de conscientização

[3] Robert A. Roth, *The Role of the University in the Preparation of Teachers*. Philadelphia, Taylor & Francis, 1999, p. 3.

emocional, centros de aconselhamento, grupos de apoio escolar e educação sobre drogas e álcool.

As escolas fornecem acesso à recreação. Em princípio, *hobbies* e clubes não são recursos acadêmicos; são maneiras de atrair os alunos para atividades e associações que podem se transformar em passatempos e relaxamento adulto.

As escolas são agentes de socialização. Esse é um aspecto importante da educação americana, um aspecto com várias faces.

"Socialização" parece significar "se dar bem com os outros" e "se adaptar aos colegas"; a maioria dos pais que educa em casa dirá a você que "Como serão socializados?" é a primeira pergunta que a maior parte dos novos conhecidos fazem, e o que eles realmente querem dizer é: "Serão desajustados sociais que não sabem como manter uma conversa ou se relacionar com outras pessoas fora dos concursos de soletrar?" (Como diz um manual-padrão de legislação educacional, "A interação social com outros alunos [...] é um ingrediente essencial da escola.")[4]

Mas, em um sentido mais amplo, "socialização" significa "acostumar-se às normas sociais" – absorver as características e qualidades essenciais de nosso caráter nacional, os elementos que nos tornam um país e os hábitos e crenças de nossa sociedade em geral. Na mesma edição de 1950 da *Life*, o historiador e ativista dos direitos civis Henry Steele Commager escreveu um ensaio que descreve o papel que as escolas desempenham em transformar os americanos em *americanos* – um ensaio que começa dispensando acadêmicos. "Não é porque a educação promove o conhecimento que tem sido tão valorizada na América", explica Commager, "mas, sim, porque prometia realizar o sonho americano de uma boa sociedade."[5]

Como as escolas fazem isso? Elas devem ensinar aos alunos o que é a democracia e como ela funciona (é por isso que "todos os alunos estudam a comunidade" e os cidadãos têm a oportunidade de influenciar as reuniões do conselho escolar); devem fornecer a uma população diversa – com pouco para mantê-los unidos –, um conjunto compartilhado de histórias, imagens e valores,

---

[4] K. Alexander e M. D. Alexander, *The Law of Schools, Students and Teachers in a Nutshell*. 5. ed. St. Paul, MN, West Academic Publishing, 2015, p. 30.

[5] Henry Steele Commager, "Our Schools Have Kept Us Free." *Life*, 16 out., 1950, p. 46.

uma "linguagem comum" e uma maneira de entender uma "herança comum"; e devem demonstrar o principal valor americano de igualdade. Como diz Commager, em prosa florida, mas bastante clara:

> A mais heterogênea das sociedades modernas – profundamente variada em origem racial, fé religiosa, interesses sociais e econômicos – sempre pareceu a presa mais fácil para as forças do privilégio desenfreado e da divisão ruinosa. Essas forças não prevaleceram. [...] Na sala de aula, as crianças da nação vivenciaram e aprenderam a igualdade – todas sujeitas aos mesmos processos educacionais e às mesmas disciplinas.[6]

Esse é o significado mais amplo de socialização: tornar-se o que os acadêmicos chamam de "inculturado", assimilado em "toda a gama de expectativas e responsabilidades que uma sociedade democrática exige".[7]

QUESTIONANDO O AGENTE

Não coloco em questão o fato de todos esses papéis não acadêmicos serem importantes para uma civilização, mas devemos questionar seriamente por que uma única instituição se tornou responsável por todos.

Nenhuma está essencialmente conectada ao projeto de *aprendizagem*.

Comecemos com a socialização, que não é apenas a mais ampla, mas também a mais problemática e complicada de todas essas funções, e retrocedamos até a tarefa de custódia que as escolas têm, que é simultaneamente a mais simples e a mais difícil para muitas famílias organizarem sem a ajuda da escola pública local.

É claro que as crianças precisam de tempo com os colegas e da oportunidade de aprender como se relacionar com eles. Mas não há absolutamente nenhuma razão convincente para vincular isso ao aprendizado acadêmico. Times de esportes variados, aulas de dança e ginástica, coros juvenis e grupos de música, aulas de arte e teatro comunitário, clubes de Lego, clubes de jovens escritores,

---

[6] Ibid.

[7] Roth, *The Role of the University in the Preparation of Teachers*, p. 49.

YMCA e programas de centros comunitários – há tantas oportunidades fora da sala de aula para que os jovens socializem com colegas e amigos que muitas vezes é mais difícil limitá-las do que encontrá-las.

E não se esqueça de que as relações pessoais vão muito além dos grupos de pares. Nosso modelo atual de socialização em sala de aula, em que os alunos passam os dias sobretudo com outras pessoas da mesma faixa etária, não faz nada com o objetivo de preparar os alunos para a vida real. Uma vez fora da sala de aula, eles têm de passar seus dias lidando com um mundo multigeracional, e não com a cultura de uma única época à qual foram conformados. E, como muitos, muitos críticos de nosso sistema apontaram, grupos de colegas de uma mesma idade têm mais probabilidade de decair em maldades do tipo *Senhor das Moscas* do que desenvolver padrões de conduta que levarão os alunos a um comportamento adulto produtivo.

Organizar a socialização que ocorre fora da sala de aula entre pares não é particularmente difícil ou complexo. Mas lidar com o aspecto mais amplo da socialização – assimilação a hábitos e crenças culturais comuns – é.

Qualquer pessoa que viveu as eleições de 2016 perceberá imediatamente que não parecemos mais *ter* "hábitos e crenças comuns", ou pelo menos não um conjunto que seja esclarecido o suficiente para que as escolas possam transmiti-los. Esse elemento de socialização com base na escola foi completamente destruído.

Na verdade, desde 1950, até Commager tinha suas dúvidas a respeito disso. O século XX, ele afirmava, estava lançando três desafios que as escolas ainda não eram capazes de enfrentar.

Primeiro, ninguém conseguia determinar se as escolas deviam preparar os alunos para que fossem bons americanos ou bons cidadãos globais ("se [...] a educação deveria reforçar o nacionalismo – ou inspirar o internacionalismo"), e as duas alternativas pareciam entrar em conflito com pontos importantes.

Segundo, as novas demandas da indústria e do local de trabalho tornaram necessário que as escolas tivessem um papel maior no treinamento de alunos para tipos específicos de empregos, e isso parecia empurrar o tempo necessário para a socialização adequada a uma porção cada vez menor do tempo escolar.

("Na era da especialização, as escolas são cada vez mais chamadas a preparar não tanto para a vida, a cidadania ou a democracia, mas para tarefas e competências específicas.")

E terceiro, os alunos que deveriam ser associados aos ideais da democracia estavam se tornando cada vez mais distraídos por mensagens conflitantes de outros meios. "As escolas não têm mais nada parecido com o monopólio [...] que já tiveram", lamenta. "Hoje, compartilham responsabilidades com o cinema, o rádio e a televisão e, em uma extensão muito maior do que antes, com o jornal e a revista." (Ele estava particularmente preocupado com a influência do *Reader's Digest*, o YouTube dos anos 1950.)[8]

Definir quais "ideais de democracia" *deveriam* ser socializados entre as crianças está muito além do escopo deste livro; quero apenas salientar que as escolas não somente deixaram de ser o único lugar onde isso pode acontecer, mas também *não* têm sido o único – ou mesmo o principal – lugar para isso, pelo menos nos últimos 75 anos.

E, no que diz respeito à demonstração de igualdade, as escolas têm tanto a probabilidade de destruir o senso de igualdade quanto de promovê-lo.

O educador canadense Mark Holmes aponta que as escolas tendem a operar como filtros "alocativos", determinando quem recebe o que na vida:

> Nos Estados Unidos e no Canadá, a divisão é bem grosseira. Um grupo de alunos que abandonou o ensino médio é canalizado para um trabalho não qualificado, como operários, ou para a classe baixa de desempregados, empregados temporários e sazonais, donas de casa de baixa renda e trabalhadores não sindicalizados [...]. Um segundo grupo (de graduados do ensino médio) forma um núcleo da classe trabalhadora "respeitável" e da classe média baixa. Um terceiro grupo (de graduados em faculdades e universidades) forma as prósperas e influentes classes média e alta e um grupo do qual as várias elites da sociedade podem emergir. [...] A escola [...] serve como mecanismo de alocação.[9]

---

[8] Commager, "Our Schools Have Kept Us Free", p. 47.

[9] Mark Holmes, "The Secondary School in Contemporary Western Society: Constraints, Imperatives, and Prospects". *Curriculum Inquiry* 15, n. 1, 1985, p. 17-18.

Em vez de ser instrumentos de igualdade, as salas de aula tendem a empurrar os alunos em compartimentos que podem confiná-los pelo resto de suas vidas. "As escolas classificam as pessoas", escreve o filósofo educacional Robin Barrow. "Elas as classificam, em geral, como bons e maus alunos." Isso é um problema, porque "bom aluno" tende a se traduzir em "pronto para o sucesso", enquanto "mau aluno" significa que está condenado a uma vida de segunda classe:

> [E] mesmo os tipos mais específicos de julgamento (por exemplo, "não muito bom em francês") tendem a ser vistos como julgamentos gerais sobre caráter e habilidade [...] [Mas] um mau aluno não é necessariamente um mau cidadão. Essa tendência da sociedade de interpretar os julgamentos feitos no contexto da escolaridade como de significância global permanente é um subproduto infeliz da escolaridade.[10]

Em suma, as salas de aula não ensinaram bem os ideais da democracia.

Em vez disso, os americanos sempre foram socializados por meio de uma ampla gama de instituições; família, meios de comunicação, organizações religiosas e cívicas têm tanta influência na socialização quanto nossas escolas.

E quanto ao acesso à recreação e ao treinamento físico?

Veja os agentes de socialização citados: programas de esportes para jovens, clubes, grupos de *hobby*, organizações de dança e música e muitos mais oferecem oportunidades de recreação e exercícios, e os serviços hospedados por centros comunitários e outras organizações comunitárias são frequentemente gratuitos ou de custo nominal.

E quanto a monitorar a saúde mental e emocional?

Há um trabalho importante, mas igualmente bem executado por médicos de família, conselheiros licenciados e clínicas comunitárias de saúde mental. Assim como a socialização, preservar a integridade mental e emocional é algo que as escolas muitas vezes não fazem bem. Ter um psicólogo na equipe não compensa, necessariamente, a inserção de uma jovem psique em uma situação em que o *bullying* ocorre com frequência; em que notas baixas se tornam a medida do valor da criança como pessoa; em que um número crescente de mentes

[10] Robin Barrow, *The Philosophy of Schooling*. New York, Routledge, 2015, p. 66.

jovens são dopadas com Ritalina ou Adderall para que caibam nos limites da sala de aula; e na qual os alunos aprendem que o exercício físico e a criatividade são secundários para a realização de tarefas regulamentadas.

Funil para o mercado de trabalho?

Veja a análise de Mark Holmes na página anterior; os alunos que dominam as habilidades técnicas facilmente, mas se sentem menos confortáveis com o pensamento abstrato e a expressão escrita, muitas vezes são encaminhados para empregos de baixa remuneração apenas com base em suas notas acadêmicas.

Alternativas para esse sistema altamente debilitado: estágios, programas de jovem aprendiz, treinamento prático em um ambiente de trabalho real, no qual os alunos são recompensados por seu desempenho real, não por suas notas em matérias não relacionadas. A organização sem fins lucrativos Year Up, reconhecendo que as escolas estão falhando drasticamente em sua função de canalizar para os empregos, identifica jovens adultos que foram relegados às classes mais baixas, passa um ano oferecendo treinamento e estágio, e coloca 85% deles em empregos ou na universidade.

E a função de custódia?

Na ausência de creches nacionais, essa continua a ser a função não acadêmica mais difícil de substituir e, frequentemente, é o único fator que impede os pais de saírem totalmente do sistema (ver Parte 5).

Não tenha respostas fáceis, mas, ao sugerir alternativas, pelo menos tenha em mente a diferença entre escolas como locais de aprendizado e escolas como babás.

EXPERIMENTO MENTAL 3

Em um pedaço de papel, anote duas ou três alternativas que funcionariam para sua família e seus filhos, para substituir o papel da escola em cada um dos seguintes itens:

- cuidar das crianças;
- recreação e exercício;

- preparação para o mercado de trabalho;
- desenvolver saúde mental e emocional;
- socialização intrapessoal;
- socialização cultural.

Eis a regra mais básica de um experimento mental: não pense "Oh, isso é impossível" quando uma ideia vier à sua cabeça.

A impossibilidade costuma ser uma ilusão. É muito fácil entrarmos em uma rotina e acreditar que os limites da rotina são reais quando, na verdade, somos perfeitamente capazes de sair deles e iniciar uma nova maneira de fazer as coisas.

Não pense em questões acadêmicas ainda (faremos isso no capítulo final desta seção). Imagine como essas funções específicas da sala de aula poderiam ser atendidas de outra maneira.

Reserve algum tempo; volte a esse experimento enquanto lê, sempre que novas ideias surgirem.

E então vá para a parte final de sua nova visão.

Capítulo 16

Solucionando o X da questão

O que todos nós queremos, como pais, é encontrar a situação educacional que corresponda à mistura particular de paixões, habilidades e talentos de nossos filhos, que combine com nossa visão para nossos filhos e ensine de acordo com os pontos fortes dos nossos filhos, fortalecendo cuidadosamente os pontos fracos.

Este é o X: o lugar onde o melhor aprendizado possível acontece.

O X não pode ser alcançado, é claro. Você nunca o encontrará, assim como não encontrará o emprego perfeito, a casa perfeita ou o cônjuge perfeito. (Ou os filhos perfeitos, por falar nisso.) O X é o ideal, por isso sempre foge às nossas garras.

Mas você pode *imaginar o X*.

POR QUE IMAGINAR?

Imaginar a perfeição é uma estratégia consagrada pelo tempo para encontrar uma rota de fuga do *status quo*, assim como muitos livros de autoajuda lhe dirão:

> Imagine que pudesse brandir uma varinha mágica e tornar sua vida perfeita em algum momento no futuro. Como seria sua vida perfeita? Como seria diferente de hoje?

> Imagine que ganhou uma vida dos sonhos, completamente livre. Nessa fantasia, não há restrições em termos de dinheiro, responsabilidades, habilidades ou experiência. Você pode fazer qualquer coisa. A única regra é que tudo que incluir deve deixá-lo animado e fazê-lo dizer "sim!".

> Deixe sua imaginação correr solta e dê a si mesmo o dom de projetar o emprego mais perfeito do mundo. Crie seu próprio horário, suas próprias

> atividades, seu ambiente mais desejável. Não se limite com a realidade ou a praticidade [...]. A única limitação é esta: deve ser um emprego, não uma vida. Ou seja, precisa ter tarefas, horas para cumprir e algum tipo de remuneração. Depois disso, você pode correr solto.[1]

Escolhi aleatoriamente três frases entre uma grande variedade de livros sobre mudança de carreira; poderia ter citado vinte ou trinta obras semelhantes.

Esse é o mais abrangente dos quatro experimentos mentais desta seção; então, deixe-me gastar um pouco mais de tempo explicando por que ele é importante.

Imaginar a situação perfeita não é um jogo bobo; é um exercício filosófico sério (mesmo se você estiver sendo instruído a "brandir uma varinha mágica" e sentir a "excitação"). Seu ancestral clássico é a Alegoria da Caverna de Platão.

Na *República*, Platão explica que o universo surgiu pela primeira vez, incorrupto e perfeito na mente de seu criador. Contudo, quando esse universo ideal passou a existir *fisicamente*, ele se afastou um pouco de sua concepção original e, portanto, o universo físico resultante não era exatamente o que deveria ser, mas, sim, uma cópia visível, porém inferior, do Ideal Original.

Agora vivemos na Cópia e, como nunca vimos nada além da Cópia, pensamos que a Cópia é tudo o que existe. Somos, escreve Platão, como prisioneiros acorrentados em uma caverna e que nunca viram o Sol; só vimos as sombras da realidade do lado de fora, refletidas indiretamente na parede da caverna. Até que vejamos a própria realidade, sempre aceitaremos os reflexos como a verdade suprema: a inevitável e única maneira de viver.

Essa é uma parábola, não uma história da criação como tal; então, não se preocupe com a visão de Platão sobre as Origens de Tudo. Em vez disso, tente reconhecer seu gênio em descrever, de forma tão vívida, uma experiência humana comum: a decepção (leve ou forte) que todos nós sentimos quando uma experiência imaginada, desejada e planejada finalmente acontece; o deslizamento

---

[1] Na ordem, essas citações são de Brian Tracy, *Get Smart! How to Think and Act Like the Most Successful and Highest Paid People in Every Field*. New York, TarcherPerigee, 2016, Introdução; Cantwell, *Be a Free Range Human*, p. 12; e Barbara Sher, *I Could Do Anything: If I Only Knew What It Was*. New York, Dell, 1994, p. 33.

entre o que esperávamos que fosse e o que realmente é; e a tendência humana universal de aceitar o que *é* como *o que deve ser*.

Segundo Platão, a maneira de sair da prisão é aprender, de forma cuidadosa e gradativa, o que é o Ideal, para que a Cópia não seja mais satisfatória. Aqui, podemos virar ligeiramente à esquerda, afastando-se da *República*, uma vez que o caminho de Platão para a solução envolve estudar muita matemática altamente abstrata. Em vez disso, vamos pular para o final: quanto mais claramente você puder visualizar o ideal, menos real – e menos inevitável – a cópia parecerá.

Portanto, o experimento mental final para você é: descreva o X.

O X tem que tornar seu filho apto a ler, entender matemática básica e se expressar (seja por escrito, seja pela fala, você decide).

Você está fazendo um experimento mental; então, todo o resto está à sua disposição. As diferentes áreas que estudamos na escola evoluíram de forma aleatória e essencialmente não guiada ao longo dos últimos séculos. Portanto, não se preocupe com elas.

Mas ler, estudar matemática, falar e escrever são as maneiras pelas quais os seres humanos civilizados entendem e transmitem a cultura desde os tempos antigos.

É isso aí.

O X não precisa ocupar doze anos. Não é necessário usar livros e professores. Não precisa acontecer durante uma determinada parte do dia ou do ano.

Esqueça as leis de evasão escolar e sua agenda de estudos. Esqueça as notas e as inscrições para a faculdade. Você não está se preocupando com essas coisas agora (todas elas pertencem definitivamente à cópia imperfeita).

Cada vez que pensar "Bem, isso é impossível!", pare e conscientemente rejeite a objeção. Se pudesse educar seu filho *exatamente da maneira que melhor se adequasse a vocês dois*, livre de todas as restrições e dos medos, como seria isso?

"Sabe o que deveria ter feito?", uma amiga (enfermeira qualificada, mãe de três meninos, madrasta de mais dois) confidenciou para mim. "Deveria tê-los deixado trabalhar e ganhar dinheiro na sexta e sétima séries, e depois voltar. Não acho que nenhum aprendizado aconteceu nesses dois anos. Seus cérebros estavam no lugar errado." Em seu experimento mental, nenhuma escolarização precisa acontecer quando os hormônios dos adolescentes estão no auge. Esses meninos podiam colher frutas, praticar programação, trabalhar em uma fazenda ou aprender a cozinhar.

Deixe-me repetir algo mais uma vez: *isso não tem nada a ver com entrar na faculdade*. A faculdade é simplesmente uma extensão futura do mesmo sistema artificial do qual você está tentando planejar como sair. (Veja meu pós-escrito para ter mais informações.) Por enquanto, tire a faculdade da cabeça.

Aqui estão quatro pais reais testando esse experimento. Observe que o X varia de bastante tradicional a completamente não tradicional, de menos a mais detalhado.

> *Exceto para aprender a ler, gostaria que a escolarização formal obrigatória começasse aos 8 ou 10 anos. Os primeiros anos dos mais jovens podem ser ocupados com histórias, artesanato, música e talvez línguas estrangeiras, se houver oportunidade.*
>
> *Adoraria que houvesse uma escola que se concentrasse em matérias acadêmicas pela manhã, principalmente leitura, escrita e matemática. Imagino uma situação estruturada e com instrutores. Em seguida, as tardes podem ser reservadas para um aprendizado ativo e prático, particularmente relacionado aos interesses e às aptidões dos alunos: técnicas para a vida, música, artes e ofícios, oficinas, computadores, estudo da natureza e biotecnias, gestão econômica, teatro, artes culinárias, habilidades comerciais, atletismo, serviço comunitário, projetos científicos, etc.*
>
> — BEN

> *Eu preencheria o dia com lições divertidas e interessantes nos primeiros anos, e com estágios quando fossem mais velhos. Aulas de arte, dança, música, artes marciais, leitura em voz alta, escrever sobre o que lhes interessa. À medida que envelhecem e os interesses começam a evoluir, os estágios e mentorias podem começar, para desenvolver habilidades que podem ser úteis na vida e no trabalho. Seria como em* Jornada nas Estrelas, *em que as pessoas poderiam seguir seus interesses simplesmente porque acreditariam que isso melhoraria a sociedade e a si mesmas. E não preencher formulários de múltipla escolha para uma faculdade ou um emprego que ainda nem existe.*
>
> — POLLY

> *Quero que meus filhos tenham muito tempo ao ar livre, brincando e se envolvendo em seu ambiente natural. Eu vislumbro crianças sendo capazes de sair e brincar no riacho por algumas horas por dia, apenas observando, brincando e não fazendo nada em particular.*

As aulas seriam curtas e focadas em matérias essenciais – matemática e muitas leituras variadas. Nossas aulas seriam, provavelmente, no final da manhã ou no início da tarde, quando tendemos a ser menos ativos. Ignoraria as séries escolares e a série na qual as crianças "deveriam" estar, e me concentraria em melhorar suas habilidades acadêmicas: ensinando-as a ler buscando um significado mais profundo, a pensar logicamente, a resolver problemas e enxergar conexões no mundo ao seu redor.

As crianças teriam muitas oportunidades para aprender habilidades interessantes. Minha filha de 15 anos passaria parte de seus dias tocando ukulele, cantando, tecendo e desenhando. Provavelmente, aprenderia algumas línguas, estudaria no exterior e poderia até ter a oportunidade de largar a matemática depois da Álgebra I. A minha filha de 13 anos passaria muito tempo fora de casa, construindo coisas, subindo em árvores e conversando com os animais. Teria um estoque de materiais de construção para criar – coisas para construir galpões e casas na árvore, mas também para projetar robôs e computadores. As crianças mais novas explorariam uma variedade de atividades e descobririam o que amam.

Eu imagino uma comunidade. Quero meu cônjuge em casa com a família, como meu parceiro, ensinando as crianças a viver a vida de maneira feliz e produtiva. Quero me cercar de pessoas que amam o que fazem. É necessário unirmos várias gerações e desenvolvermos uma comunidade grande o suficiente para que as pessoas façam o que amam, ajudem umas às outras e ensinem umas às outras.

— TRACY

Seria muito diferente para cada criança. Minha filha mais velha estudaria matemática de todos os tipos, história através da música, leria durante horas e aprenderia pelo menos oito idiomas. A única escrita que ela faria seria nessas línguas estrangeiras (porque ela odeia escrever, mas, curiosamente, não se importa quando escreve em espanhol). Pode não haver nenhuma ciência em sua educação, exceto como parte de seus estudos de matemática.

Minha outra filha passaria as tardes desenhando enquanto ouviria audiolivros. Toda manhã, estaria escreveria um novo livro ou editaria um livro que já existe. Todo o seu aprendizado de ortografia e gramática seria passado por meio dessa atividade. Sua ciência giraria em torno dos animais e da natureza. Seu conhecimento de história seria dado por intermédio de audiolivros e pesquisas para seus livros infantis. Não aprenderia (mais) matemática, se pudesse evitar.

Meu filho mais novo estaria construindo, explorando e observando conforme seus interesses o guiassem – muitos animais e robótica e ciência, aprenderia matemática conforme a necessidade, no decorrer do tempo. Tudo seria feito de acordo com seus interesses, de tal forma que valesse a pena para ele. Passaríamos muito tempo investigando – conversando com pessoas em suas áreas de interesse, descobrindo aventuras práticas com animais, visitando laboratórios (como aqueles em que os robôs de Marte estão sendo construídos ou monitorados).

— ANN

Reitero: este não é um exercício inútil de fantasia. Um experimento mental, nas palavras de Tamar Szabó Gendler, um filósofo de Yale, é "um processo de raciocínio realizado dentro do contexto de um cenário imaginário bem articulado para responder a uma questão específica sobre uma situação não imaginária".[2]

A situação nada imaginária: temos um sistema de ensino K-12 bastante inflexível que se funde à uma faculdade de quatro anos, que, por sua vez, funde-se ao nosso sistema econômico; no entanto, esse sistema não se aplica a todos os alunos.

A pergunta específica: o que nesse sistema *pode* ser flexibilizado?

Escapar totalmente da caixa do nosso sistema K-12 (a menos que deixe o país) pode ser tão impossível quanto evitar indefinidamente o pagamento de seus impostos (a mesma exceção se aplica).

Mas, depois de ter uma visão mais clara do que X poderia ser, você pode começar a fazer um plano para colocar os elementos mais importantes no lugar.

Esse plano pode levá-lo de volta às duas seções anteriores, à medida que você usar as ações e estratégias que sugeri para aproximar seu sistema escolar atual de X.

Ou pode levá-lo para fora do sistema, em direção à educação domiciliar, o que pode dar a você (como a Parte 5 aponta) mais liberdade para criar uma educação individual para seu filho.

EXPERIMENTO MENTAL 4

Descreva X em forma de lista ou como um relatório.

Você pode fazer uma tentativa e voltar várias vezes à medida que seus pensamentos continuarem a se desenvolver. Mas aqui estão algumas perguntas para começar.

---

[2] Tamar Szabó Gendler, *Intuition, Imagination, and Philosophical Methodology*. Oxford, Oxford University Press, 2010, p. 56.

Quais habilidades essa educação desenvolverá? Habilidades: o que a criança pode fazer. As habilidades podem ser principalmente mentais (análise crítica, resolução de problemas, síntese de informações) ou principalmente práticas (construir um galpão, instalar fiação ou encanamento, trocar pneus, assar um bolo perfeito). Ou as habilidades podem ser uma mistura dos dois (programação, contabilidade, enfermagem/medicina).

Quais qualidades? Qualidades: quem a criança é.

Existem professores, cursos, estruturas externas? Ou a criança organiza seu próprio aprendizado?

Quem orienta essa educação? Vocês? Outro adulto ou grupo de adultos? A criança?

Essa educação envolve viagens? Para onde? Com qual objetivo? (O mundo é enorme. Lembre-se, você não tem restrições financeiras nesse experimento.)

O ensino é principalmente ativo ou centrado no livro? Há projetos ou tarefas escritas?

Que papel "ganhar dinheiro" desempenha/não desempenha nesse cenário? Qualquer um está bom.

Em que lugares o aprendizado acontece? Em casa, ao ar livre, em bosques e campos, em instituições? (As escolas são instituições, mas também o são os museus, as bibliotecas, os hospitais, os tribunais e algumas empresas.)

Essa educação envolve algum tipo de estágio ou jovem aprendiz? É um experimento mental, então pode treinar seu filho para ser um juiz da Suprema Corte, ou um mestre soldador, ou Jeff Bezos, ou Gordon Ramsay (embora isso seja cruel).

Que tipo de relacionamento o aluno tem com outros alunos? Ele estuda sozinho, em grupo, com colegas, com alunos de todas as idades, com adultos, com pessoas de todas as gerações?

Como a avaliação acontece? O aluno faz provas, escreve redações, faz uma demonstração prática?

Como é o dia? Quando a criança se levanta? O que ocupa a maior parte do dia? Qual é o horário com a família?

Como a cultura familiar influencia essa escolarização? "Cultura familiar" é simplesmente uma frase para aquelas coisas que são importantes para os pais e transmitidas aos filhos como parte da vida diária. Lemos livros antes de dormir.

Comemos juntos. Viajamos. Experimentamos novos alimentos. Assistimos a jogos de basquete. Criamos ovelhas. Vamos a concertos ao vivo, vemos peças de teatro, apresentações de dança. Ficamos na cama no sábado até todos acordarmos, e então papai faz panquecas com gotas de chocolate. Essas são coisas importantes; como elas se relacionam com o que a criança está fazendo na sua "educação"?

Quanto tempo não estruturado existe? Quando a criança brinca?

Responda a quaisquer outras perguntas que vierem à mente, conforme a imagem começar a ficar mais nítida.

PARTE 5

Como sair do sistema

Capítulo 17

Decidir educar em casa

Chega-se a um ponto em que você já flexibilizou o sistema o máximo que pôde — e ele ainda não serve.

Se a adaptação ainda for muito ruim, tenha coragem de sair. A educação em casa é legal em todos os estados americanos, em todas as províncias canadenses e em um grande número de países estrangeiros. É simplesmente uma escolha razoável quando outras opções falharam.

Compramos nossa casa em um bairro muito agradável, a uma quadra da escola primária, e presumimos que nosso filho iria para essa escola.

Meu filho começou a ler alguns meses antes de completar 4 anos, e percebemos que precisávamos começar a pensar em sua educação. Fomos conhecer a escola primária e nos disseram que precisávamos parar de ensiná-lo em casa e esperar um ano. Disseram: "Se vocês esperarem, ele ficará mais maduro e será capaz de sentar-se em silêncio enquanto ensinamos as outras crianças a ler". De modo aleatório, perguntei: "Mas ele já está lendo no nível da segunda série agora, em que nível estará lendo se esperarmos?". Insistiram em afirmar que não deveríamos lhe ensinar mais nada, nem deveríamos permitir que ele tivesse acesso a livros "acima de sua idade".

Desistimos da escola primária local.

Nesse ponto, decidimos procurar escolas particulares. Todas as escolas particulares que avaliamos queriam empurrar nosso filho para uma série acima. Isso teria sido ótimo, exceto pelo fato de ele ser um menino canhoto que não conseguia ficar quieto e certamente não conseguia segurar um lápis bem o suficiente para escrever no mesmo nível dos alunos de primeira série.

Por fim, olhamos um para o outro e dissemos em uníssono: "O que acha da educação domiciliar?".

— GREG

Eu era totalmente contra a educação domiciliar. Sou filha de dois professores aposentados de escola pública. Minhas irmãs são/foram professoras de escolas públicas. Tias, tios, primos? Todos, exceto três, estão na educação pública. Estou geneticamente predisposto a odiar a educação domiciliar.

Quando meu filho mais velho entrou no jardim de infância, começou a ter dificuldades emocionais na escola. Por pouco, quase não passamos no jardim de infância. A primeira e a segunda séries foram apenas toleráveis.

A terceira série? Bullying, *gritos e menosprezo por parte do professor. Meu filho era ridicularizado por outros alunos por causa de seus interesses (o clima) e criticado por sua falta de interesse (tênis de grife). Quando conversei calmamente com o diretor sobre algumas questões específicas de* bullying, *recebi conselhos sobre como ser pai e um tapinha na cabeça. Na visão deles, meu filho estava infeliz e, por mais que eu tentasse me envolver e estar presente na escola, simplesmente não havia como abrir caminho na multidão de pais "influentes" que orientavam a escola.*

Decidimos tirar nossos dois meninos da escola (o mais novo tinha acabado de terminar o jardim de infância) e ensinar em casa. Foi a melhor decisão que já tomamos.

— WREN

Nem todo mundo pode, ou deve, educar em casa.

Mas, se você decidir tirar seu filho da sala de aula, lembre-se do seguinte: você cuidou dessa criança por toda a sua vida. Se sabe ser pai ou mãe, sabe educar em casa.

Muitos currículos maravilhosos foram desenvolvidos para educadores domiciliares (eu desenvolvi alguns). Aulas e tutoriais online são abundantes. Para educar em casa, não é necessário ser um educador. É preciso apenas investir tempo e pensar em fornecer e organizar uma experiência educacional melhor para seu filho do que a experiência que ele tem atualmente.

Minha jornada de educação domiciliar começou quando meu irmão e eu nos tornamos tão desajustados na sala de aula, no início dos anos 1970, que minha mãe, professora, nos levou à clínica de saúde mental local para descobrir o que havia de errado conosco.

O psicólogo que nos avaliou disse a ela: eles nunca se encaixarão naquela sala de aula. Ensine-os você mesma.

Era a última coisa que minha mãe pretendia fazer, mas ela sabia que a escola havia falhado conosco, e que ela poderia fazer melhor.

No manual de educação domiciliar que minha mãe e eu criamos em coautoria há quase vinte anos, escrevemos:

> Esqueça a retórica educacional sobre os anos de treinamento especializado necessários para professores. Esqueça tudo o que ouviu sobre a necessidade de aulas de desenvolvimento infantil e psicologia educacional. Essas coisas são de fato necessárias para o professor que enfrenta 30 alunos da primeira série se contorcendo ou 25 adolescentes distraídos. Mas a sua tarefa é totalmente diferente: a educação de seu filho, face a face.
>
> Provavelmente, você sente que não tem as habilidades necessárias para ensinar seu filho em casa. Você não está sozinho; todo pai que ensina em casa se sentiu assim. Mas consultamos muitos pais – alguns com ensino superior, alguns sem diploma de ensino médio – que orientaram com sucesso a educação de seus filhos. Em conferências e seminários, conhecemos centenas de outros. As revistas de educação domiciliar estão repletas de histórias de adolescentes educados pelos pais que se destacam em leitura, redação, ciências e matemática.
>
> Tudo que você precisa para ensinar seu filho em casa é dedicação, alguns conhecimentos básicos sobre como as crianças aprendem, orientação para ensinar as habilidades específicas de cada disciplina acadêmica e muitos livros, CDs, pôsteres, kits e outros recursos.[1]

A educação em casa é um trabalho árduo. No entanto, se a escola está assustando ou entediando seu filho até fazê-lo chorar; se ele tem que ser medicado apenas para se encaixar no grupo; se sai do ônibus chorando ou brigando, todos os dias; se a escola está transmitindo uma mensagem clara para seu filho de que ele está sendo reprovado... então, você já está gastando uma quantidade enorme de energia lutando para mudar essas coisas.

Se focar essa energia diretamente no ensino de seu filho, realizações incríveis estarão bem ao seu alcance.

---

[1] S. Wise Bauer e J. Wise, *The Well-Trained Mind: A Guide to Classical Education at Home*. 4. ed. New York, W. W. Norton, 2016, p. xx.

MÉTODOS DE EDUCAÇÃO DOMICILIAR

Existem muitos métodos diferentes de educação domiciliar, mas, na minha experiência, eles se enquadram em três estilos básicos, que chamarei de:

» escolarização organizada especialmente para o lar;
» escolarização convencional em casa;
» educação domiciliar não tradicional.

A escolarização organizada especialmente para o lar acontece quando os pais se registram como educadores domiciliares, mas usam essa liberdade para planejar aulas que realmente se adaptem à criança. Isso pode incluir aulas individuais *na* escola pública local (em muitas regiões, os alunos da educação domiciliar têm o direito de fazer uso de algumas ou de todas as instalações da escola pública), aulas online, tutoriais individuais e aulas no colégio universitário.

Em vez de tirar uma criança do sistema K-12, a escolarização organizada especialmente para o lar monta um menu de classes e recria o sistema a partir delas, de uma forma que se adapte melhor à criança.

Na verdade, fizemos algo assim durante um ano com nossa filha mais nova na nona série. Estávamos estudando em casa, mas o terceiro de seus três irmãos mais velhos estava indo para a faculdade, e eu não queria que ela de repente ficasse sozinha em casa. A escola Montessori próxima tinha séries superiores (sétima, oitava e nona); então, nós a matriculamos na oitava série, planejando fazer o oitavo e nono anos antes de decidir nossa próxima estratégia.

Na metade da oitava série, a escola de repente decidiu cortar a nona série e oferecer apenas o ensino médio. Minha filha estava prosperando na escola, não queríamos mudá-la depois de apenas um ano, e todos os recursos da nona série ainda estavam disponíveis. Então, eu disse aos administradores que, se ela pudesse fazer o trabalho da nona série, eu a registraria como uma aluna domiciliar, aplicaria as próprias provas e faria o histórico escolar eu mesma. ("Adoro trabalhar com educadores domiciliares", disse o diretor da escola. "Sempre conseguem encontrar ótimas soluções para problemas.")

Embora estejamos educando principalmente em casa, no meu distrito podemos participar de aulas em escolas públicas. Tenho um filho fazendo Teatro três quartos do tempo, maratona e atletismo. Meu filho mais novo está estudando Teatro I e Produção de TV I. Também está fazendo maratona e lacrosse, e fará autoescola na primavera. Meu filho mais velho também está matriculado no colégio universitário e estuda doze horas lá.

— AMY

A divisão entre os próximos dois estilos é difusa – na verdade, eles se misturam quase imperceptivelmente (o que é bom, exceto quando os alunos que estudam em casa, que são tão propensos a brigas quanto qualquer outro grupo, começam a criticar uns aos outros sobre quem é o melhor).

A escolarização convencional em casa acontece quando os pais estão perfeitamente à vontade com o modelo K-12 padrão, com suas divisões de idades em séries, divisões de disciplinas e progressões, mas o estão criando em casa, em seu próprio ritmo, com os próprios recursos, escolhidos pessoalmente, de uma forma que se adapta ao seu filho. Podem usar um único currículo (ou "escola pronta" – como o programa Calvert, que fornece todos os materiais para todas as disciplinas do K-8), ou podem desenvolver os próprios currículos a partir das muitas opções disponíveis.

Por outro lado, a educação domiciliar não tradicional não tenta recriar um currículo formal. Pode até questionar por que temos doze séries; por que temos divisões de matérias; por que os livros didáticos são necessários.

A educação domiciliar não tradicional sai do sistema artificial e questiona: Quais partes desse sistema são intrinsecamente úteis? E quais partes podemos descartar? "Desescolarização", uma filosofia orientada pela criança e centrada no aluno, é um tipo de educação domiciliar não tradicional, mas também pode ser bastante estruturada e direcionada, como em uma família que decide centralizar um mês de estudo sobre *Uma casa na pradaria* e estuda história, geografia, ciência e matemática conforme se relacionam com o mundo do livro, em vez de seguir apostilas individuais de estudo em cada matéria.

E muitas famílias, é claro, usam alguma combinação desses estilos: educação não tradicional e um ou dois cursos formais, por exemplo, ou um currículo pronto para o curso de iniciação em matemática e artes da linguagem, e uma abordagem mais experimental de literatura, história e ciência.

Uso um currículo pronto (Seton Home Study School); então, estou mais no estilo convencional da "escola em casa". Mas nunca fico na frente de um quadro branco ou de minha aluna. Sento-me com ela onde quer que estejamos e conversamos sobre o conteúdo. Não dou aulas, não dou lição de casa, e realmente não valorizamos provas padronizadas. Também estudamos na biblioteca, na reserva florestal, visitando uma fazenda para aprender sobre os animais, aprendemos a química da fabricação de sidra em uma fazenda de maçã, usamos DVDs quando achamos apropriado e realizamos aprendizagem experiencial de várias maneiras.

— SUSAN

Meu filho mais velho frequentou a escola pública por dois anos e, com sua síndrome de Asperger, não se adapta bem às mudanças. Ele queria seguir uma rotina "escolar". Então, fiz um conjunto de ímãs com temas e atividades, e todas as manhãs ele os coloca na ordem do que vamos fazer. Ele queria que o intervalo fosse chamado de recesso, por isso chamamos de recesso. Não temos um horário definido para começar o dia, geralmente acontece por volta das 9h. Não definimos horários para as matérias também. O tempo que leva para fazer matemática, leitura ou história é o tempo que leva. Muitas vezes, estamos aninhados no sofá, mas tenho uma mesa à qual nos sentamos e uma lousa onde posso colocar as instruções. Usamos livros didáticos e outros tipos de livros, revistas, DVDs, sites, etc. Temos uma estrutura para nossos dias, mas é muito menos rígida do que a de um ambiente escolar tradicional.

— CHARLOTTE

COMO INVESTIGAR

Lembre-se de que você não precisa fazer escolhas imediatas. Pode tirar seus filhos da escola – ou, se for o caso, colocá-los de volta – a qualquer momento durante o ano.

Reserve algum tempo para explorar suas opções. Quando chegar a hora certa de tomar uma decisão, você saberá.

DESCUBRA QUAIS SÃO OS REGULAMENTOS LOCAIS.

Vários sites de educação domiciliar, incluindo o nosso (welltrainedmind.com) mantêm links para as políticas do Departamento de Educação em todos os estados e territórios dos Estados Unidos, além de vários países estrangeiros. Nos EUA, as políticas variam de bastante flexíveis (na Virgínia, se tiver um diploma de bacharel, só precisa apresentar uma Intenção de Educação domiciliar no verão junto com uma lista das disciplinas que estudará e, em seguida, administrar uma prova padronizada na primavera seguinte) até as bem rígidas (a Pensilvânia ordena que matérias específicas sejam ensinadas, exige vários tipos de depoimentos e certificados e requer que uma avaliação anual seja feita por um psicólogo licenciado ou um educador certificado).

Na maioria dos casos, porém, os regulamentos são relativamente fáceis de seguir e a popularidade crescente da educação domiciliar torna muito improvável que sua decisão seja contestada.

Não precisa ingressar em nenhum tipo de associação, num grupo estadual ou em um fundo de defesa legal para ensinar em casa.

LEIA.

Comece a investigar como pode ser feita a educação domiciliar.

Leia os guias sugeridos no Apêndice C.

Se já está pensando no ensino médio, estude as informações sobre créditos e histórico escolar no Apêndice A para saber se está indo na direção certa.

Visite os fóruns de educação domiciliar (hospedamos um dos mais ativos da web em forums.welltrainedmind.com).

Faça uma pesquisa sobre métodos populares (uma lista inicial: educação clássica, estudos por unidades, abordagem de Charlotte Mason, método Waldorf, "ensino doméstico eclético", desescolarização) e veja qual deles soa melhor para você.

DESCUBRA SUAS OPÇÕES DE INSTRUÇÃO.

Que nível de participação na escola pública é possível em sua localidade? No estado de Washington, as crianças que recebem instrução em casa têm o direito de se inscrever em qualquer curso auxiliar ou em atividades extracurriculares oferecidos pelas escolas públicas. Em Nova York, ou você está dentro, ou fora do sistema.

Quais aulas estão disponíveis, online e presencialmente, para alunos educados em casa?

Um bom atalho para essas respostas é verificar os recursos fornecidos por um grupo de educação domiciliar local ou estadual. As associações de educação domiciliar são uma mistura estranha. Visto que a educação domiciliar é um esforço de raiz, não existem organizações oficiais do estado (embora muitas delas digam que sim). E, como são administradas de forma privada, variam de inclusivas e acolhedoras a isoladas e rigidamente controladas. Contudo, mesmo que sua associação estadual não se alinhe às suas visões políticas ou religiosas, você pode explorar o site em busca de respostas.

Capítulo 18

Iniciação em cinco etapas

Como dar o mergulho?
Siga estes passos.

1. FAÇA UM PLANO DE INSTRUÇÃO.

Frequentemente, sugiro aos novos educadores domiciliares que comecem com um currículo pronto, uma escola *charter* online ou algum outro programa altamente estruturado que ofereça metas e orientações bem concretas.

Se você está ensinando em casa pela primeira vez, está prestes a fazer muitos ajustes importantes. Vai levar algum tempo para se acostumar com o simples fato de ter seu filho em casa, assim como para desempenhar o papel de professor e também de pai ou mãe. Se o seu plano acadêmico já está definido, isso reduz uma grande fonte de angústia.

Ao educar em casa, você terá uma noção do que está funcionando e do que não está. Pode decidir manter seu programa original durante todo o ano, ou pode decidir descartar partes dele, ou até mesmo tudo. E, no ano seguinte, terá uma noção muito melhor de como seguir em frente.

Por outro lado, se você se anima em planejar seu próprio programa *sem* se preocupar com o pânico paternal, vá em frente.

2. PROTOCOLE OS DOCUMENTOS EXIGIDOS PELO SEU ESTADO E NOTIFIQUE TODOS OS FUNCIONÁRIOS DA ESCOLA QUE ACHAR NECESSÁRIO.

A maioria dos estados informa que a intenção deve ser registrada dentro do prazo de verão. Embora tecnicamente isso seja verdade, você pode tirar seu filho da escola a qualquer momento durante o ano e registrar a intenção quando o fizer.

Protocolar a intenção (seja ou não dentro de algum "prazo") é importante, especialmente se estiver mudando sua situação atual no meio do ano. Sem a intenção protocolada, a criança se torna tecnicamente evasiva. Ter o documento registrado protege você.

Se vai tirar seu filho da escola durante o ano letivo, é sensato (e educado) ter pelo menos uma breve conversa com o professor. Provavelmente, simplificará as coisas fazer uma breve reunião com o diretor também (com uma cópia de sua intenção protocolada em mãos), ou enviar um e-mail ou uma carta com essas informações.

Se decidir durante o verão, não há necessidade de entrar em contato com o pessoal da escola, especialmente se tiver uma relação conflituosa com a administração. Seu nível de comunicação depende inteiramente de você.

Na Califórnia, você pode registrar uma Declaração de Escola Particular (DEP) e abrir uma escola particular legal em sua casa sem complicações. Escolhi um nome para minha escola, preenchi minha DEP, me reuni com o diretor e informei-lhe minhas intenções; tive um encontro rápido com a professora e contei meu plano (havíamos nos encontrado antes para discutir como estava indo o ano letivo de minha filha; portanto, não foi totalmente inesperado). Então, escrevi uma carta para a escola, avisando que estava retirando minha filha e solicitando que seu arquivo fosse enviado para o nome e o endereço da minha escola particular. A princípio, a secretária não quis abrir mão do arquivo, mas, depois que ligou para o escritório distrital, eles disseram que eu estava certa e ela teve de enviá-lo.

Para mim, como minha filha mais nova frequentava o jardim de infância da escola, era muito importante manter um bom relacionamento. Funcionou muito bem, e minha filha mais velha era bem-vinda na escola para festas e eventos dos quais participamos com minha outra filha do jardim de infância.

— CHRIS

Retirei meu filho no meio do ano porque (entre muitas outras coisas) sua professora criticava e importunava os meninos. Não avisei a professora porque pensei que ela poderia fazer algo maldoso com meu filho como retaliação. Segui as leis do meu estado para encerrar sua matrícula, e então informei à direção no primeiro dia de educação domiciliar que ele não frequentaria mais a escola. Achei que foi o plano mais seguro para a situação do meu filho.

— TRACEY

Não peça conselhos à escola sobre como lidar com esse processo – descubra as leis em seu estado e siga a opção que melhor se adapta às suas necessidades. Quando tirei meus filhos da escola pública, enviei um e-mail a cada um de seus professores três dias antes do último dia, simplesmente por respeito. Não enviei uma carta ao diretor.

O pessoal da administração me ligou alguns dias depois e me informou que eu teria de ir à escola a fim de assinar documentos para poder dar aulas em casa para os meus filhos. Eu disse a eles que sabia que isso não era o procedimento, mas, caso quisessem enviá-los para mim, junto com uma carta registrada, eu ficaria contente em deixar meu advogado examiná-los e responder. Nunca mais enviaram nada.

— APRIL

3. CONSIDERE AGUARDAR ALGUM TEMPO ANTES DE REINICIAR AS AULAS.

Se você estiver tirando seu filho de uma situação difícil, não reinicie as aulas em casa imediatamente no dia seguinte.

Crianças superdotadas que precisam de mais desafios podem estar prontas para começar a estudar em casa imediatamente, mas crianças que ficaram frustradas ou desanimadas na sala de aula, em geral, precisam de um período de "desescolarização". Se tinham dificuldades, provavelmente desenvolveram o hábito mental de se desligar quando confrontadas com tarefas escolares. Colocar apostilas escolares na frente delas de imediato não passa a mensagem de que as coisas mudaram.

» Tire pelo menos um mês e faça um aprendizado não estruturado.
» Visite museus e aquários, assista a concertos e peças de teatro, vá a locais históricos e galerias de arte.
» Faça viagens para o campo.
» Leia muitos livros com seus filhos, ouça audiolivros.
» Cozinhe com seus filhos (aproveite para falar sobre medidas).

» Assistam a documentários juntos.
» Faça experiências científicas por diversão (não se preocupe com a documentação).
» Estabeleça um hábito de ir à biblioteca.
» Inscreva a criança em atividades físicas de que ela goste – artes marciais, dança.
» Permita que seu filho descubra seus interesses.

Desescolar não é "não fazer nada". A desescolarização é planejada e deliberada. Desescolar é reintroduzir seu filho no amor pela aprendizagem.

A desescolarização faz a criança se lembrar de que a educação acontece em todos os âmbitos da vida, não apenas por meio de apostilas e livros didáticos.

> *Levamos as férias de verão (dois meses e meio) e mais dois meses para finalmente mudarmos para uma rotina suave e um cronograma de estudos bem leve durante outubro. Depois de tudo isso, minha filha está começando a recuperar a curiosidade e o amor por aprender que sua experiência escolar destruiu. Acho que, se eu tivesse insistido em altos padrões acadêmicos de imediato, ela nunca teria voltado totalmente para aquele lugar maravilhoso de aprendizagem que significa um esforço alegre.*
>
> — SHEILA

> *Retiramos as crianças da escola em outubro e fizemos um acampamento antes mesmo de sequer pensar em começar a ensinar em casa. Em seguida, começamos a fazer nossos trabalhos escolares e viajamos algumas vezes para o campo no primeiro ano.*
>
> — MOIRA

> *Meu filho frequentou a pré-escola, o jardim de infância e a primeira série em uma escola Montessori. Não desescolarizamos porque, pelo que eu poderia dizer, meu filho estava se divertindo muito na escola (embora não tenha aprendido nada no último ano, e é por isso que mudamos para a educação domiciliar).*
>
> — E. K.

4. COMECE COM O BÁSICO.

Quando você começar o trabalho acadêmico novamente, não comece logo com doze matérias de uma vez.

Comece apenas com as habilidades básicas: matemática e artes da linguagem (ou seja, fonética, ortografia e caligrafia para o jardim de infância; ortografia, gramática, redação e literatura para a terceira série e acima). Encontre sua base nessas matérias, faça-as bem e passe o resto do tempo nas atividades de desescolarização descritas na página anterior.

Depois de algumas semanas, acrescente história e ciência.

E então, quando esse hábito for estabelecido, inclua qualquer coisa que planejou adicionar: lógica, línguas estrangeiras, artes plásticas, artes aplicadas, projetos.

5. DIGA A SI MESMO: "ESTAMOS INDO MUITO BEM. ENTÃO, QUAIS SÃO SEUS PLANOS DE FÉRIAS ESTE ANO?"

Em outras palavras, não sinta que precisa defender sua escolha para amigos e familiares.

Ou seu pediatra.

Ou, por falar nisso, para balconistas aleatórios que perguntam por que seus filhos estão com você no meio de um dia letivo.

Há muitas evidências de que a educação domiciliar funciona. Não, a socialização não vai ser um problema. Não, eles não se transformarão em desajustados. Sim, eles poderão entrar na faculdade.

Se você fez alguma das leituras sugeridas no Apêndice C, encontrará boas respostas para todas essas preocupações e muito mais. Mas a única prova verdadeiramente convincente de que a educação domiciliar é uma boa ideia é que seu filho começa a prosperar.

» E isso leva tempo.
» Você é o pai ou a mãe.
» Pode tomar essa decisão sem ser questionado.
» Não tem que se defender.
» Mude de assunto e continue estudando em casa.

Calmamente, cuidamos de nossos assuntos, e quando nos perguntam qual escola nossos filhos frequentam, apenas respondemos que eles estão estudando em casa. Quando perguntam "por quê?", respondo que é porque funciona bem para nossa família. Não dou nenhuma informação adicional. Respostas curtas e diretas são o caminho a seguir.

— KIM

O que me ajudou foi dizer: "Bem, acho que vamos tentar por um ano. Vamos ver o que acontece.".

Ao longo daquele ano, eu atualizava todos a respeito das coisas que estávamos fazendo que eram divertidas e educacionais. Os familiares e as outras pessoas ficaram muito impressionados. Eu também fiquei impressionada com os resultados do meu filho em sua prova anual de desempenho, da qual tive o cuidado de não me gabar.

O bom dessa abordagem é que você pode mudar de ideia. Nós decidimos que ele irá para a escola pública no próximo ano – muito esforço foi investido nessa decisão, e estou mesmo em paz com isso porque sei que é o melhor para a nossa família – então, ninguém pode dizer: "Eu avisei! Eu disse a você que estudar em casa não funcionaria!". Porque claramente deu certo neste ano, e ainda assim somos livres para fazer nossas próprias escolhas sobre o que é melhor para a nossa família a cada ano.

— NYSSA

CAPÍTULO 19

Como desenvolver independência

Sair da sala de aula dos ensinos fundamental e médio não é apenas um afastamento da educação de modelo fabril; é também um afastamento da supervisão do modelo fabril.

As salas de aula do ensino primário *devem* ser rigidamente controladas, ou então se dissolvem no caos. A maioria dos alunos do ensino fundamental e a maioria dos alunos do ensino médio também estão sob uma direção estrita: são informados sobre o trabalho a fazer, sobre quando devem fazê-lo, quando estudar, quando comer; às vezes, podem ou não ir ao banheiro. O professor deve atuar como capataz.

Deixando de lado esse descuido, os jovens alunos costumam ter dificuldades.

> *A coisa mais difícil para minhas meninas foi a transição para mais liberdade. Elas estavam, respectivamente, na terceira série e na sexta. Foram condicionadas a ter todos os momentos do dia programados e a seguir regras para tudo. Depois de vários colapsos, acabei estabelecendo um cronograma muito mais rígido do que havia planejado a princípio, apenas para superar isso.*
>
> — MONA

Em casa, você tem a oportunidade de transformar o aprendizado em uma busca autodirigida, em vez de um conjunto de atribuições arbitrárias ditadas de cima para baixo.

Ensinar os alunos a trabalhar de forma independente é uma parte central desse realinhamento.

AS ETAPAS DO ESTUDO INDEPENDENTE

A FASE DOS PAIS PRÓXIMOS (DA PRÉ-ESCOLA À SEGUNDA OU TERCEIRA SÉRIE OU POR VOLTA DOS 8 ANOS)

Nessa fase, fique perto da criança enquanto ela estuda.

As crianças pequenas precisam de orientação cuidadosa. Algumas precisam ser tranquilizadas enquanto estudam: "Sim... bom trabalho nessa frase... você está fazendo um trabalho maravilhoso!". Outras precisam de lembretes constantes para se manter atentas: "É hora de parar de olhar pela janela. Pegue seu lápis. Levante-se do chão – você pode fazer uma pausa para brincar em breve. Pegue seu lápis". (Esta sou eu materializando minha personalidade de mãe de meninos de 3 anos.)

Nos primeiros anos, a educação domiciliar é, inevitavelmente, uma atividade intensiva para os pais. Alguns alunos do ensino fundamental excepcionalmente maduros podem ser capazes de trabalhar por conta própria por curtos períodos de tempo, mas você deve ter um planejamento para ensinar ativamente ou, então, ajudar durante a maior parte do tempo de aprendizagem da criança.

A boa notícia: quando a criança não está em uma sala de aula, todo o trabalho acadêmico necessário para uma excelente educação primária pode ser concluído em quatro horas ou menos. Mesmo nas melhores salas de aula, os professores passam boa parte do dia fazendo chamadas, dando avisos, lidando com alunos que podem ter faltado no dia anterior, distribuindo materiais, recolhendo materiais, distribuindo tarefas e corrigindo mau comportamento. Os alunos que terminaram as tarefas muitas vezes têm de se ocupar até que os outros tenham terminado. Ir de uma atividade para outra, ficar na fila para almoçar e fazer limpeza depois do almoço, ir e vir dos armários, tudo isso toma tempo do aprendizado – sem mencionar o tempo perdido apontando lápis, com idas desnecessárias ao banheiro e conversas com amigos.

> *Eu era professora em sala de aula (primeira série), e, quando começamos a estudar em casa (terceira série), fiquei chocada com o quanto fazíamos mais em um dia em casa do que em uma semana na sala de aula.*

Não é apenas a quantidade de trabalho que é realizada, é o fato de que está fornecendo ao seu filho aulas particulares, comentários imediatos e um desafio adequado. Simplesmente não se pode fazer isso na sala de aula. Então, sim, meus filhos tiram mais proveito de uma única aula do que tirariam sentados em uma sala de aula ouvindo/praticando um conceito durante toda a semana.

Perde-se muito tempo nas escolas. Não se trata apenas de pegar os livros — é se preparar para o almoço, preparar-se para o recreio, limpar, lidar com o comportamento, parar para assembleias/testes de alarme de incêndio/palestrantes convidados, etc. No entanto, muitas dessas coisas têm valor. As crianças estão aprendendo a ter paciência, a cooperar e a se comportar na escola. Estão tendo experiências únicas e conseguindo ver o mundo "real".

Ainda assim, minha filha com deficiências de aprendizagem consegue, todos os dias, ter aulas de qualidade, dez vezes mais do que em um dia na escola, por causa de todas as coisas da escola que a impediam de realmente aprender.

— NORA

Mais boas notícias: ensinar uma criança tranquila e descansada em casa logo pela manhã é uma tarefa muito mais simples do que lutar para fazer até mesmo a lição de casa mais simples com uma criança que está acordada desde as 6h da manhã e já ficou sentada na escola trabalhando por horas e horas.

A lição de casa do ensino fundamental costuma ser uma grande luta – porque provavelmente não deveria ser dada. Ensinar em casa é uma experiência totalmente diferente.

Educação domiciliar é muito mais fácil do que ajudar com a lição de casa. No final do dia, as crianças estão cansadas e, em geral, desanimadas em termos de aprendizagem. Mas eu posso ensinar minha filha na hora do dia em que é realmente mais fácil para ela aprender, e isso rende muito mais.

— CAROL

Tive amigos que disseram: "Gostaria de ensinar em casa, mas não fui feito para ser o professor do meu filho. Já temos bastante dificuldade com as batalhas diárias com a lição de casa". A educação domiciliar não precisa ser tão conflituosa quanto dar duro depois de um longo dia na escola, mas é isso que os pais imaginam, e por isso sentem que "não conseguiriam fazer isso".

— SUNNY

Portanto, embora você esteja ao lado de seu filho a maior parte do tempo enquanto ele faz os trabalhos escolares da pré-escola até a segunda ou terceira série, esse tempo não será de sete ou oito horas; nem será uma longa luta.

A FASE DOS PAIS QUE PAIRAM (DA TERCEIRA À QUINTA SÉRIE, OU ENTRE AS IDADES DE 8 E 10 ANOS)

Em algum momento durante a terceira série, você deve começar a deixar de ser o pai próximo *para cada matéria estudada*.

Haverá inevitavelmente alguns tipos de tarefa em que será necessário dar mais ajuda e apoio para que a criança não fique frustrada ou sobrecarregada. (Para um dos meus filhos, era sempre latim. Mesmo no colégio, se não estivesse sentada com ele e treinando, ele ficava com aquele olhar hipnotizado. Ele *não* se tornou um estudioso dos clássicos.) Mas, no geral, você deve seguir em direção a um novo padrão: repassar o conteúdo a ser aprendido, falar sobre qualquer coisa que precise ser processada por meio de discussão, e depois pedir à criança que conclua o trabalho restante por conta própria.

Para mim, "pairar" significa que você está fazendo outra coisa, mas que geralmente está por perto. Os alunos da quarta e da quinta série normalmente têm um intelecto que está à frente de sua capacidade de resistir à distração; se você enviar uma criança para concluir a tarefa em seu quarto, é provável que ela ache que olhar para o teto é muito mais fascinante do que terminar a atividade da apostila em suas mãos.

Treinar uma criança para estudar de forma independente significa que, a princípio, você pode passar um bom tempo observando-a e dizendo: "Ainda está pensando no seu projeto? Porque parece que está olhando pela janela..."; e: "Sei que você ama o cachorro, mas por que não termina de ler um capítulo do livro primeiro e depois coça as orelhas dele para relaxar?".

Se a criança parecer particularmente dependente de sua ajuda, tente desenvolver a independência dela adiando sua chegada para ajudar. Se ela te chamar, diga: "Tente resolver isso sozinha por mais cinco minutos, e então, se ainda precisar de mim, me chame e virei ajudar". É claro que você vai querer dar o máximo de ajuda necessária, mas também desejará interromper o costume automático de chamar a mamãe ou o papai sempre que as coisas ficarem difíceis.

Nessa fase, é hora de dar às crianças uma lista de checagem de toda a apostila a ser feita durante o dia; tanto quanto puder, deixe-as escolher a ordem em que farão a tarefa e marque cada tarefa assim que for concluída. É da natureza humana: se você não tiver controle sobre uma atividade, é muito menos provável que assuma a responsabilidade por ela. A responsabilidade é o outro lado do controle.

E, antes que os alunos possam ir muito mais além em direção à independência, precisam ser ensinados a assumir responsabilidades, não apenas pelo trabalho acadêmico, mas também por toda a agenda. Sugiro que, na quinta série, você comece a ensinar a criança a organizar e manter uma agenda.

Invista em um calendário de parede ou em uma agenda para o aluno. (Ou vocês podem, é claro, usar uma ferramenta de agendamento com base na web ou no computador – só que, pela minha experiência, vi que os alunos do ensino médio se distraem mexendo na tecnologia ou acham que clicar nas redes sociais é irresistível quando estão online.)

Ajude o aluno a anotar todos os prazos das tarefas: quando as redações precisam ser concluídas, por exemplo, ou quando precisará terminar a leitura de um livro. Ajude-o também a anotar os compromissos que podem afetar sua rotina: serviços de babá, passeios em família, férias, consultas médicas, etc.

Estabeleça um *check-in* matinal regular, para que, quando o aluno realmente *olhar* para o calendário ou a agenda, ele veja não apenas o que precisa ser feito *hoje*, mas também o que deverá fazer *na próxima semana* e até mesmo *durante o mês*. Leva muito tempo para desenvolver esse hábito, e é importante que ele esteja firmemente estabelecido antes do primeiro ano da faculdade.

Na quinta série, oriente o aluno também para que ele comece a assumir a responsabilidade de se levantar e deitar na hora certa. Quer você esteja educando em casa ou não, é fácil adquirir o hábito de ser o despertador e o guardião do toque de recolher da criança. No ensino médio, é hora de transferir essa responsabilidade para quem ela pertence.

A FASE ADMINISTRAR E DAR VISTO (DA SEXTA SÉRIE EM DIANTE, OU A PARTIR DOS 11 ANOS)

À medida que as crianças chegam à adolescência, sua capacidade de permanecer concentrada na tarefa sem supervisão direta continua a aumentar. Agora, você pode reduzir o pairar.

Treine-as para trabalhar com responsabilidade e manter o foco enquanto estão *fora* de sua vista. Nessa fase, você deve conhecer o seu ritmo natural de trabalho. Revise o conteúdo com eles, dê-lhes uma tarefa clara, um prazo razoável e um cronômetro. Diga para voltarem a entrar em contato no final do prazo, mesmo se o trabalho não estiver concluído.

Se a tarefa *não* for concluída, investigue. O aluno encontrou dificuldades inesperadas? Ou se distraiu e mexeu em um projeto, mandou uma mensagem para um amigo, folheou um romance ou gibi? Em caso afirmativo, você terá de sentar-se diante dele até que termine a tarefa. Se a tarefa foi concluída a tempo, gratifique-o pela empreitada. Faça uma pausa ou um lanche. O aluno merece uma recompensa por ter feito um bom trabalho.

E se a tarefa for concluída, mas não estiver boa?

Ao delegar a tarefa, diga exatamente o que você espera. Se disser "responda a essas perguntas e depois me mostre", mas não disser "responda a essas perguntas com uma caligrafia legível, em frases completas, pontuadas corretamente, em apenas um lado do papel", não se surpreenda se receber uma série de frases rabiscadas. Se não for específico, não poderá penalizar o aluno por não ter adivinhado o que você queria.

Se *der* instruções detalhadas e elas não forem seguidas, a tarefa deverá ser refeita. Não puna seu filho nem o penalize; ter de repetir a tarefa *é* a penalidade.

Existem dois aspectos mais importantes para a aprendizagem da independência no ensino fundamental. Primeiro: um grande desafio para a maioria dos alunos do ensino fundamental é organizar corretamente os livros e as tarefas concluídas. Quanto mais trabalho fazem por conta própria, maior é a probabilidade de acabarem no meio de um mar de papel amassado.

Estabeleça uma única estante para todos os livros escolares ou perderá horas procurando textos perdidos. Essa é uma área em que você provavelmente *deve* impor uma penalidade que se encaixe no estilo de sua família: toda vez que não colocar seus livros de volta na prateleira, ele terá uma tarefa doméstica extra/perderá tempo de internet/perderá um privilégio.

A voz da experiência em relação ao armazenamento de papel: a maioria das crianças não coloca papéis em uma pasta ou num fichário, não importa quão boa seja a intenção. Um livro de organização doméstica que li há muitos anos apontou que, embora as crianças possam ser treinadas para jogar meias em uma gaveta, exigir que usem pequenas divisórias dentro da gaveta resultará em desistência. O mesmo se aplica aos papéis. Meu conselho é dar-lhes caixas onde possam armazenar papéis com um mínimo de esforço; então, você poderá sentar-se de tempos em tempos e organizar os papéis em uma ordem de armazenamento permanente.

Segundo: entregue a eles o livro do professor ou o gabarito de respostas. Para atividades que podem ser verificadas de modo objetivo, como problemas de matemática e exercícios de gramática, dê a tarefa, diga ao aluno para verificar o próprio trabalho, marcar o que errou, e então peça que ele identifique e explique os erros. Cometer erros, entender por que e corrigi-los é *como* o aprendizado acontece. Não deixe os alunos abdicarem dessa responsabilidade. A tarefa é *deles*, o aprendizado é *deles*, a educação é *deles*.

A FASE SUPERVISOR DE PLANTÃO (ENSINO MÉDIO)

À medida que seus filhos ingressam no ensino médio, você troca de função: de professor para orientador. Os alunos educados em casa tornam-se cada vez mais independentes em seu aprendizado, mas também precisam de professores, tutores e classes externas; seu trabalho é organizar e orientar as oportunidades de aprendizagem deles.

Os alunos do ensino médio podem ganhar créditos de várias maneiras (consulte o Apêndice A), como por meio de:

» trabalho independente supervisionado pelos pais;
» estudo independente autoprojetado;
» curso organizado e supervisionado por um professor particular (costumamos usar alunos do segundo e do terceiro anos da universidade mais próxima);

» curso independente ou módulo de aprendizagem (como um curso livre, supervisionado pelos pais ou por um tutor;
» curso de ensino médio online (há vários sites que oferecem cursos de reforço e similares, basta pesquisar);
» aula em um colégio universitário;
» aula de matrícula dupla num colégio universitário ou numa universidade local;[1]
» aulas em uma escola pública ou privada local que permite que alunos que estudam em casa participem.

Há centenas e *centenas* de opções para o ensino médio em casa. Os guias de educação domiciliar no Apêndice C oferecem planos para programar e documentar o ensino médio. Visite também o mural *High School* em forums.welltrainedmind.com para descobrir o que deu certo para outros pais.

Terceirizamos o idioma estrangeiro (dois semestres universitários de quatro unidades) como matrícula dupla no colégio universitário local, com cada um de nossos filhos fazendo isso na terceira série do ensino médio. Para fazer com que o ensino médio em casa não fosse exaustivo, também procuramos alguns programas que nossos filhos seriam capazes de fazer de forma mais independente: matemática com um módulo em DVD e alguns cursos baseados em uma série de palestras da Teaching Company. Às vezes, contabilizamos as horas de alguma atividade extracurricular em que houve aprendizado para obter um crédito-aula (em nosso caso, foi o envolvimento em um programa de jovens do governo que rendeu créditos--aula da matéria Governo Americano). Também usamos programas de educação domiciliar escritos especificamente para o aluno e programas "roteirizados" para os pais com todas as perguntas e tarefas de escrita definidas para nós.

— LORI

Decidimos terceirizar completamente a escola para minha filha mais velha no próximo ano, a fim de complementar algumas das aulas em casa. Metade de suas aulas de ensino médio será no colégio universitário. A Flórida permite matrícula dupla, então ela obterá seu

[1] A matrícula dupla, oferecida por universidades e colégios universitários em muitos estados, permite que alunos do segundo e do terceiro ano do ensino médio se matriculem nas aulas da faculdade e recebam crédito tanto do segundo grau quanto da faculdade por seus trabalhos acadêmicos, o que lhes possibilita começar o primeiro ano da faculdade com créditos já concluídos.

diploma de graduação desse colégio. Três de suas aulas serão ministradas por meio da Escola Virtual da Flórida, que é gratuita. O restante será feito por intermédio de alguns programas online que oferecem as aulas que almejamos e que não estão disponíveis nas outras duas escolas. A maior parte do meu suplemento se dá na forma de literatura/leituras adicionais, palestras (Teaching Company ou conteúdo didático livre) e discussões.

— MELISSA

Para meu filho mais velho, tornei-me principalmente um mediador, porque ele queria/precisava de outras vozes além da minha. No primeiro ano do ensino médio, ele fez três cursos com dupla matrícula, dois cursos por correspondência do ensino médio, e eu o coloquei em uma cooperativa de educação domiciliar para algumas outras coisas, como preparação para a prova SAT, companhia de teatro, jornalismo, etc. Ele fez aulas de educação física nadando durante todo o ano e diversas outras aulas relacionadas a esportes.

— CONNOR

Decidimos que queríamos fazer aulas de biologia avançada em casa. Então, usamos um texto recomendado pela AP (Campbell). Meu filho completou, nas aulas presenciais e também remotas, os doze laboratórios obrigatórios do College Board. Ele se preparou para a prova usando dois livros diferentes, depois fez o exame. No histórico escolar dele, estou listando biologia junto com sua nota da AP. Como meu plano de estudos não foi aprovado pelo College Board, não posso chamar a matéria de "Biologia AP". Mas isso mostra que ele atingiu os níveis da AP.

— JANE

Quando seu filho se aproximar do ensino médio, sente-se com ele e, juntos, façam um plano provisório de quatro anos que atenda aos requisitos do histórico escolar (descritos no Apêndice A). Esse plano está em constante revisão, mas é uma boa ideia saber onde as línguas estrangeiras se encaixam, quais cursos serão requisitos básicos e quais mostrarão desempenho avançado e para onde irão as energias primárias do aluno (Matemática? Literatura? Dança? Engenharia?). Então, a cada ano, você poderá decidir como cada curso será feito e ministrado.

Criar um plano de ensino médio excelente e personalizado para o aluno é responsabilidade sua; verificar regularmente se a tarefa está progredindo também é responsabilidade sua; aprendizagem é responsabilidade do aluno.

Dei uma olhada nos requisitos da minha cidade, nos da The Well-Treined Mind e também nas exigências para ingressar no tipo de faculdade pela qual meu filho pode se interessar; então, eu os combinei com os interesses dele para desenvolver um plano inicial.

No máximo, uma faculdade vai exigir quatro anos de língua estrangeira (a mesma, de preferência), quatro anos de artes da linguagem, quatro anos de matemática com pelo menos estudos de cálculos a cada ano, quatro anos de ciências com pelo menos três laboratórios, um ano para cada uma das matérias história mundial, história dos Estados Unidos, governo e economia, algumas referências de artes plásticas, algumas habilidades em informática, anos extras de qualquer coisa em que o aluno esteja se especializando, e também uma avaliação externa do histórico escolar elaborado em casa, como notas do SAT ou aulas de algum tipo dadas por profissionais. Os requisitos da minha cidade eram menos do que isso – mesmo assim, quatro anos de matemática e artes da linguagem, mas apenas dois ou três anos das outras matérias. A maioria das faculdades fica em algum ponto entre minha cidade e a lista máxima.

Comecei buscando o máximo e acabei com menos, pois decidimos que as coisas que envolviam os interesses do meu filho eram mais importantes do que, digamos, quatro anos da mesma língua. Isso realmente ajuda a definir os objetivos da sua família; comece com sua definição de um adulto bem educado e trabalhe de trás para a frente, tentando descobrir como chegar lá.

Não se esqueça de que entrar na faculdade é apenas metade da batalha. A outra metade é conseguir prosseguir nos estudos. Isso significa que seu filho precisa ter habilidades de estudo, organizacionais e sociais, para poder aprender em sala de aula. Converse muito com seu filho sobre quais são seus interesses e envolva-o no processo de planejamento.

— NAN

Enquanto estiver planejando o ensino médio, lembre-se de que existem outras áreas nas quais seu filho precisa desenvolver independência.

Assim que a criança tiver idade suficiente, ajude-a a abrir uma conta-corrente (uma conta conjunta é um bom ponto de partida) com um cartão de débito. Incentive-a a *usar* o cartão de débito. Saber manter o controle dessas despesas sem entrar em dívida é uma habilidade vital para a vida. (Melhor agora do que como um calouro da faculdade.)

Ensine habilidades básicas de culinária. Faça-o realmente *praticá-las*. Ele pode cozinhar o jantar para a família ocasionalmente. Não precisa ser nada sofisticado.

Quando as crianças chegarem aos 16 anos, considere deixá-las no consultório médico para que façam suas consultas sozinhas (enquanto você espera por perto, caso precisem de ajuda ou alguma mediação). Lidar com uma consulta médica pode ser complicado para as crianças; elas precisam apresentar o cartão do plano de saúde, explicar o motivo da consulta, preencher a papelada e conversar com a equipe médica. Se não praticarem isso agora, vão terminar com a praga dos calouros na faculdade e terão que descobrir como passar por uma consulta médica *enquanto* se sentem sobrecarregadas e doentes. Minha experiência com três filhos (até agora) durante o ano em que foram calouros mostrou que, por ser uma experiência intimidadora, eles simplesmente deixaram de ir ao médico até estarem tão doentes que precisaram da nossa intervenção (dos pais).

Ensiná-los a lavar as próprias roupas é ótimo, mas, se você quiser que sejam *realmente* independentes, permita que comprem seu próprio detergente. (Você pode fornecer os fundos, mas não o detergente.) É um pouco chocante para eles chegarem à faculdade e perceberem que não podem simplesmente pegar o detergente da família.

Certifique-se de que eles sabem o que fazer se forem parados no trânsito pela polícia. Presumi que isso seria abordado na autoescola, mas descobri que, às vezes, não é. A primeira vez que isso aconteceu com um dos meus filhos, ele ficou tão em pânico que me ligou do carro para saber o que deveria fazer. Felizmente, o oficial levou em consideração o nervosismo do jovem motorista, mas tivemos sorte.

O conselho mais útil que recebi sobre o planejamento do ensino médio tinha a ver com coisas fora do planejamento acadêmico e independentes dos créditos: garantir que planejasse e agendasse um tempo durante os anos do ensino médio para as coisas que eu queria que nossos filhos aprendessem ou experimentassem antes de graduar, tais como:

– desenvolver habilidades básicas para a vida (como fazer compras/cozinhar; fazer um orçamento/declarar impostos/organizar as finanças; fazer a manutenção básica do carro ou a manutenção doméstica básica, etc.);

– conversas significativas (sobre como fazer escolhas; sexo oposto/namoro/casamento; tópicos espirituais; compartilhar medos ou sonhos, etc.);

– desenvolver bons hábitos de vida;

– passar as férias em família;

– permitir que nossos filhos tivessem tempo para experimentar hobbies *e desenvolver interesses;*

– deixar "espaço de manobra" na programação para permitir que buscassem interesses inusitados (como créditos eletivos ou atividades extracurriculares).

— LORI

Capítulo 20

Estratégias de ensino prontas para o uso

Queremos que nossos filhos cumpram suas tarefas com energia e as concluam sem reclamar. Queremos que tenham sede de conhecimento. Queremos que amem aprender.

Se tudo isso se tornasse realidade, seria incrível.

Você pode criar um ambiente que *estimule* o amor pela aprendizagem, mas não pode criar o amor pela aprendizagem. Pode oferecer aos seus filhos recursos para matar a sede de conhecimento, mas não pode causar a sede.

A verdadeira apreciação do valor da educação só vem com a maturidade. E, muitas vezes, quando estamos lidando com nossos filhos, esperamos que essa maturidade se manifeste logo. Em algumas crianças, algo precisa ser ligado no cérebro para que elas se tornem alunos motivados e engajados. Nesse meio-tempo, talvez você precise ser um pouco astuto na maneira de ensinar.

Deixe-me sugerir algumas maneiras de fazer seus filhos ouvirem e aprenderem enquanto você espera que desenvolvam o amor pela aprendizagem.

UMA ADVERTÊNCIA

Um aviso, antes de prosseguir.

Tudo o que veremos a seguir pressupõe uma situação familiar não patológica – na medida em que qualquer relacionamento familiar possa ser "normal" – e que você tenha um relacionamento normal com seus filhos.

Às vezes, quando dou palestras nas grandes conferências sobre educação, sou abordada por pais que estão cogitando ensinar em casa e me perguntam: "Como você reage quando pede para seu filho fazer a tarefa e ele simplesmente diz 'não'?". Nunca sei bem o que responder. Quando fazíamos os deveres da escola, meus filhos às vezes choramingavam, reclamavam, arrastavam os pés, apresentavam um trabalho desleixado e deixavam atividades inacabadas. Isso é o que as crianças fazem. Mas eu realmente não consigo imaginar um cenário em que um deles simplesmente se viraria e me diria: "Não".

Essa não é a nossa dinâmica familiar. A provocação é uma área proibida.

Se está lidando com uma criança que é tão oposicionista que você não consegue nem lhe delegar tarefas, nada do que eu disser a seguir irá ajudá-lo. Recomendo fortemente que procure aconselhamento de um profissional para a criança e terapia para a família.

AS ESTRATÉGIAS

ESTRATÉGIA 1: SUBORNO

O suborno tem má reputação. Mas seja honesto consigo mesmo: quando faz algo difícil ou finaliza uma tarefa que realmente não queria fazer, você se recompensa depois, talvez com comida, um pouco de Netflix, ou apenas uma caminhada pelo escritório ou alguns minutos conversando com amigos.

Não há nada de errado em dar a uma criança uma recompensa por fazer algo que vai contra suas inclinações naturais. Você não será capaz de converter seus filhos a um amor motivador pela gramática ou pela matemática só porque lhes diz como as orações subordinadas e a tabuada de multiplicação serão importantes mais tarde na vida deles. Diga que, quando a apostila terminar, eles poderão comer algumas gotas de chocolate. Ou que terão quinze minutos para brincar com o Lego. Ou poderão fazer uma pausa para brincar lá fora.

Obviamente, se tiver de subornar uma criança para que faça *todos* os trabalhos escolares, você está lidando com um problema. Você precisa repensar seu programa de ensino, porque, claramente, ele está entediando a criança a ponto de fazê-la chorar. Mas existem algumas áreas de aprendizagem que sempre serão uma luta. Dê à criança um motivo concreto para se debruçar nas tarefas.

Alguns pais me disseram coisas como: "Eu quero desenvolver o caráter do meu filho. Não deveria aprender a estudar simplesmente por fazê-lo?". Sou fã do desenvolvimento do caráter, mas também acho importante ensinar bem, e um princípio do bom ensino é que você nunca peça a uma criança que faça duas coisas novas e difíceis simultaneamente. Se a lista de ortografia é nova e difícil, deixe a criança lutar apenas com a lista de ortografia, não com a lista de ortografia *e* o desenvolvimento de personagens. Há muitas oportunidades não acadêmicas durante o dia, quando o desenvolvimento de personagens pode ocupar o palco principal. A lição de gramática não precisa ser uma delas.

Portanto, use recompensas. Tudo é menos terrível quando há um biscoito no final.

ESTRATÉGIA 2: BICADO ATÉ A MORTE POR PATOS

Caso não more em uma fazenda, saiba: levaria muito tempo para um pato bicar qualquer coisa até a morte. Mas se continuar bicando...

Haverá progresso em praticamente qualquer matéria se você mantiver o foco durante quinze minutos, seis dias por semana.

Às vezes, as crianças ficam tão frustradas com uma matéria que é quase impossível progredir. Elas simplesmente se recusam a tentar entender. Faça uma barganha: não precisa fazer a lição inteira, ou ler o capítulo inteiro, ou terminar o exercício inteiro. Só quero que trabalhe o máximo que puder por quinze minutos. Então, poderá parar. (Sugiro que diga que isso terá de ser feito aos sábados também. Explique que isso é uma troca: eles não precisam mais completar uma lição de uma hora, mas em troca devem estar dispostos a estudar seus quinze minutos seis dias por semana.)

Você não verá progresso semanal dessa forma. Mas, se for diligente, verá o progresso ao longo de alguns meses. É preciso paciência da sua parte.

Crianças que são naturalmente aptas a multitarefas e passam de um projeto a outro podem se beneficiar disso; incentive-as a se concentrar muito durante um período de tempo administrável. Se a criança está realmente tão exausta ou frustrada a ponto de simplesmente desenvolver uma aversão à matéria, quinze minutos não é uma eternidade. E, se uma criança não tem idade suficiente para achar a matéria fácil (escrever, por exemplo, realmente *faz* doer as mãozinhas), quinze minutos por dia ajudará qualquer criança a amadurecer lentamente.

ESTRATÉGIA 3: DIMINUA DRASTICAMENTE O NÍVEL DE DIFICULDADE E EXPANDA O TEMPO

E se você sabe que a criança é capaz de fazer a atividade, mas está arrastando os pés, pedindo ajuda constantemente, protelando, deixando a tarefa inacabada?

É possível que ela esteja esbarrando no limite de sua capacidade e de maturidade numa matéria. A tarefa não está completamente fora de seu alcance, mas *quase* está. Estudar nesse nível é mentalmente exaustivo. (Uma boa pergunta a se fazer é: algo mudou? Uma criança que está estudando no limite de sua capacidade pode parecer perdida se outra coisa absorver parte de sua energia – um resfriado persistente ou um surto de alergias, um novo esporte ou uma nova equipe ou sessão de prática atlética, a puberdade...)

Volte para um nível anterior e expanda o tempo gasto. Se Álgebra I estava indo mais ou menos bem, mas depois se tornou uma batalha constante, diminua dois níveis de matemática e peça à criança para passar o dobro do tempo estudando. Se uma hora de literatura do ensino médio a sobrecarrega, peça para ler romances do ensino fundamental por duas horas todos os dias. Faça isso por um mês e depois faça outra tentativa com a matéria.

Pense nisso como um retorno às habilidades fundamentais. Qualquer dançarino dirá que aperfeiçoar *pliés* é uma parte essencial do treinamento de movimentos avançados. A criança pode precisar de mais prática em habilidades básicas e fundamentais antes de conseguir seguir em frente. E um retorno ao nível mais fácil também vai fazer com que se lembre da sensação de estudar *bem* aquela matéria, tirando-a do nível "não consigo fazer isso" (no qual nenhuma aprendizagem acontece).

ESTRATÉGIA 4: ENSINO DE TRÊS VIAS (OUVIR, SENTIR, VER)

Não fique preso a apenas uma maneira de ensinar. Lembre-se de que as crianças aprendem no âmbito visual, auditivo e físico. Tente ensinar a mesma matéria de três maneiras.

Livro difícil? Peça-lhe que leia um capítulo em voz alta. Então, você lê o próximo capítulo em voz alta. Em seguida, mande-a andar pela casa enquanto lê mais um capítulo.

Dificuldades com um problema de matemática? Faça com que ela resolva no papel. Depois, peça para que o demonstre com objetos manipuláveis – Escala Cuisenaire, bloquinhos ou mesmo feijões ou palitos de dente. Então, peça para que resolva o problema em voz alta, sem escrever.

Ela não consegue se lembrar de uma regra gramatical? Cante em voz alta várias vezes com ela. Em seguida, dê um exercício. Depois, peça-lhe para desenhar uma história em quadrinhos ilustrando a regra.

Ouvir, sentir, ver.

ESTRATÉGIA 5: USE UM CRONÔMETRO

Crianças inquietas podem precisar de um limite de tempo.

Isso pode parecer básico, mas só funciona bem se você implementar corretamente. Em primeiro lugar, perceba que toda criança tem um ritmo natural. Algumas estudam rápido. Outras são bem mais lentas. Você não conseguirá mudar isso, e, de fato, um dos grandes pontos fortes de ensinar em casa é que seu filho não será forçosamente apressado ou atrasado. Mas o que você *pode* fazer é ensinar a criança a minimizar o tempo perdido e as distrações.

Observe seu filho estudar, lembrando-o de permanecer focado na tarefa, até que você tenha alguma ideia de qual seria o prazo razoável para a atividade em questão. Em seguida, coloque um cronômetro ou relógio de contagem regressiva ao lado da criança e diga a ela: "Você tem quinze minutos para terminar esses problemas". Deixe o cronômetro totalmente visível. Não é fácil sentir a passagem do tempo. Isso não acontece naturalmente. Até mesmo os adultos falam sobre o tempo voando ou se arrastando, e as crianças têm muito menos prática em medir quanto tempo está passando.

Também recomendo que use um cronômetro que não tenha campainha ou alarme. A perspectiva do barulho no final pode paralisar algumas crianças, principalmente durante os últimos minutos, quando tudo em que conseguem pensar é "quando o alarme vai tocar?".

Ficar de olho no cronômetro começará a treinar o aluno para minimizar as distrações. A princípio, você pode ajudar lembrando-o de controlar o tempo: "Vai ao banheiro de novo? Olhe o cronômetro. Não acho que tenha tempo suficiente para terminar esses problemas e ir ao banheiro". Em última análise, você o está treinando para perceber essas distrações por si próprio e permanecer concentrado na tarefa.

Uma última dica: use cenouras, não palmatórias. Não penalize a criança se ela ultrapassar o tempo; apenas prometa recompensas se ela terminar antes do limite de tempo. Não diga nada como: "Se não terminar, ficará sem seu iPod hoje". Em vez disso, ofereça gotas de chocolate, tempo para brincar com o Lego ou uma pausa ao ar livre, se atingirem a meta. A perspectiva de punição pode ser paralisante e não deixa espaço para dificuldades inesperadas.

ESTRATÉGIA 6: PROGRAMAR BLOCOS

Estudar todos os dias cinco ou seis matérias diferentes, por 45 minutos cada uma, parece natural apenas porque você está familiarizado com isso. Provavelmente, é assim que você foi ensinado; então, é normal configurar seus dias de educação domiciliar da mesma maneira.

Não é assim que muitas crianças aprendem naturalmente. Algumas aprendem melhor quando podem se concentrar em uma coisa de cada vez. Outras demoram muito para começar, revisando tarefas anteriores, orientando-se para a tarefa; são como trens de carga muito carregados que começam muito lentamente e levam muito tempo para ganhar velocidade. Se você parar uma dessas crianças e trocar de matéria quando ela estiver ganhando impulso, ela vai parar de aprender.

Você pode dar história um dia, matemática no outro, ciências no dia seguinte, e permitir que a criança trabalhe o dia inteiro em uma matéria.

Você pode fazer uma semana de história, uma semana de matemática, uma semana de ciências...

Você pode passar um *mês* com história, um *mês* com matemática...

Não tenha medo de fazer mudanças drásticas na programação da sala de aula que provavelmente estão no fundo de sua mente. Contanto que tenha uma meta e esteja se movendo em direção a ela, pode fazer essas mudanças em qualquer período de tempo que desejar.

Minha única advertência: quanto mais jovem a criança, mais frequentemente precisará revisitar as informações para que não sejam esquecidas. (Se não soletrar com um aluno da primeira série por duas semanas, é provável que ele não se lembre do que fizeram na última lição.)

ESTRATÉGIA 7: MOMENTOS DE VELOCIDADE

Não é uma ótima estratégia de longo prazo, mas uma mudança divertida de ritmo é boa para matérias que precisam de exercícios e práticas regulares: coloque tudo o que precisa ser feito na mesa, com espaçamento uniforme ao redor, e diga à criança que ela tem dez minutos para ir o mais longe que puder na primeira matéria antes que você grite "Troque!". Inicie o cronômetro. Aos dez minutos, ela *deve* deixar o que está fazendo e ir para a próxima matéria.

É claro que isso não vai funcionar muito bem com literatura ou história, ou com uma leitura científica, mas pode adicionar um pouco de diversão ao dia, especialmente se houver exercícios do tipo apostila que precisam ser feitos. Crianças competitivas e naturalmente aptas a multitarefas vão adorar. (Perfeccionistas e introvertidos, não. Nem tente.)

ESTRATÉGIA 8: A LISTA DE CHECAGEM

Algumas crianças precisam de controle de seu dia para aprender bem. Isso pode ser difícil de implementar, especialmente quando ainda precisam de uma ajuda considerável com a matéria, mas aqui está uma maneira de dar a elas esse controle. Faça uma lista de checagem no início do dia. Coloque nela tudo o que a criança precisa fazer: matérias a serem estudadas, projetos independentes, tarefas domésticas, compromissos. Na medida do possível, deixe o aluno escolher a ordem em que essas coisas serão feitas. À medida que cada tarefa for concluída, o aluno deverá dar um visto com uma caneta.

Com a lista de checagem, a criança sabe que, quando tudo na lista estiver concluído, estará tudo *feito*. O resto do dia é dela.

Essa é a motivação para crianças com mentalidade independente. Também é uma boa maneira de começar a dar algum controle da vida diária para as crianças. Aprender a organizar o dia para que tudo seja feito em tempo é uma habilidade para a vida – uma habilidade que elas geralmente não aprendem nos confins rigidamente controlados da sala de aula.

UMA ADVERTÊNCIA FINAL

Tenha isso em mente o tempo todo, todos os dias, não importa o que esteja ensinando ou os métodos que esteja usando.

Quando educa seu filho em casa, os cuidados maternos e paternos e o ensino se misturam. Você se torna cada vez mais consciente de que seu filho depende de *você* não apenas para o desempenho acadêmico e a preparação para a faculdade, mas também para a preparação para a vida e o desenvolvimento do caráter, e...

Esse senso de responsabilidade pode levá-lo a exagerar.

> "Exagerar" começa com uma pequena frustração:
>
> Você me disse que terminou seus problemas de matemática, mas acabei de encontrar o papel amassado jogado ao lado da almofada do sofá e vi que ainda não está nem pela metade.
>
> E, então, tudo aumenta.
>
> Você não fez a tarefa. Sei que é difícil. Mas você simplesmente desiste. Não sabe como se esforçar.

E mentiu para mim! Não disse a verdade.

Se não consegue dizer a verdade e se esforçar, nunca vai sair dessa série.

Na verdade, não poderá se formar no ensino médio. E, então, o que fará? Nunca poderá ir para a faculdade e conseguir um emprego.

E vai acabar em uma caixa de papelão.
Debaixo de uma *ponte*.
Sem plano de saúde.

Isso é o que significa exagerar.

Acho que a maioria dos pais exagera de vez em quando por causa de quartos bagunçados, atrasos crônicos ou evasão de tarefas. Mas apenas tenha em mente que, quando está educando em casa, as oportunidades de exagerar se multiplicam. Está relacionado ao medo: medo de não estar fazendo um trabalho bom o suficiente para preparar seu filho para a vida.

Aqui está o problema: mesmo se isso fosse verdade (o que não é), exagerar não funciona. Em geral, quando as crianças ouvem esse tom em sua voz, elas param de ouvir de uma forma ou de outra. E como não há absolutamente nenhuma conexão causal que elas possam fazer entre a apostila de matemática e o (muito distante, irreal) futuro sem-teto, você não está dando a elas nenhum motivo para mudar o comportamento.

É apenas uma apostila de matemática, não um referendo sobre o resto de sua vida. Não está revelando uma falha de caráter profunda. Ela apenas não quer estudar matemática.

Em vez disso, tente algumas das outras estratégias de ensino.

E não entre em pânico.

Capítulo 21

Alternativas radicais

A vida está repleta de limites e caixas.

A vida adulta é um longo processo de descoberta e negociação com os perímetros que nos cercam: as regras não ditas que governam nossos papéis como pais, parceiros, professores, cônjuges, chefes, empregados. Nós nos encaixamos confortavelmente em algumas dessas caixas. Outros limites devem ser testados, ampliados, modificados e alterados para que possamos existir dentro deles.

E outros são tão desconfortáveis e antinaturais que os experimentamos e os abandonamos, ou somos forçados por eles a viver uma existência cada vez mais distorcida, que se torna cada vez menos sustentável.

As crianças se deparam com esses mesmos perímetros com muito menos força para resistir.

Nossa estrutura K-12 é uma caixa *muito* resistente. Até mesmo os alunos que estudam em casa estão dentro de limites que não podem ser facilmente ultrapassados. Certos tipos de trabalho intelectual devem ser realizados em um nível prescrito – a competência em várias matérias culturalmente definidas deve ser alcançada, e isso leva a uma série de créditos e conquistas do ensino médio que devem ser controlados a fim de desbloquear o caminho para a vida adulta (em geral, para a faculdade; mais raramente do que deveria, para o comércio ou outros ofícios).

A maioria das crianças acaba se adaptando – em maior ou menor grau.

Para algumas delas, a educação é como uma segunda pele natural. Outras se coçam e se agitam, mas sobrevivem (com uma variedade de estratégias de enfrentamento, da apatia à rebelião) até escapar.

Algumas nunca se encaixam.

Isso não é uma falha. É uma realidade, não um defeito.

Em seu primeiro ano de faculdade, um dos meus filhos me disse, em um raro momento de honestidade durante as férias de Natal: "Sinto como se estivesse num purgatório sem fim, sem nenhuma chance de sair, e parece que isso nunca vai acabar...". Eu deveria ter parado tudo, anos antes, e tentado algum tipo de alternativa radical para essa criança, mas não o fiz. Sou uma acadêmica natural, tenho três diplomas de pós-graduação, lecionei na faculdade por quinze anos: este era o meu lar natural, meu ambiente nativo. Embora estivesse ensinando em casa, eu não conseguia sair da caixa e descartar todos os livros e as técnicas e os projetos e papéis e as matérias que estavam funcionando tão bem para os meus outros três filhos.

Ele não estava prosperando dentro daquela caixa, mas eu não sabia como flexionar as paredes.

E, embora tenhamos conseguido chegar até a faculdade (uma fase curta para um processo longo e tortuoso), ele detestava o caminho.

Se eu pudesse fazer tudo de novo, faria algumas mudanças radicais.

Descobriria uma maneira de atender aos requisitos mínimos do estado, de modo a não me expor a acusações de evasão ou negligência infantil, e encontraria uma maneira de deixar essa criança viajar, ser voluntária, trabalhar e desenvolver habilidades comerciais, em vez de se dedicar a tarefas que foram rapidamente esquecidas, no caminho a um destino que ela não queria para si.

Não a obrigaria a cursar uma faculdade tradicional.

De certa maneira, meu filho "estranho" era meu ajudante mais eficaz: aquele que nunca reclamava quando eu pedia que fizessem uma tarefa doméstica ou um favor. Era amoroso, doce, gentil, agradecido. E ele precisava de outra coisa.

Caso você esteja se perguntando a respeito daquelas férias de Natal, eu disse a ele para desistir, inscrever-se em processos seletivos de escolas técnicas e procurar por programas de jovem aprendiz.

Gostaria de ter tomado essa decisão quatro ou cinco anos antes.

Se você é pai ou mãe de uma criança que precisa de uma solução radical, já sabe que todo o ensino, toda a disciplina, todas as repreensões, exortações e ameaças do mundo não vão remodelar a criança para que ela caiba dentro de uma caixa. A educação domiciliar pode lhe dar outra estrutura, dentro da qual seu filho pode encontrar o misterioso caminho a seguir.

> *Não deixe que outras pessoas te façam operar por meio do medo ou ver seu filho como algo "quebrado" ou "danificado". Como educador domiciliar, você tem a liberdade de orientar seu filho durante sua educação de uma forma que respeite sua individualidade.*
>
> — E. K.

No Apêndice C, listei recursos adicionais para você investigar, se precisar começar a pensar fora da caixa de uma forma radical.

As sugestões a seguir são pontos de partida.

CAMINHOS DIFERENTES

ESTÁGIOS

Volte e releia o Capítulo 14. *Nem todo mundo aprende de forma proposicional.*

Sou uma historiadora. Então, definitivamente, *não* sou fã do esnobismo cronológico: as coisas não eram melhores na Idade Média. Por exemplo, se fosse mulher, era mais provável que morresse no parto. Mesmo sendo homem ou mulher, poderia morrer de um arranhão, de dor de dente ou com a garganta inflamada. Seus filhos poderiam ser sequestrados para trabalhar como escravos, tomados por seu rei ou alistados no exército sem o seu consentimento. Você não comeria verduras no inverno e provavelmente teria escorbuto. Se tivesse sede de aprender e não fosse elegível para estudar na escola da catedral, não haveria o que fazer: não estudaria.

Por outro lado, se não fosse um aprendiz proposicional, poderia adotar uma profissão e se tornar um profissional respeitado com uma boa renda (isto é, até morrer por falta de antibióticos).

A modernidade ocidental tem muitas vantagens, mas também tem uma desvantagem: canaliza *todos* os alunos para o mesmo caminho de desenvolvimento. Mas não é assim que as pessoas realmente *são*.

Alguns de nós não deveriam ser direcionados à faculdade. Devemos seguir caminhos alternativos: ser pedreiros, pastores, cervejeiros, artistas, figurinistas, mecânicos de motores a diesel, paisagistas, tecelões, eletricistas ou encanadores, etc.

Todas são profissões que exigem um alto nível de habilidade e muito treinamento. E também podem pagar muito bem. Mas as vias de saída que levam de nossa interestadual usual do ensino-médio-para-a-faculdade-de-quatro-anos em direção a esses destinos alternativos são mal sinalizadas e (frequentemente) repletas de bloqueios: principalmente, a decepção dos pais e o estigma social (vocação técnica como a faixa "dos burros").

Para um aluno que não está se conectando com o aprendizado tradicional do ensino K-12, um programa de jovem aprendiz pode servir como uma via de desvio da faculdade de artes liberais de quatro anos. O objetivo é avançar em direção a programas de aprendizagem pós-ensino médio, que normalmente oferecem tanto instrução em sala de aula quanto treinamento no trabalho, a fim de preparar os alunos para ter uma profissão ou um ofício.

Pesquise na internet sobre as possibilidades atuais de aprendizagem tanto no ensino médio quanto no pós-ensino médio, incluindo cursos profissionalizantes e afins.

DESESCOLARIZAÇÃO

Não sou, em geral, fã da desescolarização. O que não quer dizer que, às vezes, ela não funcione.

Nos primórdios da educação domiciliar [nos Estados Unidos] (na década de 1970, mais ou menos), desescolarização era apenas outra palavra para educação domiciliar: tirar seu filho da escola e fazer algo diferente em casa. Mas, à medida que o movimento de educação em casa ganhou forma e legitimidade, a desescolarização passou a significar algo mais restrito: ter uma educação sem requisitos externos, notas, padrões, currículos ou estrutura.

> Desescolarização [...] significa aprender o que se deseja, quando se deseja, da maneira que se deseja, onde se deseja, por suas próprias razões.

A aprendizagem é dirigida pelo aluno; conselheiros ou facilitadores são procurados conforme o aluno requer.

Vivemos nossa vida e aprendemos à medida que avançamos. Não temos ensino, nem aulas, nem planos de aula, nem notas, nem currículos, nem livros, nem testes. Basicamente, não presto atenção especial ao que as crianças estão aprendendo; é suficiente ver que elas estão crescendo como pessoas e ganhando conhecimento e experiência à medida que avançam.[1]

A desescolarização também é conhecida como aprendizagem natural, orientada pelo interesse e pela criança. Os desescolarizados aprendem com as experiências da vida cotidiana e não utilizam agendas escolares ou aulas formais. Em vez disso, as crianças desescolarizadas seguem seus interesses e aprendem da mesma forma que os adultos – a partir de um interesse ou uma curiosidade.[2]

Quando a desescolarização é bem feita, há um tremendo esforço por parte dos pais. À medida que a criança demonstra interesse, você deve oferecer um acompanhamento ativo e cuidadoso; isso requer não apenas o fornecimento de materiais e recursos corretos, mas, também, um amplo conhecimento e alguma percepção que o leve a descobrir como orientar um garoto de 14 anos obcecado em aperfeiçoar o arremesso de basquete em direção às equações quadráticas que definiriam a parábola perfeita, ou um garoto de 12 anos fascinado por lobos à literatura mais recente e acessível sobre o comportamento e a psicologia da mentalidade da matilha.

Na minha experiência, nunca senti que tinha o conhecimento abrangente para levar adiante a desescolarização; tenho certeza de que, sem um guia estruturado de aprendizagem, meus filhos teriam sofrido uma enorme defasagem em matemática e ciências.

---

[1] Ambas de Mary Griffith, *The Unschooling Handbook: How to Use the Whole World as Your Child's Classroom*. 2. ed. New York, Three Rivers Press, 1998, Capítulo 1.

[2] R. Kochenderfer e E. Kanna, *Homeschooling for Success: How Parents Can Create a Superior Education for Their Child*. New York, Grand Central Publishing, 2002, p. 45.

Também descobri, no último quarto de século de meu envolvimento com a educação domiciliar, que muitos pais encontram o conceito de desescolarização, agarram-se a ele sem muito conhecimento e usam-no para justificar a "não escolarização", que, muitas vezes, envolve assistir à tevê sem limites ou jogar online sem restrições.[3]

Mas não vou dizer que isso não pode ser feito.

Os princípios de desescolarização podem ser de grande ajuda quando você está procurando uma maneira de sair da caixa K-12 com uma criança que simplesmente não se encaixa em nenhum dos modelos que você experimentou. Um pai descreveu:

> *Centralizamos um ano inteiro em parques de diversões.*
>
> *Do lado da física: Gs lineares* versus *Gs verticais. A maioria dos viciados em montanhas-russas, como eu, geralmente tem uma preferência. Minha filha analisou como elas funcionam, a sensação que provocam e a ciência por trás disso.*
>
> *Estudamos marketing: por que os ingressos da Disney têm de ser antecipados (mais caros) para primeiros dias, mas muito menos caros para adicionar dias extras no final? Por que a Disney oferece o serviço Magical Express para buscar os bóspedes do* resort *no aeroporto e transportá-los direto para o* resort*? Como a Disney atrai clientes o ano todo?*
>
> *Examinamos os preços dos diferentes níveis de ingressos e seu efeito nos níveis de frequência de público.*
>
> *Ouvimos apresentações sobre como os feriados de Natal/inverno são comemorados nos diferentes "países" do Epcot da Disney. Estudamos cada país incluído e entrevistamos os funcionários do Epcot que são dos países em que trabalham.*
>
> *Verificamos o paisagismo (a produção de topiária é especialmente fascinante).*
>
> *Analisamos os planos de segurança que os parques de diversões devem ter em vigor, no caso de um desastre natural ou outros problemas.*

[3] Uma citação típica de um site popular de desescolarização: "Se uma criança está feliz jogando um jogo de computador ou assistindo à tevê o tempo equivalente ao que ela passaria na escola, essa criança está infinitamente melhor do que se estivesse infeliz na escola". Essa é uma falsa distinção; você pode tirar a criança da situação escolar infeliz, impor uma quantidade muito mais curta e razoável de tempo "infeliz" aprendendo o básico de leitura, escrita e matemática e, em seguida, orientá-la em direções produtivas com o restante desse tempo. Disponível em: http://sandradodd.com/beginning. Acesso em: 12 dez. 2016.

Falamos sobre brinquedos de carga contínuas versus *brinquedos de carga não contínuas e vimos como eles afetam a capacidade. E, agora, como a Disney mudou os tempos de espera e a demanda com sua tecnologia Fastpass+ com diferentes níveis.*

Só a tecnologia Fastpass+ já é interessante. A biometria é outra opção...

Estudamos as barreiras psicológicas e as barreiras físicas em parques de diversões e zoológicos.

Fizemos muitas observações do comportamento animal em geral e individual, e depois pesquisamos a respeito.

Fizemos amizade com Rachel Reenstra, apresentadora do The Wildlife Docs, depois de conhecê-la no Busch Gardens. Nós a entrevistamos e falamos sobre como entrou no mundo de apresentadores de televisão, e, por meio do Facebook, acompanhamos alguns dos shows que ela compartilha.

— PAT

EDUCAÇÃO DOMICILIAR DE FOCO ÚNICO

Crianças focadas não querem fazer nada que não se relacione com sua obsessão primária.

De certa forma, isso é admirável, mas, a menos que você esteja lidando com um patinador de nível olímpico ou com o vencedor do prêmio do Desafio BioGENEius, os alunos que não farão nada em que não vejam propósito podem ser terrivelmente difíceis de orientar. Você sabe que eles têm de ser capazes de escrever, ler e compreender conceitos matemáticos para que possam prosseguir rumo a qualquer que seja o próximo estágio. Mas eles não concordam.

Acompanhar uma criança de foco único durante os anos K-12 é um tipo muito particular de desescolarização: você tem de se adaptar e pesquisar constantemente para combinar essas habilidades básicas com a obsessão da criança. Tem que dar à criança focada um motivo para aprender.

Tenho uma filha no circo. Ela é uma trapezista avançada, e em janeiro ingressou em uma nova equipe de performance. *Ela faz duas aulas em grupo às terças-feiras, uma aula particular e outra com os parceiros às quartas-feiras, ensaios na sexta-feira, duas aulas e oficinas extras no sábado, uma aula e um ensaio no domingo, e estamos prestes a adicionar outra aula particular na segunda-feira. Ela faz acrobacias em tecidos de seda, trapézio, lira, corda, além de outras coisas circenses, como andar em pernas de pau (incluindo pernas de pau com acrobacia), monociclo, malabarismo, etc. Ela tem dois conjuntos de pernas de pau, todos os tipos de brinquedos de circo, monociclo, sedas em casa, e provavelmente vamos comprar uma estrutura de barras (estou procurando cordas aéreas no momento).*

Basta dizer que, se dependesse dela, isso seria tudo o que faria o tempo todo. Fizemos matemática circense, história circense, ciência circense. Ela fez aulas de aparelhamento circense (também conhecido como física de circo). Um de nossos instrutores locais também é físico e acabou de iniciar uma aula de pontos de interseção/trigonometria, que ela iniciará depois de concluir álgebra.

— DARLA

Projetar um currículo em torno de um único interesse *pode* ser viável; apenas mantenha seu foco nas aplicações práticas do conhecimento em relação ao foco principal do aluno.

Investigue os recursos de desescolarização no Apêndice C e tenha em mente as palavras de Alfie Kohn em *The Schools Our Children Deserve*:

> Em última análise, queremos questionar toda a ideia de um currículo "completo" e, em vez disso, pensar em ideias a serem descobertas [...]. Tanto quanto possível, os alunos devem descobrir as coisas diretamente, em vez de apenas ler ou ouvir sobre elas. Devem explorar, fazer, ver – e refletir sobre o que exploraram, fizeram e viram. [...] O elemento comum é dar aos alunos a chance de fazer. Se quiser que aprendam sobre a condução de calor, peça-lhes que projetem um recipiente de comida para viagem que manterá aquecido o jantar do cliente. Se quiser que aprendam a geografia de uma área (e por que isso é importante), peça-lhes que encontrem as principais cidades em um mapa que contenha características físicas e recursos naturais, mas sem nomes de lugares. Se quiser que entendam como uma história é estruturada, convide-os a dissecar um episódio de sua comédia favorita na tevê, com atenção à maneira como os problemas são apresentados e resolvidos – e, então, a escrever seus próprios roteiros.[4]

Quais ideias seu filho pode descobrir enquanto explora, vê e *faz* coisas relacionadas à sua paixão?

---

[4] Alfie Kohn, *The Schools Our Children Deserve: Moving Beyond Traditional Classrooms and "Tougher Standards"*. Boston, Houghton Mifflin Harcourt, 2000, p. 143.

SAIA DO CRONÔMETRO

Você não precisa terminar o ensino K-12 em doze anos. Na verdade, depois de ler este livro, perceberá imediatamente como doze anos são arbitrários. *Algumas crianças precisam de mais tempo.*

Para uma criança que *consegue* fazer o trabalho, e só precisa fazê-lo mais devagar, a educação domiciliar pode oferecer a oportunidade de sair da restrição dos doze anos.

Isso vai afetar o ingresso na faculdade? Sim, claro que vai. Mas seja realista: um aluno que precisa de catorze ou quinze anos para concluir o ensino secundário não será um candidato favorito a uma vaga em universidades competitivas.

Respire fundo. Esse não é o único caminho para o sucesso. (Veja o Pós-Escrito.)

Um aluno que eventualmente conclua os créditos do ensino médio necessários para a formatura, mesmo que leve cinco ou seis (ou mais) anos, pode obter um diploma de dois anos em um colégio universitário e usar esse diploma como um trampolim para um curso regular de quatro anos na faculdade, se desejar.

Ou ir para uma escola técnica ou iniciar um programa de jovem aprendiz (ver páginas 257-58).

Ou, então, ir diretamente para um emprego que não exija um diploma de quatro anos.

AVENTURE-SE

Se você está ensinando em casa, pode até mesmo tirar um ano de folga.

Às vezes, as crianças precisam de um ano para processar, pensar, experimentar, trabalhar, viver no exterior, ser voluntárias, tentar outra coisa. Um ano sabático (consulte as páginas 46-48) é uma instituição pós-secundária aceita, mas, se é você quem está registrando disciplinas e notas e documentando os créditos do ensino médio, não há absolutamente nenhuma razão para não permitir um ano sabático antes da formatura.

Tenha uma meta para o ano sabático: viajar, aprender um idioma, vivenciar outra cultura, dominar uma habilidade, experimentar carreiras em potencial antes de se comprometer com uma faculdade ou experienciar outra forma de viver.

Mantenha um registro do que o aluno realmente fez durante o ano sabático. Peça a ele para manter um diário escrito, fazer um *videoblog* ou um *podcast* regular.

Lembre-se de que a educação tem como objetivo beneficiar a criança, não o contrário.

Não entre em pânico.

> *O ano passado foi um ano radical, e todos ficaram bem. Eu os mandei para uma escola pública alemã para cursar uma série abaixo. Então, literalmente, a única coisa que aprenderam foi alemão. Sem história, ciência, matemática ou literatura, pois não conseguiam entender, e a matemática foi repetição. A experiência cultural valeu a pena. E também aprendi que um ano fazendo pouca ou nenhuma escola não é o fim do mundo.*
>
> — HEIDI

PÓS-ESCRITO

A faculdade

Minha mãe decidiu nos ensinar em casa quando minha irmã tinha 4 anos, eu tinha 5 e meu irmão, 7.

Ao ouvir a notícia de que havíamos sido retirados do jardim de infância e das salas de aula da segunda série, meus avós começaram a chorar: "Agora, eles nunca mais entrarão na faculdade!", lamentaram.

Nenhum deles tinha feito faculdade, o que os deixou bem cientes da "linha espessa" que o jornalista Nicholas Lemann descreve em seu estudo de 1999, *The Big Test: The Secret History of the American Meritocracy*:

> A aparência da sociedade americana hoje é a seguinte. Uma linha espessa atravessa o país, com pessoas que fizeram faculdade de um lado e pessoas que não estudaram do outro [...]. Se uma pessoa está de um lado ou do outro é, neste momento, algo mais indicativo de renda, atitudes e comportamentos políticos do que qualquer outra linha que alguém possa traçar: região, raça, idade, religião, sexo, classe. À medida que as pessoas planejam suas vidas e a vida de seus filhos, o ensino superior é o foco principal de suas aspirações (e a possibilidade de entrar na categoria de elite do ensino superior é o foco de suas aspirações mais desejadas).[1]

Essa linha espessa é o que torna a incapacidade de um aluno da terceira série de entender a multiplicação, ou uma nota baixa em história da nona série, tão problemática: não o problema *atual* que seu filho de 8 ou 14 anos possa ter, mas o medo de que seja um presságio, o primeiro de uma linha de dominó que vai condenar as chances de seu filho ser admitido em uma boa faculdade.

---

[1] Nicholas Lemann, *The Big Test: The Secret History of the American Meritocracy*. New York, Farrar, Straus & Giroux, 1999, p. 6.

Porque, nos Estados Unidos, o objetivo final de nosso sistema K-12 é o diploma universitário, e *matricular o filho na faculdade* (de preferência, numa faculdade da Ivy League) é a principal preocupação de quase todos os pais com aspirações.

Essa é uma mentalidade exaustiva – e prejudicial.

Se, enquanto você está tomando decisões sobre dever de casa, provas padronizadas, anos sabáticos, aceleração e todas as outras questões que venho abordando, a pergunta *Sim, mas eles entrarão em uma boa faculdade?* está constantemente preocupando sua cabeça, você não tomará as decisões corretas para seu filho *neste momento*. Em vez disso, fará escolhas com base no medo – medo do que pode acontecer no futuro, temor pelo hipotético futuro acadêmico de seu filho, medo do que essa decisão da faculdade significará para o resto da vida de seu filho.

Como mãe de filhos adultos, avó e acadêmica a vida toda, posso dizer que quase todas as decisões educacionais e parentais que tomei baseadas no medo foram erradas.

Sim, planeje com antecedência. Claro que você quer que seu filho entre na faculdade – se esse for o caminho certo. (Cada vez mais, comecei a achar que programas de jovem aprendiz em ofícios, estágios em profissões de serviço e programas de certificação podem ser uma opção melhor do que a faculdade para muitos jovens.)

No entanto, se estiver apegado ao sonho de Stanford ou Yale, imploro, pelo bem-estar de seu filho, que abandone suas esperanças de faculdade de elite.

O esquema do processo seletivo das faculdades já foi exposto diversas vezes: "seletivo" é apenas uma medida de inscrições contra aceitações, e universidades seletivas mantêm seu prestígio encorajando inscrições de alunos que não têm chance de ser admitidos. O livro de Frank Bruni sobre o processo seletivo em faculdades, que deveria ser lido por todos os pais de um aluno do ensino médio, aponta o seguinte:

> Em algum lugar ao longo do caminho, a seletividade de uma escola – medida em grande parte por sua taxa de aceitação – tornou-se sinônimo de seu valor. As taxas de aceitação são apresentadas com destaque nos perfis das escolas que aparecem em vários livros de referência e pesquisas, incluindo o livro constantemente monitorado pelo *U.S. News & World Report* [...].

> As faculdades sabem que muitos candidatos em potencial igualam uma taxa de aceitação mais baixa a uma experiência mais cobiçada, especial e digna de orgulho, e essas faculdades se esforçam para reduzir suas taxas aumentando o número de jovens que se inscrevem.[2]

A taxa de aceitação geral das escolas da Ivy League, mais MIT e Stanford é, no momento da redação deste livro, de 8,47%. O que isso significa? Que, de quase 350 mil candidatos, muitos dos quais tiveram médias de notas acima de 4,0 (graças ao AP e às aulas especiais), 26.677 foram aceitos – o que significa menos de um em dez, no geral. A taxa de aceitação de Stanford foi inferior a 5% em 2016. Harvard, 5,2%. Columbia, 6,0%.[3]

Em seu livro *The Overachievers*, a jornalista Alexandra Robbins descreve como a aluna Julie, do último ano do ensino médio – uma corredora de distância excepcional, cocapitã das equipes de maratona e atletismo do colégio, estudante de honra, oficial de classe, com o melhor resultado nos SATs e em uma variedade de provas da AP, e ativista comunitária –, reúne-se com seu conselheiro particular do colégio. Julie quer se inscrever em Stanford, mas o conselheiro diz a ela para nem tentar, pois não vai conseguir.

> Julie ficou arrasada. Ela não havia sonhado com o *campus* da Califórnia há tantos anos só para ouvir que até mesmo enviar uma inscrição era uma perda de tempo.
>
> "O que [...] o que seria necessário para eu entrar em Stanford?", ela gaguejou.
>
> "Você precisaria ter vivido na Mongólia por dois anos ou ter estado em uma guerra civil", Vera respondeu.[4]

Existem, talvez, cinquenta faculdades de renome por aí em que todos desejam entrar. Mas há *milhares* de faculdades em que seu filho pode se desenvolver, prosperar, amadurecer e aprender as lições de vida que importam.

---

[2] Frank Bruni, *Where You Go Is Not Who You'll Be: An Antidote to the College Admissions Mania*. New York, Grand Central Publishing, 2015, p. 75.

[3] "2020 Ivy League Admissions Statistics". Disponível em: https://www.ivycoach.com/2020-ivy-league-admissions-statistics/. Acesso em: 12 dez. 2016.

[4] Alexandra Robbins, *The Overachievers: The Secret Lives of Driven Kids*. New York, Hachette Books, 2006, p. 3.

Claro, vá em frente, inscreva-o em alguma faculdade (ou em todas). Mas saiba que entrar em uma universidade específica é um jogo de dados.

E, além disso, lembre-se de que *não importa*.

***

Deixe-me descrever a minha experiência.

Estudei em uma faculdade *terrível*. Meu diploma de bacharelado é credenciado, mas tenho tanta vergonha de minha *alma mater* de graduação que sequer a coloquei em meu currículo. (Você ficaria surpreso com a quantidade de pessoas que nem perguntam.) Estudei lá porque meus pais, para ser franca, não sabiam que eu deveria mirar mais alto; porque eram muito conservadores e acharam que seria um lugar seguro para uma caloura de 16 anos; porque meu avô amava a universidade; porque estávamos falidos, e a faculdade me ofereceu uma bolsa de mensalidade integral, mais acomodação e alimentação.

Algumas coisas que aprendi na minha faculdade de décimo grau:

Uma faculdade ruim pode te ensinar coisas fantásticas.

> Tive alguns professores incríveis. Amadureci. Tive meu coração partido. Descobri que era inteligente. Li Wallace Stevens e W. H. Auden e T. S. Eliot e Tom Stoppard pela primeira vez. Aprendi grego. Aprendi a negociar com um mundo que não concordava comigo.

Sou uma bom escritora.

> Não sabia disso até estudar naquela péssima faculdade.

Uma faculdade terrível ainda oferece janelas para outro mundo.

> Consegui um passaporte, fui para o exterior, visitei a biblioteca Bodleian e vi Oxford pela primeira vez, tudo graças à minha terrível faculdade.

Minha faculdade ruim não me impediu de entrar na pós-graduação.

Isso abriu o caminho para que eu obtivesse dois mestrados e um doutorado e lecionasse durante quinze anos no College of William & Mary, na Virgínia.

Descobri que a maior parte do mundo civilizado não se interessa em saber onde você fez faculdade.

Se não fizer pós-graduação, não importa, porque você não está no mundo acadêmico, onde as pessoas dão valor a essas coisas. E, se fizer pós-graduação, também não importa, porque as pessoas que dão valor a essas coisas olham somente para a sua graduação.

Um diploma de bacharelado sem incorrer em dívidas é, ao que parece, inestimável.

Como Jane Austen diria, isso te garante para sempre. Meus amigos ainda estavam pagando empréstimos estudantis aos 40 anos. Nunca tive dívidas estudantis. Como não tinha dívidas, pude escolher o que faria em minha vida e me aventurei.

Não queria que meus filhos fossem para uma faculdade terrível, mas também não queria que eles arcassem com as dívidas que moldariam todas as decisões na vida pós-graduação. E somos da ampla classe média americana: prósperos demais para nos qualificarmos para receber auxílio e absolutamente incapazes de desembolsar 50 mil dólares ou mais (muito, muito mais) por ano para uma educação universitária por criança (sobretudo para quatro crianças).

Então, dissemos a eles: podem se inscrever em qualquer faculdade que quiserem, mas só podem se matricular em faculdades que podemos bancar.

Moramos na Virgínia, que tem universidades públicas incríveis, e é onde meus filhos cresceram. Nossa melhor experiência, até o momento, foi em uma universidade pública que era um colégio universitário não muitos anos atrás, mas, sendo uma nova universidade de quatro anos, despejou dinheiro em seu departamento de artes cênicas e forneceu ao nosso jovem compositor em ascensão oportunidades surpreendentes de aprender, escutar, praticar e executar, e de ouvir seu trabalho ser executado ao vivo.

Este livro é sobre o ensino K-12, não sobre a faculdade. Escolher uma faculdade, inscrever-se na faculdade, estudar na faculdade e pagar pela faculdade: esses são tópicos que precisam de um livro inteiro dedicado a eles. Esses livros já foram escritos e você deve lê-los. Veja o Apêndice C.

Mas, enquanto toma decisões sobre *o agora*, continue repetindo isso para si mesmo: *Não importa em qual faculdade meu filho se matricule.*

O que importa?

Que seu filho siga rumo à maturidade.

Que tenha a chance de experimentar novos rumos, novas matérias e atividades.

Que encontre o equilíbrio.

Que aprenda a viver.

APÊNDICE A

Ensino médio e o histórico escolar

Ao longo de quatro anos, espera-se que os alunos do ensino médio concluam um certo número de créditos em diversas áreas.

Vamos começar com algumas definições.

CRÉDITO

De modo geral, um crédito do ensino médio equivale a um ano de trabalho em uma disciplina. Consideram-se 120 horas completas de instrução (que são aproximadamente 160 períodos de aula de 45 minutos).

Esse padrão foi estabelecido em 1906 pela Carnegie Foundation for the Advancement of Teaching. Então, às vezes, você verá 1 crédito/120 horas ser chamado de Unidade Carnegie.

Portanto, lembre-se: 120 horas/160 períodos de aula/1 crédito/1 Unidade Carnegie.[1] (Meio crédito equivale a um semestre, ou cerca de 60 horas/80 períodos de aula.)[2]

---

[1] Dividido em períodos de aula de 50 minutos, são 144 "horas de aula", ou aproximadamente quatro períodos de aula de 50 minutos por semana, em um ano letivo de 36 semanas. Se uma escola de ensino médio faz a programação em blocos (com aulas de 90 minutos), uma unidade Carnegie pode ser concluída se a aula for em média 2,025 vezes por semana.

[2] Outra observação entre parênteses: enquanto escrevo isto, alguns estados estão indo em direção às provas de competência, em vez das unidades Carnegie, mas as unidades Carnegie continuam sendo a medida esmagadora. Conforme você planeja, pode considerar uma unidade Carnegie como o número médio de horas que um aluno precisa estudar para atingir o nível exigido por uma prova de competência padrão sobre a matéria (média: o que significa que seu aluno em particular pode precisar de muito mais ou muito menos).

Um semestre de estudo na faculdade é geralmente considerado o equivalente a um ano de estudo no ensino médio. Assim, os alunos que fazem uma aula de nível regular na faculdade (não uma aula de reforço) podem receber um crédito para um curso de um semestre. Um ano de faculdade de línguas, por exemplo, pode servir como dois créditos de língua estrangeira no ensino médio.

ÁREAS E MATÉRIAS

Cada matéria estudada no ensino médio se encaixa dentro de uma área.

As principais áreas de conteúdo (todo aluno deve cursá-las, mais cedo ou mais tarde) são artes da linguagem, matemática, ciências sociais, ciências naturais, línguas estrangeiras e educação física.

As áreas eletivas (não necessariamente exigidas para se formar no sistema K-12) são artes plásticas, artes aplicadas e negócios.

Áreas-Base – Matérias

Artes da linguagem

- » Leitura
  - Fonética
  - Literatura
- » Escrita
  - Caligrafia
  - Composição
  - Retórica
  - Gramática
  - Soletração
  - Vocabulário

Matemática

- » Aritmética (cálculos: qualquer coisa que possa ser feita com números concretos ou *inteiros*)
- » Operações (adição, subtração, multiplicação, divisão)
- » Geometria

» Matemática (o campo mais amplo do trabalho numérico)
» Álgebra
» Pré-cálculo e cálculo
» Trigonometria

Ciências sociais

» História
» Geografia
» Governo
» "Estudos Sociais"
» Cidadania
» Educação cívica
» Economia (incluindo finanças pessoais)

Ciências naturais

» Biologia
» Química
» Física
» Ciências da Terra
» Geologia
» Ciência ambiental
» Oceanografia
» Meteorologia (às vezes, combinada com Ciências da Terra e/ou Geologia)
» Laboratórios (prático)

Língua estrangeira

» Estudo de qualquer idioma que não seja inglês

Educação física

» Instrução em esportes
» Condição física geral
» Saúde
» Nutrição

Áreas eletivas

Belas-Artes

» Música

- » Arte
- » Teatro
- » Dança
- » Design gráfico

Artes aplicadas

- » Comércio
- » Autoescola
- » Tecnologia

Negócios

- » Contabilidade

Outros

- » Programação de computador
- » Habilidades de lógica/pensamento
- » Preparação para provas

ENSINO MÉDIO OBRIGATÓRIO

A tabela a seguir mostra uma lista dos cursos que a maioria dos alunos deve concluir ao longo de quatro anos do ensino médio. Cada crédito representa um ano de estudo.

Esta tabela é uma compilação que excede os requisitos de graduação em quase todos os estados americanos e representa o acúmulo de crédito médio que a maioria das diretorias das faculdades espera. Mas sempre verifique com seu departamento local de educação quais são os requisitos de graduação, e sempre verifique nas faculdades onde seu filho quer se inscrever quais são os requisitos de admissão.

Área	Créditos/Unidades C exigidas	Matéria
Artes da Linguagem	4	Literatura, escrita, gramática, composição, retórica
Matemática	3-4	Álgebra, geometria, matemática avançada
Língua Estrangeira	2-4	Línguas antigas ou modernas
Ciências Sociais	4	
	1	História do mundo
	1	História americana
	1	Governo americano
	1	História do estado
Ciências Naturais	3-4, dos quais pelo menos 2 devem incluir trabalho de laboratório	Biologia, química, física, etc.
Educação Física	2	
Eletivas	4-8	Qualquer área

Como isso se relaciona com o trabalho acadêmico real?

O tempo gasto em leitura, redação, gramática, ortografia e vocabulário pode contar para os créditos de artes da linguagem. As aulas presenciais podem ser aulas de literatura, ou aulas de retórica/escrita expositiva/escrita criativa, ou outras aulas centradas na leitura e resposta em prosa escrita.

Álgebra I, geometria, álgebra II e matemática de nível superior contam para os créditos de matemática. A pré-álgebra não é contabilizada para créditos do ensino médio, mesmo se feita na nona série. (Alguns estados permitem que a pré-álgebra seja eletiva, mas não um crédito de matemática; nenhuma faculdade dará muito peso à pré-álgebra.)

Os créditos de idioma estrangeiro podem ser em qualquer idioma moderno ou antigo, e os dois (ou mais) créditos devem ser dois anos consecutivos (ou mais) do mesmo idioma. Algumas universidades aceitam Libras ou outra língua de sinais como língua estrangeira, desde que atenda ao padrão de dois anos consecutivos. Algumas também aceitam as linguagens de programação como cumprimento dos requisitos de idioma estrangeiro, mas, no momento em que este livro foi escrito, essa política ainda era incomum.

A história mundial pode ser antiga, medieval, renascentista ou moderna.

A ciência pode ser biologia, química, física, meteorologia, oceanografia, ciência ambiental ou quaisquer tópicos que sejam subconjuntos delas. De modo geral, "ciências físicas" e "ciências da Terra" não são consideradas no âmbito do ensino médio, mesmo quando cursadas na nona série ou mais tarde. São consideradas níveis inferiores, respectivamente, de física e meteorologia/oceanografia/ciências ambientais.

Os créditos de educação física variam de condição física geral a instruções sobre nutrição e treinamento físico, a treinamento em esportes coletivos e a temida *dodgeball*.

As eletivas são compostas de créditos adicionais do ensino médio, além daqueles listados nas áreas principais. Por exemplo, se um estudante do ensino médio fizer redação expositiva e literatura americana, ganhará dois créditos de artes da linguagem no histórico escolar do ensino médio. Um crédito atenderia ao requisito de artes da linguagem para aquele ano; o outro poderia servir como crédito adicional de artes da linguagem, se necessário, ou ser adicionado no total das disciplinas eletivas.

HISTÓRICO ESCOLAR

Um histórico escolar é simplesmente um documento que mostra as disciplinas, os créditos e as notas obtidas pelo aluno a cada ano da nona à terceira série do ensino médio.

Não existe um único modelo de formulário universalmente aceito para históricos escolares do ensino médio. Se você estiver preparando o seu, pode apenas usar um processador de texto e criar um documento que apresente as informações necessárias. Se quiser usar um formulário com aparência mais "oficial", pode baixar o software das fontes listadas em: http://welltrainedmind.com/a/high-school-transcript-forms (exemplos de históricos escolares reais também estão lá).

APÊNDICE B

Habilidades *versus* conteúdo

Os padrões comuns e estaduais de aprendizagem podem criar confusão. Esses padrões parecem ditar que certos cursos devem ser realizados.

Na verdade, os padrões são quase exclusivamente focados nas habilidades, não no conteúdo. Mantenha essas definições importantes em mente.

Habilidades são as ferramentas de que o aluno necessita para continuar aprendendo. Uma compreensão dos princípios da gramática, fonética e ortografia, da mecânica da construção de frases e parágrafos; de operações matemáticas (da adição a equações complexas) e do modo como funcionam; a capacidade de manter registros precisos, de ler gráficos, de cuidar de instrumentos científicos, de montar um experimento válido; o enorme amontoado de habilidades analíticas geralmente rotuladas de "pensamento crítico" (consciência de coisas como ponto de vista, validade da informação, suposições não testadas, etc.): todas essas são habilidades.

Conteúdo é específico da matéria. Literatura, história, tópicos das ciências, pensamento e compreensão matemática, composição escrita, arte, música: esses campos de estudo são abertos. Você pode se tornar familiarizado com eles, mas nunca poderá dominá-los de verdade – nunca aprenderá toda a história, nunca compreenderá todos os aspectos da vida biológica, nunca ouvirá todas as composições musicais importantes ou lerá todos os grandes livros.

Matérias, assim como as afirmações "você tem que fazer um curso sobre governo americano antes de se formar no ensino médio" e "um semestre de finanças pessoais é exigido pelo estado da Virgínia", são geralmente definidas pelas escolas de acordo com seu conteúdo, não com as habilidades que desenvolvem.

A maior parte dos padrões de aprendizagem é focada nas habilidades, e *não* no conteúdo.

Nos Estados Unidos, a coisa mais próxima de uma organização nacional de ensino fundamental que existe é a National Association of Elementary School Principals, que não oferece um roteiro de conteúdo ou habilidades para o ensino fundamental (a associação é focada em administração, com sua atual tendência a tópicos relevantes que vão da prevenção do *bullying* à gripe sazonal). Mesmo as metas propostas – não obrigatórias – por várias organizações nacionais podem ser alcançadas sem nenhum curso formal associado a elas.

Considere estas recomendações do National Council for the Social Studies para jovens estudantes:

> Mesmo que as crianças achem difícil o conceito de tempo, elas precisam entender como o presente surgiu e desenvolver uma apreciação pela herança deste país.
>
> As crianças precisam desenvolver uma compreensão e uma apreciação por seus ambientes físicos e culturais e considerar como os recursos serão alocados no futuro.
>
> As crianças precisam reconhecer as contribuições de cada cultura e explorar seu sistema de valores.
>
> O conteúdo econômico nos primeiros anos deve estar relacionado a eventos na vida das crianças, enquanto examinam as transações de compra, venda e comércio, o processo de fabricação de bens e serviços e a origem dos materiais e produtos em sua vida diária.[1]

Todos esses objetivos podem ser alcançados através da leitura de livros ilustrados de não ficção, biografias e romances históricos; visitando museus e parques; ajudando com as compras de supermercado.

Ou considere os Padrões Nacionais de Educação Científica definidos pelo National Research Council para a educação K-4 em biologia:

---

[1] NCSS Task Force on Early Childhood/Elementary Social Studies. "Social Studies for Early Childhood and Elementary School Children: Preparing for the 21st Century". Disponível em: http://www.socialstudies.org/positions/elementary. Acesso em: 8 nov. 2016. Esses quatro requisitos formam o núcleo de um documento de 6.500 palavras que pode ser acessado no site anterior, que fornece muitos mais detalhes.

> Durante o ensino primário, as crianças constroem a compreensão dos conceitos biológicos por meio da experiência direta com os seres vivos, seus ciclos de vida e seus *habitats*. Essas experiências emergem do senso de admiração e dos interesses naturais das crianças, que fazem perguntas do tipo: "Como as plantas obtêm alimento? Quantos animais diferentes existem? Por que alguns animais comem outros animais? Qual é a maior planta? Para onde foram os dinossauros?" [...] Como o mundo da criança nas séries K-4 está intimamente associado à casa, à escola e ao ambiente imediato, o estudo dos organismos deve incluir observações e interações dentro do mundo natural da criança.[2]

Que poderia ser parafraseado como: "Leia livros ilustrados, assista a documentários sobre a natureza, brinque ao ar livre, faça caminhadas na natureza, cuide de um animal de estimação".

O guia fornecido pela Association for Middle Level Education[3] para o desenvolvimento do currículo do ensino médio *não lista os requisitos de conteúdo necessários*, ou mesmo desejáveis. Nenhuma *matéria* acadêmica é descrita – nem centrada no conteúdo *ou nas* habilidades. O capítulo dedicado às Características do Currículo lista e descreve (extensivamente) cinco requisitos centrais para os currículos do ensino fundamental:

> Os educadores devem valorizar os jovens adolescentes e estar preparados para ensiná-los.
>
> Alunos e professores devem estar engajados em um aprendizado ativo e proposital.
>
> O currículo deve ser desafiador, exploratório, integrador e relevante.
>
> Os educadores devem usam diversas abordagens de aprendizagem e ensino.
>
> Avaliações variadas e contínuas devem promover a aprendizagem, bem como medi-la.[4]

Nenhum desses requisitos exige quaisquer cursos em particular.

---

[2] National Research Council, "National Science Education Standards", Disponível em: http://www.csun.edu/science/ref/curriculum/reforms/nses/. Acesso em: 8 nov. 2016.

[3] Antigamente conhecida como National Middle School Association.

[4] Association for Middle Level Education, *This We Believe: Keys to Educating Young Adolescents*. Kindle ed. National Middle School Association, 2010, loc. 290-400.

Os padrões do currículo-base, nos estados que ainda os seguem, são centrados nas habilidades, mas não são específicos sobre conteúdo/aula/matéria. Os padrões apresentam uma série de objetivos de pensamento, não recomendações de matérias.

Aqui, por exemplo, estão os "Padrões de Arte da Língua Inglesa » História/ Estudos Sociais » Núcleos Comuns » Séries 6-8".

CCSS.ELA-LITERACY.RH.6–8.2

Determina as ideias centrais ou as informações de uma fonte primária ou secundária; fornece um resumo preciso da fonte, distinto de conhecimentos ou opiniões anteriores.

CCSS.ELA-LITERACY.RH.6–8.4

Determina o significado das palavras e frases à medida que são usadas em um texto, incluindo vocabulário específico para domínios relacionados a história/estudos sociais.

CCSS.ELA-LITERACY.RH.6–8.7

Integra informações visuais (por exemplo, em tabelas, gráficos, fotografias, vídeos ou mapas) com outras informações em textos impressos e digitais.

CCSS.ELA-LITERACY.RH.6–8.10

Ao final da oitava série, deve-se ler e compreender textos de história/estudos sociais na faixa de complexidade de textos da sexta à oitava série de forma independente e proficiente.[5]

[5] Common Core State Standards Initiative, "English Language Arts Standards » History/ Social Studies » Grades 6-8". Disponível em: http://www.corestandards.org/ELA-Literacy/RH/6-8/. Acesso em: 7 nov. 2016.

Com a licença de Key e Peele, deixe-me oferecer uma versão real, traduzida para o inglês. Em história e estudos sociais, os alunos do ensino fundamental devem:

» ser capazes de ler e compreender textos escritos no nível da série;
» saber resumir;
» compreender as ilustrações e também o texto.

Essas são habilidades, não requisitos de conteúdo. Um aluno do ensino fundamental poderia alcançá-las sem nunca ter realmente feito um curso de história.

O mesmo se aplica aos padrões de aprendizagem do ensino médio.

Por exemplo, espera-se que alunos americanos do ensino médio, em todos os cinquenta estados, tenham um ano de história americana (esse é um requisito de conteúdo). No entanto, os padrões do currículo-base para a história no primeiro e segundo anos decreta que os alunos devem aprender a "analisar em detalhes como uma fonte primária complexa é estruturada, incluindo a forma como frases-chave, parágrafos e porções maiores do texto contribuem para o todo", e ser capaz de "avaliar os diferentes pontos de vista dos autores sobre o mesmo evento ou a mesma questão histórica, avaliando as alegações, os raciocínios e as evidências dos autores".[6] Esses padrões são inteiramente focados em habilidades.

As faculdades examinam os históricos escolares para ver se os alunos concluíram os cursos de conteúdo apropriado, mas a habilidade geralmente só é medida por meio de notas de prova de desempenho, redações do processo seletivo e outras partes do processo seletivo não baseadas no histórico escolar.

Aqui está o que você aprendeu: não se preocupe com os "cursos" que seu aluno está fazendo do jardim de infância ao oitavo ano. Em vez disso, concentre-se no desenvolvimento de habilidades e na obtenção de uma ampla gama de conhecimentos de conteúdo. E, para o ensino médio, pense no histórico escolar, não no currículo-base ou nos padrões estaduais.

[6] Common Core State Standards Initiative, "English Language Arts Standards » History/Social Studies » Grades 11–12". Disponível em: http://www.corestandards.org/ELA-Literacy/RH/11-12/#CCSS.ELA-Literacy.RH.11-12.10. Acesso em: 7 nov. 2016.

APÊNDICE C

Uma breve bibliografia essencial

ACELERAÇÃO

ASSOULINE, Susan G. et al.. *A Nation Empowered: Evidence Supere the Excuses Holding America's Brightest Students*, vol. 1 e vol. 2. Iowa City, Iowa: Connie Belin e Jacqueline N. Blank International Center for Gifted Education and Talent Development, Iowa State University, 2015.

O primeiro volume desse estudo, publicado inicialmente em 2005, destacou até que ponto os sistemas escolares resistem em identificar os alunos como superdotados; o segundo volume, publicado junto com uma revisão do primeiro, oferece planos de ação específicos para superar essa resistência.

FACULDADE

BRUNI, Frank. *Where You Go Is Not Who You'll Be*: An Antidote to the College Admissions Mania. New York: Grand Central Publishing, 2015.

Bruni expõe a desumanidade de um sistema seletivo que se mantém encorajando o aumento de inscrições para manter suas estatísticas de aceitação baixas.

MARCUS, David L. *Acceptance: A Legendary Guidance Counselor Helps Seven Kids Find the Right Colleges – And Find Themselves*. New York: Penguin, 2010.

Um conselheiro de orientação se concentra em encontrar a faculdade certa para cada aluno, em vez da faculdade de maior prestígio.

ROBBINS, Alexandra. *The Overachievers: The Secret Lives of Driven Kids*. New York: Hachette, 2006.

Enquanto observa uma série de alunos bem-sucedidos do ensino médio durante o processo de inscrição na faculdade, Robbins lança uma luz clara sobre as suposições subjacentes ao processo de entrar em uma "boa" faculdade.

CURRÍCULO

BAUER, Susan Wise e WISE, Jessie. *The Well-Treined Mind: A Guide to Classical Education at Home*. 4. ed. New York: W. W. Norton, 2016.

Recomendações curriculares detalhadas e específicas para cada série e matéria.

DUFFY, Cathy. *102 Top Picks for Homeschool Curriculum*. Westminster, CA: Grove Publishing, 2015.

Um guia para recursos comprovados para todo o currículo. (Duffy avalia os programas de um ponto de vista cristão, mas esse manual é útil para todos os pais que procuram programas específicos em matemática, redação, fonética e outras habilidades.)

EDUCAÇÃO DOMICILIAR

BAUER, Susan Wise e WISE, Jessie. *The Well-Treined Mind: A Guide to Classical Education at Home*. 4. ed. New York: W. W. Norton, 2016.

Orientação sobre como começar, escolher programas, projetar e documentar um programa de ensino médio e muito mais.

GUTERSON, David. *Family Matters: Why Homeschooling Makes Sense*. San Diego: Harvest Books, 1993.

Guterson, romancista e professor de escola pública (do estado de Washington), escreve sobre sua decisão de educar em casa e fornece uma pesquisa útil sobre o movimento.

KUHL, Kathy. *Homeschooling Your Struggling Learner*. Herndon, VA: Learn Differently, 2009.

Kuhl descreve estratégias para educar em casa crianças com deficiências de aprendizagem, oferece estratégias de ensino criativas e lista dezenas de recursos valiosos.

LIÇÃO DE CASA

BENNETT, Sara e KALISH, Nancy. *The Case Against Homework: How Homework Is Hurting Our Children and What We Can Do About It*. New York: Crown Publishers, 2006.

Uma enquete da pesquisa mostrando que a lição de casa não contribui para o desempenho, junto a sugestões práticas para gerenciar sobrecargas de lição de casa.

KRALOVEC, Etta e BUELL, John. *The End of Homework: How Homework Disrupts Families, Overburdens Children, and Limits Learning*. Boston: Beacon Press, 2001.

Um argumento convincente e bem documentado contra a eficácia da lição de casa para melhorar a aprendizagem.

DIFERENÇAS E DEFICIÊNCIAS DE APRENDIZAGEM

DANFORTH, Scot. *The Incomplete Child: An Intellectual History of Learning Disabilities*. New York: Peter Lang, 2009.

Um relato acadêmico, mas legível, de como o conceito de deficiência de aprendizagem foi criado na década de 1970.

DAWSON, Peg e GUARE, Richard. *Smart but Scattered: The Revolutionary "Executive Skills" Approach to Helping Kids Reach Their Potential*. New York: Guilford Press, 2009.

Um guia para treinar crianças com deficiência nas habilidades de que precisam para ter sucesso na aprendizagem.

EIDE, Brock e EIDE, Fernette. *The Mislabeled Child: Looking Beyond Behavior to Find the True Sources and Solutions for Children's Learning Challenges*. New York: Hyperion, 2006.

Dois psicólogos clínicos avaliam onze sistemas cerebrais diferentes e como eles afetam a aprendizagem.

FREED, Jeffrey e PARSONS, Laurie. *Right-Brained Children in a Left-Brained World: Unlocking the Potential of Your ADD Child*. New York: Simon & Schuster, 1998.

Um guia para repensar o DDA como uma série de pontos fortes em vez de pontos fracos.

HOMAYOUN, Ana. *That Crumpled Paper Was Due Last Week: Helping Disorganized and Distracted Boys Succeed in School and Life*. New York: Perigee, 2010.

Projetado especificamente para uso com meninos pré-adolescentes e adolescentes, é um guia de técnicas organizacionais para crianças que, de outra forma, poderiam ser diagnosticadas com deficiências das funções executivas ou TDAH.

LAUER, Vaughn. *When the School Says No, How to Get the Yes! Securing Special Education Services for Your Child*. Philadelphia: Jessica Kingsley Publishers, 2014.

Um plano detalhado para garantir IEPs e outros serviços especializados dos distritos escolares.

OLENCHAK, F. Richard et al. *Misdiagnosis and Dual Diagnoses of Gifted Children and Adults: ADHD, Bipolar, OCD, Asperger's, Depression, and Other Disorders*. Scottsdale, AZ: Great Potential Press, 2005.

Uma equipe de profissionais de saúde descreve as maneiras pelas quais as diferenças de aprendizagem podem ser confundidas com doenças.

SHAYWITZ, Sally. *Overcoming Dyslexia: A New and Complete Science-Based Program for Reading Problems at Any Level*. New York: Vintage Books, 2005.

Um neurocientista descreve métodos para lidar com os pontos fortes e fracos do cérebro disléxico.

SPEARS, Dana e BRAUND, Ron. *Strong-Willed Child or Dreamer?* Nashville: Thomas Nelson, 1996.

Essa exploração de um tipo comum de personalidade superdotada é um guia para os pais, mas também é muito útil para lidar com as dificuldades escolares.

ALTERNATIVAS RADICAIS

FARR, Michael e SHATKIN, Laurence. *200 Best Jobs Through Apprenticeships*. 2. ed. Indianapolis: Jist Publishing, 2009.

Um guia atualizado regularmente para encontrar estágios em uma ampla variedade de campos.

FROST, Maya. *The New Global Student: Skip the SAT, Save Thousands on Tuition, and Get a Truly International Education*. New York: Three Rivers Press, 2009.

Frost sugere uma alternativa centrada em viagens à progressão tradicional: ensino médio/ensino superior.

GRIFFITH, Mary. *The Unschooling Handbook: How to Use Whole World As Your Child's Classroom*. 2. ed. New York: Three Rivers Press, 1998.

Junto com o Teenage Liberation Handbook, é um dos textos fundamentais sobre métodos e estilos de desescolarização.

GUILLEBEAU, Chris. *The Art of Non-Conformity: Set Your Own Rules, Live the Life You Want, and Change the World*. New York: Perigee, 2010.

Esse guia original questiona não apenas os estilos educacionais tradicionais, mas, também, o emprego tradicional e outras opções de vida.

LLEWELLYN, Grace. *The Teenage Liberation Handbook: How to Said School and Get a Real Life and Education*. 2. ed. Eugene, OR: Lowry House, 1998.

O manifesto original sobre desescolarização.

REPENSANDO NOSSO SISTEMA DE ENSINO K-12

GATTO, John Taylor. *The Underground History of American Education: A Schoolteacher's Intimate Investigation into the Problem of Modern Schooling*. New York: Oxford Village Press, 2000.

Gatto, professor do ano do estado de Nova York e da cidade de Nova York, oferece uma história contrária da educação pública americana, destacando seu desenvolvimento como modelo fabril.

ROBINSON, Ken e ARONICA, Lou. *Creative Schools: The Grassroots Revolution That's Transforming Education*. New York: Penguin, 2015.

Robinson expande sua palestra TED de 2006, questionando as maneiras como nosso sistema K-12 reforça a padronização e a conformidade e suprime a individualidade, a imaginação e a criatividade.

TAYLOR, James. *Poetic Knowledge: The Recovery of Education*. Albany: State University of New York Press, 1997.

Taylor estabelece uma base filosófica para a educação que é menos proposicional, menos baseada em provas e mais experiencial.

WILLINGHAM, Daniel T. *Why Don't Students Like School? A Cognitive Scientist Answers Questions About How the Mind Works and What It Means for Your Classroom*. San Francisco: Jossey-Bass, 2009.

Willingham aplica a psicologia cognitiva às práticas escolares atuais e aponta a desconexão entre elas.

PROFESSORES

SCHWARTZ, Natalie. *The Teacher Chronicles: Confronting the Demands of Students, Parents, Administrators and Society*. Millwood, New York: Laurelton Media, 2008.

Um guia inestimável para compreender o ponto de vista do professor.

AS PROVAS

KORETZ, Daniel. *The Testing Charade: Pretending to Make Schools Better*. Chicago: University of Chicago Press, 2017.

Um estudo perspicaz da falta de confiabilidade essencial das provas padronizadas atuais, junto com um exame do desenvolvimento de padrões como o currículo-base (e suas desvantagens).

MURDOCH, Stephen. *IQ: A Smart History of a Failed Idea*. New York: John Wiley, 2009.

Uma história do desenvolvimento de testes de QI que lança sérias dúvidas sobre a precisão e o valor das avaliações padronizadas.

PERLSTEIN, Linda. *Tested: One American School Struggles to Make the Grade*. New York: Holt, 2008.

O repórter educacional Perlstein examina o efeito das provas padronizadas na missão de educar de uma escola.

SACKS, Peter. *Standardized Minds: The High Price of America's Testing Culture and What We Can Do to Change It*. New York: Da Capo Press, 2000.

Sacks argumenta que a prova padronizada encoraja o pensamento superficial e destrói a aprendizagem.

SALAS DE AULA TÓXICAS

COLOROSO, Barbara. *The Bully, the Bullied, and the Not-So-Innocent Bystander: From Preschool to High School and Beyond: Breaking the Cycle of Violence and Creating More Deeply Caring Communities*. ed. revisada e expandida. New York: William Morrow, 2016.

Um guia clássico para enfrentar o mau comportamento.

BIBLIOGRAFIA

ALEXANDER, Kern e ALEXANDER, M. David. *The Law of Schools, Students and Teachers in a Nutshell*. 5. ed. St. Paul, MN: West Academic Publishing, 2015.

ARMSTRONG, Thomas. *Multiple Intelligences in the Classroom*. 3. ed. Alexandria, VA: ASCD Publishing, 2009.

ASSOCIATION for Middle Level Education. *This We Believe: Keys to Educating Young Adolescents*. 4. ed. Westerville, OH: National Middle School Association, 2010.

BARKLEY, Russell A. *Taking Charge of ADHD: The Complete, Authoritative Guide for Parents*. New York: Guilford Press, 2013.

BARROW, Robin. *The Philosophy of Schooling*. New York: Routledge, 2015.

BAUER, Susan Wise e WISE, Jessie. *The Well-Treined Mind: A Guide to Classical Education at Home*. 4. ed. New York: W. W. Norton, 2016.

BAUM, Susan, VIENS, Julie, SLATIN, Barbara. *Multiple Intelligences in the Elementary Classroom: A Teacher's Toolkit*. New York: Teachers College Press, 2005.

BENCHLEY, Robert. "The Most Popular Book of the Month: An Extremely Literary Review of the Latest Edition of the New York City Telephone Directory", *Vanity Fair*, fev. 1920.

BEN-SASSON, A.; CARTER, A. S.; BRIGGS-GOWAN, M. J. "Sensory Over-Responsivity in Elementary School: Prevalence and Social-Emotional Correlates." *Journal of Abnormal Child Psychology*, vol. 37, 2009.

CAMPBELL, Linda e CAMPBELL, Bruce. *Multiple Intelligences and Student Achievement: Success Stories from Six Schools*. Alexandria, VA: ASCD Publishing, 1999.

CANTWELL, Marianne. *Be a Free Range Human: Escape the 9–5, Create a Life You Love and Still Pay the Bills*. Filadélfia: Kogan, 2013.

COMMAGER, Henry Steele. "Our Schools Have Kept Us Free." *Life*, 16 out. 1950.

DARLING-HAMMOND, Linda. *The Flat World and Education: How America's Commitment to Equity Will Determine Our Future*. New York: Teachers College Press, 2015.

DIVOKY, Diane. "Learning-Disability 'Epidemic'", *The New York Times*, 15 jan. 1975.

FISHER, Dorothy Canfield. *Understood Betsy*. New York: Henry Holt, 1917.

GENDLER, Tamar Szabó. *Intuition, Imagination, and Philosophical Methodology*. Oxford: Oxford University Press, 2010.

HALLINAN, Maureen T. (org.) *Handbook of the Sociology of Education*. New York: Springer, 2000.

HERGENHAHN, B. R. e HENLEY, Tracy. *An Introduction to the History of Psychology*. 7. ed. Boston: Wadsworth Cengage Learning, 2014.

HESS, Frederick M. *The Same Thing Over and Over: How School Reformers Get Stuck in Yesterday's Ideas*. Cambridge: Harvard University Press, 2010.

HOLMES, Mark. "The Secondary School in Contemporary Western Society: Constraints, Imperatives, and Prospects." *Curriculum Inquiry*, vol. 15, n. 1, 1985.

HOLT, John. *How Children Fail*. New York: Pitman, 1964.

——. *How Children Learn*. New York: Pitman, 1967.

——. "How Good Is Your School?", 16 out. 1950.

HUNT, Thomas C. *Encyclopedia of Educational Reform and Dissent*, vol. 1. Thousand Oaks, CA: SAGE, 2010.

KOHN, Alfie. *The Schools Our Children Deserve: Moving Beyond Traditional Classrooms and "Tougher Standards"*. Boston: Houghton Mifflin Harcourt, 2000.

KORETZ, Daniel. *The Testing Charade: Pretending to Make Schools Better*. Chicago: University of Chicago Press, 2017.

LANG, Harry G. e MEATH-LANG, Bonnie. *Deaf Persons in the Arts and Sciences: A Biographical Dictionary*. Westport, CT: Greenwood Press, 1995.

LOUDENBACK, Jeremy. "ADHD Diagnosis Three Times More Likely for Children in Foster Care". *Chronicle of Social Change*, 3 nov. 2015.

MCCLUSKY, Frederick Dean. "Introduction of Grading into the Public Schools of New England." *The Elementary School Journal*, vol. 21, set. 1920 - jun. 1921.

NIETO, Sonia. Língua, *Language, Culture, and Teaching: Critical Perspectives*. 2. ed. New York: Routledge, 2009.

ROBBINS, Alexandra. *The Overachievers: The Secret Lives of Driven Kids*. New York: Hachette, 2006.

ROBINSON, Ken e ARONICA, Lou. *Creative Schools: The Grassroots Revolution That's Transforming Education*. New York: Penguin, 2016.

ROCCO, Tonette S. (org.) *Challenging Ableism, Understanding Disability, Including Adults with Disabilities in Workplaces and Learning Spaces*. San Francisco: Jossey-Bass, 2012.

ROTH, Robert A. (org.) *The Role of the University in the Preparation of Teachers*. Philadelphia: Taylor & Francis, 1999.

SHER, Barbara. *I Could Do Anything If I Only Knew What It Was*. New York: Dell, 1994.

SHURTLEFF, Nathaniel B. (org.) *Records of the Governor and Company of the Massachusetts Bay in New England*, vol. II (1642-1649). Boston: William White, 1853.

SMITH, Corinne e STRICK, Lisa. *Learning Disabilities: A to Z: A Parent's Complete Guide to Learning Disabilities from Preschool to Adulthood*. New York: Free Press, 1999.

SOLED, Suzanne Wegener. *Assessment, Testing, and Evaluation in Teacher Education*. Westport, CT: Praeger, 1995.

SORNSON, Bob, (org.) *Preventing Early Learning Failure*. Alexandria, VA: ASCD Publishing, 2001.

SPEAR-SWERLING, Louise e STERNBERG, Robert J. "Curing Our 'Epidemic' of Learning Disabilities". *The Phi Delta Kappan*, vol. 79, n. 5, 1998.

STOWE, Calvin Ellis. *The Prussian System of Public Instruction: And Its Applicability to the United States*. Cincinnati: Truman e Smith, 1836.

SWANSON, H. Lee. "Issues Facing the Field of Learning Disabilities." *Learning Disability Quarterly*, vol. 23, n. 1, 2000.

TRACY, Brian. *Get Smart! How to Think and Act Like the Most Successful and Highest-Paid People in Every Field*. New York: TarcherPerigee, 2016.

VAN DER STEL, M. e VEENMAN, M. V. J. "Metacognitive Skills and Intellectual Ability of Young Adolescents: A Longitudinal Study from a Developmental Perspective". *European Journal of Psychology of Education*, vol. 29, n. 117, 2014.

WEBB, James T. et al. *Misdiagnosis and Dual Diagnoses of Gifted Children and Adults: ADHD, Bipolar, OCD, Asperger's, Depression, and Other Disorders*. Tucson, AZ: Great Potential Press, 2005.

WEIL, Leonora G. et al. "The Development of Metacognitive Ability in Adolescence". *Consciousness and Cognition*, vol. 22, n. 1, 2013.

WILLINGHAM, Daniel T. *Why Don't Students Like School? A Cognitive Scientist Answers Questions About How the Mind Works and What It Means for the Classroom*. San Francisco: Jossey-Bass, 2009.

WONG, Bernice e L. BUTLER, Deborah (orgs.) *Learning About Learning Disabilities*. 4. ed. San Diego: Academic Press, 2012.

ÍNDICE REMISSIVO

Do mesmo autor, leia também:

Em *Como Educar sua Mente*, da coleção Educação Clássica, Susan Wise Bauer descreve as três fases da tradição clássica: ler para conhecer os fatos; ler para avaliar os fatos e, finalmente, ler para formar as próprias opiniões. Depois de explicar a mecânica de cada fase, Bauer oferece uma seção "lista de livros", com gêneros separados em capítulos: ficção, autobiografia/biografia, história/política, drama e poesia. Ela introduz cada gênero com um resumo de seu desenvolvimento histórico e os principais debates acadêmicos sobre eles, definindo com clareza todos os termos importantes (por exemplo, "metaficção"). Em seguida, vêm listas, em ordem cronológica, com cerca de 30 grandes obras de cada gênero, acompanhadas de dicas sobre como escolher a edição de cada livro e um resumo do conteúdo do livro.

Você poderá interessar-se também por:

Segundo Otto Maria Carpeaux, "Alain foi o Sócrates de Paris entre as duas guerras", e exerceu grande influência sobre uma geração de intelectuais franceses – incluindo Raymond Aron, Simone Weil e André Maurois. Este volume reúne "Considerações sobre a Educação", reflexões gerais e teóricas, e "Pedagogia Infantil", uma série de lições destinada a suas alunas, futuras "jardineiras de infância".

Bernard Lonergan dedicou grande parte do seu trabalho ao desenvolvimento de um método geral de investigação, de uma visão integrada que pudesse vencer a fragmentação do conhecimento no nosso tempo. Em *Tópicos de Educação*, ele adapta este interesse às necessidades práticas dos educadores. Ambas as noções tradicionalista e modernista de educação são criticadas. Lonergan procura desenvolver, no contexto do bem humano e da "nova aprendizagem", os rudimentos de uma filosofia da educação baseada na sua famosa descoberta dos padrões de desdobramento da consciência inteligente, racional e responsável. Investiga como a revolução científica mudou as formas de compreensão da realidade e examina as implicações desta revolução na educação. *Tópicos de Educação*, a primeira publicação das conferências de 1959, resulta das suas investigações anteriores sobre o desenvolvimento humano, do estudo das teorias de Jean Piaget e outros, e termina com as suas ideias originais nos campos da ética, arte e história.

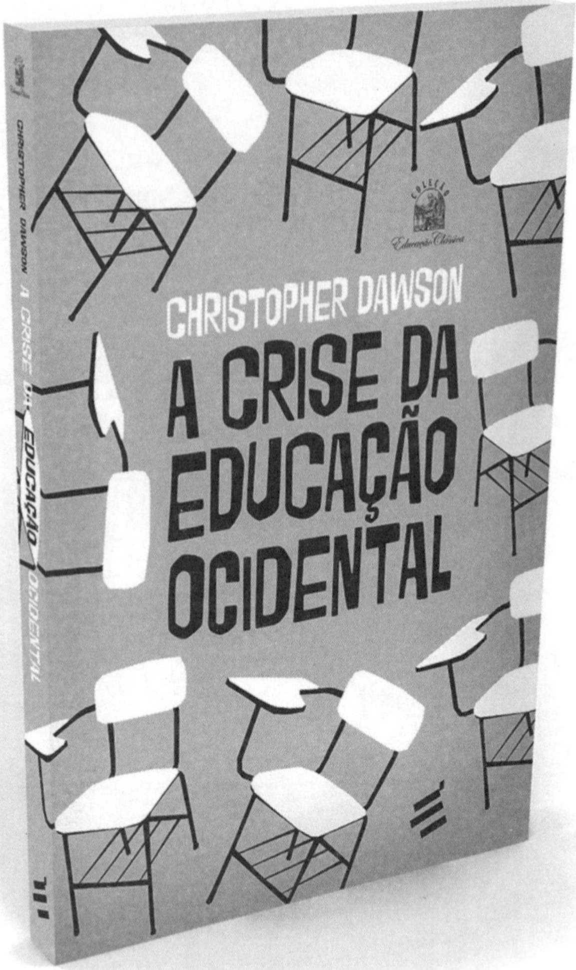
CHRISTOPHER DAWSON
A CRISE DA EDUCAÇÃO OCIDENTAL